Max Kommerell
Geist und Buchstabe der Dichtung

Max Kommerell

Geist und Buchstabe der Dichtung

Goethe · Schiller · Kleist · Hölderlin

Klostermann**RoteReihe**

Bibliographische Information der Deutschen Nationalbibliothek

Die Deutsche Nationalbibliothek verzeichnet diese Publikation in der
Deutschen Nationalbibliographie; detaillierte bibliographische Daten sind
im Internet über *http://dnb.d-nb.de* abrufbar.

Sonderausgabe 2009 basierend auf der 6., ergänzten Auflage von 1991
© Vittorio Klostermann GmbH · Frankfurt am Main · 1956
Alle Rechte vorbehalten, insbesondere die des Nachdrucks und der
Übersetzung. Ohne Genehmigung des Verlages ist es nicht gestattet,
dieses Werk oder Teile in einem photomechanischen oder sonstigen
Reproduktionsverfahren zu verarbeiten, zu vervielfältigen und zu
verbreiten.
Gedruckt auf Alster Werkdruck der Firma Geese, Hamburg,
alterungsbeständig ∞ ISO 9706 und PEFC-zertifiziert.
Printed in Germany
ISSN 1865-7095
ISBN 978-3-465-04084-2

INHALT

Vorbemerkung	7
Faust II. Teil. Zum Verständnis der Form	9
Faust und die Sorge	75
Faust II letzte Szene	112
Schiller als Gestalter des handelnden Menschen	132
Schiller als Psychologe	175
Die Sprache und das Unaussprechliche. Eine Betrachtung über Heinrich von Kleist	243
Hölderlins Empedokles-Dichtungen	318
Editorischer Anhang	359
A. Die Essays im Erstdruck	
I. Bibliographische Nachweise	359
II. Erstdruckauszüge	361
B. Corrigenda	
I. Vorbemerkung	369
II. Corrigenda	371

VORBEMERKUNG

Sieben Aufsätze werden hier zu einem Ganzen vereinigt, weil sie alle das deutsche Drama zum Gegenstand haben. Zugleich aber liegt ihre Einheit in der Betrachtungsweise.

Bei der Vielheit der ausgebildeten Methoden, die zudem meist von anderen Wissenschaften übernommen worden sind, und bei der so verursachten Willkür und Skepsis, scheint ein Zurückgehen auf das Einfachste, wenn auch nicht Leichteste, rätlich: auf das unbefangene Befragen des Gegenstands.

In ihm ist zweierlei sogleich gegeben: Das Werk und das Wort. Form und Text also, wobei zu bedenken ist, daß im deutschen Schrifttum die Gattungen wenig feststehen, und, in unserem Fall, das Drama jedem Dichter etwas Eigenes ist. Neben das Verständnis der Form tritt die Auslegung des dichterischen Worts: sehr naheliegend und selten geübt.

Frankfurt am Main, Dezember 1939.

Max Kommerell

FAUST ZWEITER TEIL
ZUM VERSTÄNDNIS DER FORM

Was sich Goethe beim Zweiten Faust im ganzen und einzelnen gedacht haben mag, getrauen sich die folgenden Zeilen nicht zu ermitteln. Sie teilen die Wirkung dieses Gedichts auf einen jetzt lebenden Menschen mit. Jeder Zug an einem Werk ist angewiesen auf Bedingungen des Deutens, die sich in irgendeinem Lebenden erfüllen. Das wachsende Kunstverständnis ist die Geschichte solcher Wirkungen auf Einsichtige. Ihrer keine ist ausschließend, jede wesentlich, wenn auch in Abständen. Ist ein Werk als Dichtung symbolisch, als Urkunde aufregend, so ergänzt sich seine Wirkung Jahr um Jahr und Mensch um Mensch. Wer selbst Vergleichbares erfuhr, überliefert anderen einen Schlüssel. Das Werk ist unerschöpflich. Es verwandelt sich mit den Zeiten, unabhängig von dem, was es im Bewußtsein des Dichters war. Und da sein Sinn es selber ist, wird es nie zu Ende begriffen sein.
Zweifel an der Deutbarkeit des Zweiten Faust vertreibt Goethe keineswegs, wenn er sich in fast neckenden Äußerungen dem fragenden Eckermann entzieht. Sehr vieles ist deutbar, und nur auf eine Weise. Anderes reizt zum Deuten, bleibt aber mehrdeutig. Wieder anderes spielt mit sich selber in der Unbedürftigkeit der dichterischen

Bilder und in der Flucht der Beziehungen; es ist sinnig, doch hat es keinen Sinn.

Eine Dichtung für den Dichter?

Als postum setzt sich der Zweite Teil dem Ersten entgegen. Die Menschen mögen sehen, wie sie damit gebaren, war Goethes Gedanke. Sein Zeitalter oder auch nur die Hellsten aufzuregen, lag wohl fern. Er ist Vermächtnis und bleibt dabei Hauseigentum. Vermächtnis, sofern er Goethes Existenz in summa enthält; nicht, als ob es führe, in eine Zukunft deute. Goethe schuf ihn am Ende seines körperlichen Lebens, das heißt auf der Stufe höchster Bewußtheit. Er selbst außer ihm noch einmal: als Welt. Die Perspektive dieser Welt erlaubt uns den Rückschluß auf das Organ, ein zur vollkommensten Übung ausgebildetes Organ des Weltbegreifens; auf das Wie seines Beziehens und Aneignens, und endlich auf die sehr lange Arbeit eines begünstigten Menschen an sich selbst, deren Ergebnis Abstand und Verweltlichung war.

Der Gehalt ist freilich die Welt, aber wie das Kleinste in ihr gesagt und geschehen ist, das führt zurück auf den despotischen Geschmack dieses einen Greisen. Die Kunst wird hier eine nur auf solcher Stufe vollziehbare, nur auf ihr begreifliche Leistung; selbst an ein geschultes Gefühl knüpft wenig an. Unter denen, die von dem ernsten Werk des Goethischen Alters überhaupt nicht angesprochen werden, befanden und befinden sich Menschen höchster Kultur. Im Umfang des Gesehenen überliefert er sein

Sehen. Dafür wird alles Zeichen, ein Alphabet, das an sich auch für andere lesbar wäre, wenn sie nur zu einer gleichen Geistigkeit des Sehens gelangten. Aber wenn sich je eine goethische Rasse in anderen strebsam andeutete, so ist sie seit langem ausgestorben, und der Horizont, den er um sich zog, bleibt vorläufig infolge der mangelnden geistigen Familie privat.

Altersstil

Die Sprache ist hier ein Standesprivileg, auf Abkunft und Erfahrung pochend, wie für einen Klub alter und gescheiter Weltleute gemacht, distanzenreich, den Inhalt vielfach bedingend, durchaus ironisch, in der seltenen Begeisterung noch leicht zeremoniös, voll Voraussetzungen, ein System des Verkürzens, das Bestimmteste als das Allgemeinste gebend, von scharfer Sinnlichkeit des Abstrakten. Es ist die Sprache einer Person, die sich selbst als einen Stand fühlt. Eine Sprache, die vieles mit dem Sprichwort teilt, weil sie gern den Fall aller Fälle erfaßt, und die, als Gegenstück volkstümlicher Erfahrung, ein ,,on dit" der größten Weltkenntnis in Umlauf setzt, so daß sie sich in manchen Zuspitzungen den Bonmots eines Talleyrand vergleichen darf. Worin liegt aber ihr Dichterisches? Im Stil der Person, die keineswegs zurücktritt, sondern mit Bewußtsein und Behagen jede Aussage stempelt und aus der öffentlichen Grammatik eine Art Grammatik des Hauses macht; und in der Abfernung des Gefühls, das ganz Geist geworden und durchaus über sich wissend, in der Gehaltenheit des Greisenalters sich so erschüttert offenbart als je. Die Sprache bequemt sich einem Denken, das gern alles unter Lebensregeln und gleichartige Verläufe einordnet und das Scheinfreie wiederkehren sieht in der Beharrlichkeit menschlicher Dinge. Diese Allgemeinheit webt sich der Schilderung ein, ohne das einzelne aufzuheben; steht vielmehr als kristallenes Licht über ihm und verschärft die Kontur, so daß wir es aus großer Ferne dicht an uns herangerückt glauben.

Es ist der Gewinn dieser mit höchster Denkkraft verwalteten Erfahrung, immer superior zu bleiben. So nennt Goethe eine Sache nur im Behagen des Zynismus unmittelbar, sonst deutet er an und umspielt: worin ein gewöhnlicher Geschmack vielleicht etwas Vages beanstanden und das sicherste Tastgefühl verkennen möchte. Aber die Allgemeinheit der Aussage ist nach der Übung in jeder Wissenschaft und Lebenskundschaft etwas anderes als vor dieser Übung; sie ist Auszug des Realismus in solcher Dichte, daß man die Herkunft nicht leicht bemerkt. Dazu kommt noch eine Art Phantasieren über die Wirklichkeit, das eigentlich nicht die Variationen zu einem Thema, sondern das Thema zu Variationen spielt. Es erfindet mit scheinbarer Willkür nicht Seiendes, aber Denkbares. So wie nur Goethe es darf: manchmal ist es, als würden die Herrschgewalten des Seins, die sich im Leben nur verstellterweise zu erkennen geben, im unbefangenen Spiel mit sich selbst belauscht.

Alter

Nennt man „Alter" etwas, was jedem alten Mann zukommt, so darf nicht vergessen werden: es gibt sehr wenig große Altersdichtung. Wenn schon ein Dichter einmal sehr alt wird, so reicht meist seine Lebensverliebtheit nicht mehr aus. Wenn sonst die Erfahrung des Alters mit Rückbildungen bezahlt wird, erscheinen in unserem Fall alle Talente und Eigenschaften zwar greisenmäßig verändert, aber vollkommen frisch und untereinander bündnisfähig. Alter heißt bei Goethe: gesteigerte Erinnerung. Seine Altersmomente sind jeder befangenen Dumpfheit ledig, begreifen sich selbst und alles ihnen Vergleichbare, so daß sie Verdichtungen des Lebens sind. Durchblicke, Reihenbildungen sind kennzeichnend. Oft hat die vergleichende Erinnerung den Reiz einer Gefahr. Die erinnerten Lebensfristen sind so lang wie kaum bei einem Menschen sonst, die Kerben zwischen ihnen so tief, daß sie eigene Lebensläufe zu begrenzen scheinen, und ein vielmals Verwandelter blickt, im Genuß seiner Gleichheit mit sich selbst, auf seine Verwandlungen zurück. Dies bewirkt zusammen, daß das Allgemeine dieser Altersstufe doch wieder ein kaum vergleichbarer Einzelfall wird. Goethe erlebt mit der Weisheit des tausendsten Males und mit der Ergriffenheit des ersten Males. Wie ihm dies gelingt, ist sein Geheimnis.

Hat aber ein Mensch ein Geheimnis, so ist dies der stärkste und dauerhafteste Charme, den er ausüben kann. Uns fesselt keineswegs nur das Ähnliche, und je mehr Hieroglyphe, desto beharrlicher das Deutenwollen. Der Dichter ist die „fiera racional", wie Calderon sagt, und die erbarmungslose Beschäftigung mit ihm ist eher Neugier als innere Verwandtschaft. So nötigt der Zweite Faust fort und fort die Menschheit, über ihn zu grübeln, obwohl er die ohnehin fragwürdige Formel vom allgemein menschlichen Goethe zum Spott macht und als Ganzes wohl das ungeheuerlichste Corpus der dramatischen Literatur ist. Goethe übt die Vorsicht, ihn inkommensurabel für den Verstand zu nennen.

Verhältnis der beiden Teile untereinander

Goethe wundert sich, daß die von ihm angeregten Fortsetzer seines Themas nicht auf den Gedanken kamen, „man müsse bei der Bearbeitung eines Zweiten Teils sich notwendig aus der bisherigen kümmerlichen Sphäre durchaus erheben und einen solchen Mann, in höheren Regionen, durch würdigere Verhältnisse durchführen" (Zweiter Entwurf zur Ankündigung). In einer Skizze des Ganzen sind die beiden Teile unterschieden, aber gegen den Abschluß zusammengetan. Der Erste Teil sei Lebensgenuß der Person von außen gesehen, in der Dumpfheit Der Zweite Teil Tatengenuß nach außen und Genuß mit Bewußtsein. Das Ende sei Schöpfungsgenuß von innen. Das Wort „Person" ist bedeutend. „Von außen gesehen" heißt: daß der Wechsel innerer Zustände als Begebenheit entwickelt wird. „Nach außen" heißt: daß die innere

Kraft sich auf die Welt wirft. Größere Bewußtheit bezeichnet den Helden, aber auch den Dichter des Zweiten Teils. Man kann dem Gegensatz verschieden beikommen; immer aber bleibt der Zweite Teil ein Ganzes, der äußerlich durch Handlung und Helden mit dem Ersten zusammenhält, aber durch die Eigenart des dramatischen Lebens streng von ihm geschieden ist. Der Einschnitt im Ersten Teil ist die Verjüngung Fausts. Vor ihr ist das Schicksal geisterhaft inwendig, hernach Begebenheit. Aber ein Gesetz hält das Getrennte zusammen: nämlich die Wiedergabe alles Lebens im bewegten Ich. Die Leiter der Erschütterungen vom Gottgefühl zum zernichteten Menschengefühl wird von einem Mann durchmessen, der in seinem Zimmer bleibt. Das Wirkliche dieses Auftritts, Geister, magische Figuren, Glockengeläut, ist wirklich durch das antwortende Ich. Ebenso weiterhin, wo freilich nach dem Gesetz der bildschaffenden Liebe nicht mehr Faust, sondern Gretchen das reflektierende Ich der lyrischen Szene ist. Zwar ist die Vielfalt der aufgegriffenen Formen groß: Magierspiel, Geister- und Puppentheater, Singspiel, literarische Satire und Mysterium, Posse, dramatisches Genrebild, Disputation, philosophischer Monolog, dramatisierte Hymne, Lyrik und Volkslied neben Ansätzen zu modernstem, bürgerlich-psychologischem Drama; aber der Reiz des Ganzen ist doch, daß all diese Zeiten und Lagen dem Herzen gehören, das sich in die Weite des Geisterreichs hinaus und in die Enge der Mädchenkammer hinein und in die Dumpfsinnigkeit der alten Stadt zurück wünscht. Weite und Enge ist, wo das Herz weit und eng ist, ob von Gott, von Liebe, von Makrokosmos die Rede ist.

Wenn im Ersten Teil alle Sprache die Antwort des Herzens auf die Begebenheit ist, so bleibt im Zweiten Teil das Innere fast unausgesprochen. Gegenstände und Umgebungen bedeuten für sich selbst viel mehr. Der Hof, die Staatsämter, das große Spiel der Kriege und Umwälzungen, die Antike und ihre schönste Frau sind nicht bloß größer und wichtiger als die Räume und Gesichter des Ersten Teils; sondern es soll dort nichts durch sich selbst groß sein — hier ist der Umfang der Welt hergestellt. Was man aber erwarten sollte: zu sehen, wie Faust selbst durch jedes neue Pensum Welt verändert wird, das bleibt aus.

So wäre, um eine robuste Unterscheidung beiläufig zu brauchen, im Ersten Teil mehr das Leben der Seele, im Zweiten das Tun des Geistes behandelt. Die Seele hat keinen Gegenstand; sie erfaßt alles von innen, indem sie sich gleichsetzt. Der Geist hat einen Gegenstand, zu dem er den Abstand des Schauens einnimmt. Er läßt ihn im eigenen Gesetz bestehen und wird ihm durch vertiefte Betrachtung gewachsen.

Damit hängt die andere Art der Symbolbildung zusammen. Die Magie ist, vom Dichter so widerstrebend wie vom Helden, als Thema in den Zweiten Teil übernommen. Im Ersten wurde sie naiver behandelt. Im Zweiten Teil ist die Magie nicht mehr wörtlich, sie muß der Aufklärung Rede stehen. Auch den Geisterpersonen läßt der Erste Teil ihr Element, den Aberglauben. Die Seele lernt nicht so schnell wie der Geist. Ihr wird noch immer süß und bang bei den Vorstellungen gewesener Menschen; der Geist aber zwingt das Altertümliche, sich einem reiferen Sinne zu bequemen. Den Erdgeist fragen wir vielleicht: Wer bist du? Die drei Gewaltigen fragen wir: Inwiefern seid Ihr wirklich? („Und allegorisch wie die Lumpe sind...") Homunculus und Euphorion sind Personifikationen, die der mythenbildenden Einsicht entspringen und ihresgleichen nicht im Ersten Teil haben.

Der Held selbst und sein teuflischer Partner sind auch nicht mehr, was sie waren. Im Ersten Teil war Faust zu zwei Dingen da. In der großen, symbolfindenden Eingebung, die dann zur Erdgeist-Szene führte, ist Faust das ideale Subjekt für das umfassendste Erlebnis des jungen Goethe, nämlich für den Versuch der Seele, Mitte des Unendlichen zu werden, und das Scheitern dieses Versuchs. Eine Tragödie, die mit den Worten „Und nicht einmal dir" endet. Nachher ist er das ideale Subjekt eines Lebenslaufs, das durch die Schule der Gefühle es selbst wird und ein eigenes Schicksal hat. Im Zweiten Teil ist es in diesem Sinne gar nicht vorhanden. Statt seiner ein belebter Mittelpunkt, heftig wechselnd zwischen Tun und Betrachten; ein Organ und eine Funktion. Der Geist erfüllt seine Aufgabe, auf dem Weg über die Welt gesteigert in sich selbst zurückzukehren. Desgleichen verändert sich

Mephisto. Nur in der dämonischen Burleske, wo ihm die hohe Seele weggepascht wird, ist er noch ungefähr der alte. Sie ist nicht in den letzten Lebensjahren Goethes gedichtet. Sonst aber ist der Teufel herabgekommen. Er strotzte in der Pracht der Hölle, fleischlich kraß, seelenräuberisch und lästernd; gescheit und dumm, wie der Teufel sein muß, geglaubt und an sich glaubend in der Einfalt der Legende. Im Zweiten Teil ist er fast zu wissend, um noch zu sein, und es freut ihn, mit der Überschärfe seiner Glossen alles was geschieht in ein eitles Bilderspiel, das der Geist mit sich selbst spielt, zurückzuübersetzen. Er peroriert über alte und neue Götter, über das Wesen der Musik, über Erfahrung und das Absolute, über Nord und Süd und geschichtliche Wendepunkte, über Neptunismus und Vulkanismus. Er ist eine Denkform und wenig mehr. Alles ist allgemein, während einst dem Herzen alles nur einmal geschah.

Wie behandeln beide Teile das Thema: Schicksal der Seele Fausts? Vergißt man das Vorspiel im Himmel und die kurze Magustragödie, so erlebt das junggeglühte Männlein des Ersten Teils nicht viel mehr als eine Jugendgeschichte goethischer Art: es lernt die Liebe kennen und wird schuldig. Der Zweite Teil scheint notwendig, um die Wette Gottes mit dem Teufel, um die Wette des Teufels mit Faust wieder aufzunehmen. Aber er tut es nicht. Faust genießt in einem gedankenreichen Prolog gewissermaßen die Wirkungen eines zweiten Verjüngungstranks und durchmißt hierauf mehrere Daseinskreise. Weder ist er des Teufels, noch Gottes; hin und wieder wird ein wenig gezaubert; ob ihm dies gut oder übel bekommt, bleibt beiseite. Natürlich hat es Goethe nicht etwa vergessen. Wenn ihn als Dichter beider Teile Anfang und Ende so wenig fesseln, und um so mehr die weltlichen Mittel, so ist dies ein Hinweis. Einmal muß der Kampf ausgetragen werden. So ist der Fünfte Akt der Abschluß eines, wenn man so sagen darf, idealen und latenten Dritten Teils, der das sonst weltlich abgehandelte Thema metaphysisch abhandelt. Der Prolog im Himmel setzte Gott und Teufel verblüffend derb in einer Art himmlischem Haushalt gegeneinander, und der einfache Menschensinn findet sich ohne Mühe im sonderbarsten Zwiegespräch zurecht. Am Schluß des Fünften Aktes ist eine höchst verästelte christliche Legendenbildung aufgenommen und durch Goethes eigene Mysterien mit fast unendlicher Deutbarkeit begabt. Ferner tritt neben die christlich bezeichnete Metaphysik eine naturphilosophische im Zweiten Akt. Beide zu verknüpfen bedarf es besonderer Kunst. Wenn im Erdgeist-Monolog von Selbstaufgabe die Rede war, ginge es hier nur um Selbstbehauptung — wäre nicht der letzte, beides sonderbar mischende Schluß!

Das Weltspiel ohne Charaktere

Faust ist für Goethe die Gelegenheit, symbolisch zu existieren. So konnte diesem Stück kein durchgängiger Gehalt aufgedrängt werden; es bleibt dehnbar für alles, was

jeweils die Zustände Goethes bedingt, und kann auch das A und O seines Lebens, nicht nur die Buchstaben dazwischen enthalten. Und ist nicht Goethe wiederum für die Welt eine Gelegenheit, in ihm symbolisch zu existieren — wodurch eine Deckung seltenster Art zwischen Goethe und Faust erreicht wäre? Der Begriff des Zauberers ist auf Goethe, dann auf den modernen Menschen, dann auf den Menschen überhaupt auszudehnen. Da hebt sich die Magie beinah auf. Wenn Faust der Magier ist, so muß er ein Spiegel dessen sein, was Goethe, der nicht-magische Mensch, von sich abtat! Und ferner, da Magie eine altertümliche Lebensordnung der Menschheit ist — müßte dann Faust, um der neuere Mensch zu sein, diese nicht abstreifen? Und er tut es ja auch im Fünften Akt, wo er denn der sich eben von Magie lösende, noch nicht ganz gelöste Mensch in einem geschichtlichen Wendepunkt scheint — einen Augenblick lang scheint. So verstrickt man sich, wenn man das magische Thema wörtlich nimmt. Goethe hat sich die Magie zurechtgelegt. Größe und Gefahr des ganzen Werkes ist, die Legende zu vergeistigen.
Wenn Faust nicht Goethe ist, ist dann der Held dieses Zweiten Teils der Mensch überhaupt, in ewiger Wiederkehr der menschlichen Züge? Schwerlich, denn der Mensch verführt zwar gern ein Gretchen, geht aber selten zu den Müttern oder vermählt sich selten mit dem schönsten Schatten des Altertums. Auch ist Faust nicht der Übermensch, obwohl der Einsatz des Urfaust es nahelegen könnte. Er hat kein geschichtlich-mythisches Amt

gleich Prometheus oder Cäsar. Zwar hat die Menschheit die Gestalt des Zauberers nie ganz verloren, aber dieser tat nie geschichtlich Großes. Sein Unterfangen an sich ist ungeheuer, das genügt. Und wo Faust zum Mann der Tat wird, als Kolonist, bleibt er geschichtlich unscheinbar. Sein Tun ist groß, nicht seine Tat.

Das menschliche Innere bedeutet für Goethe viel oder wenig, je nach dem Gegenstand, auf den es sich bezieht. Wenn es seinen Sinn von der Natur aus erfüllt, betätigt es sich als das vollkommenste Organ der Weltaufnahme. So in Wilhelm Meister, der als Person dürftig bleibt. Ihm ist Faust vergleichbar. Wilhelm lernt die Welt stufenweise: die Welt als Gesellschaft, in der das Ich schließlich seinen Platz und sein Verhalten findet. Das genügt nicht für Faust. Da tun sich hinter dem bedingten geselligen Leben die ewigen Mächte und das ewige Rätsel hervor, die Dichtung steht dem Unbedingten Rede. Nur fragt Goethe nicht: Wie hängt der Mensch in diesem gegebenen All, sondern: Wie stellt er sich hinein? Es ist die Härte dieser Dichtung, daß sie statt einer gegebenen letzten Antwort oder statt einer um Erlösung ringenden letzten Frage dem Menschen vorläufig die Selbsthilfe empfiehlt; nicht bloß in dem Sinn, daß man sich in der Welt kräftig tummle; Selbsthilfe auch vor Gott, Sorge und Tod. Wie weit der Abschluß des Ganzen dieser götterlos, fast ruchlos tätigen Selbsthilfe der Person entgegenkommt mit der helfenden Liebe, bleibt vorsichtig offen, und es wird immer wieder für einen Menschen oder ein

Zeitalter verräterisch sein, ob man auslegend mehr das eine oder das andere hervorhebt.

Die Leistung der Person im Haushalt der Natur

Wird Faust im Unterschied zu Wilhelm Meister vor das Grenzenlose gestellt, so erscheint dadurch auch das Begrenzte anders. Es wird perspektivisch. Die Verkürzungslinien der gezeigten Bilder laufen auf einen Punkt zu, der außerhalb dieser Bilder liegt. Einen solchen Fluchtpunkt bezeichnet die Rede vom farbigen Abglanz. Aber auch wer bloß die Mummenschanz mit Verständnis läse, würde merken, daß hier nichts sich selber meint. Noch anderes unterscheidet den Faust von Wilhelm Meister: hier handelt das Ich nur zurück, es gliedert sich dem Verband ein; dort gestaltet es die Welt, es ist ganz als schaffend aufgefaßt, sogar als einsam. Es gibt zu denken, daß wir dennoch im Meister von den Zuständen dieses Ich genau, im Faust fast gar nicht unterrichtet werden. Aber wenn das Ich sich mit der Kraft mehrerer Welten gesättigt hat, verläßt es die weltliche Seinsform; das Tun (als Kolonisation) bereitet die Rückkehr des Ich in sich selber vor.
Ob der Tod auf heidnische oder christliche Weise bewältigt wird — am Schluß des Dritten wie am Schluß des Fünften Aktes geht der stumme Kampf um die Behauptung der Person. Wenn dann Faust tot ist, aber seine Entelechie unversehrt, ja begünstigt weiterwebt in der letzten Szene, sprachlos, nicht tatlos, so könnte dies ein Wink sein, wer eigentlich der Held ist: nicht eine Per-

son, sondern die Person — die Person als ein sich selbst schaffendes, den Stoff körperlich wie sittlich organisierendes, kleinere Lebensmitten unterjochendes Prinzip des menschlichen Seins; die oberste Formkraft, über welche die Natur verfügt; die Person als Leistung in ihrem Haushalt. Wie die Wasser sich drehen in der Nähe eines großen, sie einstrudelnden Fischrachens, so ist um sie herum das Weltleben nicht nur in seiner eigenen Bewegtheit gezeigt. Die Welt ist Nährstoff der Entelechie. Zwar ist Faust kein Welteroberer, sondern bloß ein Deichhauptmann, ja seine Deiche sind sogar Trug. Trotzdem wird die Gewalt der Entelechie an einer gewaltigen Entelechie gezeigt. Groß, herrschaftlich muß dasjenige sein, dessen Nahrung solche Welten sind, aber, wie immer vertreten, schon als Prinzip ist es ehrwürdig, denn alles Dasein individualisiert sich. Darum hat es hohe Vorrechte und kann nicht leicht zur Rechenschaft gezogen werden. Und was ist Magie? Steigerung, Beschleunigung dieses Weltverbrauchs, welcher der Ernährungsprozeß der Selbstheit ist. Das Wesen dieses Selbst ist Gefräßigkeit. Darum muß es schuldig werden in einem mehr geschäftlichen als sittlichen Sinn. Denn die Prinzipien der Natur, deren eines die Person ist, sind schamlos und wirken außerhalb des Sittlichen. Die Weltvernutzung bezahlt man schließlich mit der Abnutzung der „noble machine". Der Tod wird deutlicher: zwar ist nur ein Tod, aber auch ihn erschafft sich der Mensch immer wieder, indem er ihm ein Bild gibt.

Wer ist Mephistopheles?

Ist Faust die Person, so ist Mephisto das Nein zu diesem Prinzip, obschon ihn die Person nicht entbehren kann. In der Umwandlung Mephistos aus dem Urbösen zu einem bloß entgliedernden Prinzip kommt die Daseinszuversicht der Aufklärung zu Wort. Die Natur ist Lebensgewalt und Todesgewalt. Allem Schaffen wirkt Vernichtendes entgegen, woran das Schaffende in Unterscheidung sich erkennt, in Gefahr belebt, in Teilvernichtung wiederherstellt. Die Ironie Fausts gegen Mephisto ist gelassen, die Mephistos gegen Faust todfeindlich, was dem von Gott uranfänglich abgewogenen Kraftverhältnis der Parteien entspricht. Dreimal ist Mephisto auf den Begriff gebracht: durch Gott im Prolog, durch sich selbst im Ersten Teil, durch die Sphinxe im Zweiten Teil. Mephisto muß als Teufel schaffen, er ist dem Menschen beigegeben, damit seine Tätigkeit nicht erschlaffe. Er ist ferner der Geist der Verneinung, der das Sein überhaupt vernichten will, es für vernichtenswert hält, aber einen Zweifel nicht los wird, ob es auch wirklich vernichtbar sei. Endlich löst sich die Scharade, als welche Mephisto bezeichnet wird, dahin auf, daß er dem Frommen ein Plastron sei, asketisch zu rapieren, dem Bösen Kumpan der Tollheit, beidemal aber der Hofnarr Gottes. Drei Bestimmungen, die sich genau decken.

Es erinnert an Leibniz, wenn das Böse im großen Haushalt gerechtfertigt wird. Gott setzt den Teufel; nicht sich selbst, aber dem Leben zur Belebung. Damit Farbe sei, bedarf es der Mithilfe des Finsteren. Immer neu muß Mephisto den nur für ihn, nicht im höheren Plan sinnlosen Ansturm gegen die Baugewalten der Natur beginnen. Im ganzen umsonst; doch gibt es Baufälligkeiten der Monade. Vernichten kann er keine, aber eine schwache kann er sich selbst entfremden, sie zur Hörigkeit unter Stärkeres entführen durch den Tod. Entgliederung ist sein Amt. Goethe hat ihm viel entzogen. „Der alte Tod verlor die rasche Kraft." Früher konnte er mehr. Früher — das heißt in einem anderen Weltbild. Mephisto ist die geistig begriffene Todesgewalt. Er hat es auch mit der Magie zu tun. Dann ist die Rückwirkung der magischen Mittel auf den, der sie anwendet, sein Vorteil und seine Aussicht. Dies bleibt gleich wahr, ob man es sich geisterhaft oder natürlich vorstellt. Entweder so: Jede Forderung ruft eine Gegenforderung hervor. In hastiger Verzehr hauste der Magier auf die Schätze der einzelnen Lebensbereiche ein. Die Verwalter dieser Bereiche haben an ihn eine Forderung, die er nicht mehr anders bezahlen kann als ein Zahlungsunfähiger, der in den Schuldturm wandert: nämlich mit sich. Oder so: Je mehr Stoff zur Ernährung der Person verbraucht wurde, desto mehr fällt von ihr an den Tod zurück, da Stoff vorausgenommener Tod ist. Die Frau des Alten in Goethes Märchen ist dem Fluß dreimal drei Gemüsehäupter schuldig, und da sie diese nicht aufbringt, schrumpft ihr die in den Fluß getauchte Hand.

Unfreundliche Überlegenheit
eines durchdringenden Weltverstandes

Mephisto erscheint vielfältig, spricht aber in einem Ton. Dieser Ton ist zynisch, während Fausts Nüchternheit bejaht, seine Bejahung preist — freilich in der Skala des Altersstils. Zynismus ist das Rechthaben eines großen Verstandes auf Kosten der Scham. Sie kann gesellschaftlich sein: eine Vereinbarung des Nicht-zu-Sagenden; sie kann auch der innersten menschlichen Natur angehören, so daß in ihr das Heilige verletzt würde. Die Lust, so zu verletzen, deutet auf ein Vorherrschen des Verstandes, nicht notwendig eines gemeinen Verstandes; dieses Vorherrschen kann aber auch scheinbar sein, dann ist Zynismus die Rache eines beleidigten Gefühls, das seine Niederlage unter allen Umständen verbirgt: also Schamlosigkeit aus Scham. Das ist aber nicht der Fall Mephistos. Es gibt Grade des Zynischen. Ein höherer Grad ist der, wo man mit der fremden Scham auch die eigene verletzt — mit Lust! Woher kommt diese Lust? Der Zynische verschafft sich Überlegenheit. Der philosophische Zyniker verletzt die Scham der Wahrheit zuliebe. Er ist erbittert gegen die Täuschungen, nicht nur weil sie einer Weichlichkeit des Geistes entspringen, sondern weil er nie der Getäuschte sein will. Die Welt ist ein Gewebe von Täuschungen; daß die Wahrheit aber eine unerträgliche Welt ist, das ist vielleicht seine Erfahrung, sicher seine innere Forderung. Es ist merkwürdig, aber wahr, daß es Menschen gibt, die innerlich fordern, daß die Welt als Ganzes gemein und wertlos sei — was zu erklären der Lehre von den Temperamenten obliegt.

So führen die mehr oder weniger gemeinen, aber immer von scharfem Weltverständnis zeugenden Zynismen des Mephisto auf seinen eingefleischten Haß gegen das Sein zurück. Er ist, soweit man das vom Teufel sagen kann, zum Zyniker geboren. Das stellt eine Auswahl dessen her, was der Dichter durch seinen Mund gehen lassen kann: Erkenntnisse, die sich gegen Beschönigung wenden. Es kann nicht geleugnet werden, daß eine solche Gereiztheit gegen das Beschönigen goethisch ist, daß dem Teufel eine Fülle der geistreichsten und bedeutendsten Sprüche und Einfälle anvertraut sind, daß also Goethe mit lebensechtem Akzent aus ihm redet.

Gesellig tritt Goethes Zynismus nicht hervor. Er äußert sich vertraulich oder auf dem (meist nicht zum Druck bestimmten) Papier. Die Scham oder Vereinbarung, die er durchbricht, ist diese: daß Überlegenheit nicht geltend gemacht wird. Sich gleichstellen, diese Vorschrift der Gesellschaft für jede hervorragende Natur, heißt für Goethe wie für keinen anderen: sich klein stellen. Das Behagen flieht, wenn er zeigt, wer er ist. (Dieselbe Gesellschaft erlaubt jedoch gerne der Geburt, mitunter auch dem Besitz, sich abzustufen.) Goethischer Zynismus ermüdet gelegentlich zu kondeszendieren und beruft sich auf den von der Natur gestifteten Unterschied. Das ist Mephisto intim: „Den Teufel spürt das Völkchen nie...''; viele

Äußerungen Goethes gegen den Kanzler Müller haben diesen Unterton.

Mephisto ist schwer zu spielen. Am besten in einer Maske, mit puppenhaft festgelegter Geste und dauernd verstellter Stimme. An Abweichungen im Tonfall, an pantomimischen Belebungen fehlt es nicht. Jedesmal wo er sich aus irgendeiner Anpassungsform, sei sie Kuppler, Dozent, Hofnarr, Quacksalber oder altes Weib, aufrichtet zum wahren Format angestammter Scheußlichkeit, wird dem Schauspieler eine bedeutende mimische Bewegung möglich. Die Nachbartonarten des teuflischen Hochgefühls sind gelegentliche Mindergefühle, sobald nämlich sein Verstand die ihm von Gott gesteckten Leistungsgrenzen innewird. In solchen Augenblicken wird er sentimental und preist die alten Zeiten. Schon durch Homunculus ist er leise beengt, entschiedener beengt durch allen antiken Spuk; in Faust wittert er die Überlegenheit des Bejahens; gegen Gott ist er sogar vor sich selbst höflich und nennt ihn einen großen Herrn; vor den musizierenden und rosenstreuenden Engeln verliert er jede Haltung; es liest sich wie ein Märchen, wenn er bei dem verlorenen Endkampf um sein Recht betrogen, er selbst sich selbst, als kluger Teufel den dummen Teufel komisch bemitleidet. Auch da bleibt er noch behaglich, denn der Haushalt, der ihn einschränkt, sichert ihn auch. Er wird immer kleine Spiele gewinnen und große Spiele verlieren, vor allem: er wird immer spielen. Jene Anpassungen sind nur reizvoll, wenn sie durchbrochen werden. Daß sie für die Mitspielenden durchbrochen werden, liebt Goethe nicht sehr. Also für den Zuschauer. Das führt zu den Vertraulichkeiten Mephistos mit dem Parterre, zu seinen lustigen Ausflügen ins Proszenium. Da gelingen seiner Abgebrühtheit, seinem Unglauben an Veränderung jene abgekürzten Formeln der Erfahrung, jene unnachahmlich geprägten Weltglossen, deren sich Goethe gegen Eckermann behaglich rühmt. Wie er ein verneinendes Wissen gegen einen schaffenden Glauben vertritt, so macht die bloße Gegenwart seiner Gestaltfratze die bedeutendsten, um Faust sich abspielenden Vorgänge in ihrer Wirklichkeit fraglich. Wo er zusieht, wird alles Schöpfung und Wunsch des einbildsamen Gemüts. Das ist Goethes Ironie, eher aristophanisch als romantisch: das entwerfende Gehirn des Menschen mit dem starren Gesicht des Seins zurückzuschrecken.

Das verweltlichte Mysterium

Haben Faust und Mephisto ihre Einheit in Sprechton und Denkform: Urbilder von Tätigkeiten, die sich manchmal der Dichtung zuliebe fast bis zur Figur verdichten, bald bis zur Chiffre zurückweichen, so fällt damit ein uns geläufiger Grundbegriff des Dramas hin: der Charakter. Mit ihm dessen Gegenbegriff: das Schicksal. Das Verhältnis der um Faust bewegten Welt zu Faust ist mit dem Verhältnis des Schicksals zum Charakter kaum vergleichbar. Das tragische Einmalfürimmer, das entweder vom Charakter entschieden wird (Shakespeare) oder über den

Charakter entscheidet (Schiller), wird eine Repetitio ad infinitum, welche der naturphilosophische Begriff des Gesetzes hinter das Geschehen schreibt. Dichtung vereinfacht: in ihr geschieht alles mit dem Schein und der Wichtigkeit des Einmal. Dem Dichter ist die rhythmische Natur des Geschehens wohl bewußt. Aus dem Drama wird ein Spiel, und zwar ein Weltspiel, das seinem Wesen nach christlich ist. Denn es ist nicht denkbar ohne einen Standort außerhalb. In mehr volkstümlicher Form hat die christliche Dramatik schon im Mittelalter solche Spiel hinfälliger Begebenheiten und tiefernsten Grundes ausgebildet. Künstlerisch haben sie ihren Abschluß gefunden in Calderons Autos sacramentales. Goethe verweltlicht, aber ohne Zweifel trägt der Entwurf seines Dramas deutlich die Spur Calderons, dessen dramatisches Denken ihm jedoch die Comedias, nicht die Autos überbrachten. So floß ihm eine Überlieferung zu, die man damals noch nicht so klar benannte: die dramatische Kunst des Barock. Die Antike hat an dergleichen keinen tieferen Anteil; die geistige Heimat solcher Weltbetrachtung ist Asien. Ob Welttheater, ob Jedermannsspiel, ob Leben ein Traum oder Faust, setzen alle diese Formen an Stelle eines bestimmten Vorwurfs die Welt oder den Menschen. Statt des christlichen Maßstabs dient dem modernen Humor die Unendlichkeit des Geistes oder die Unerschöpflichkeit des Lebens. So hat der junge Goethe die Farce behandelt. Auch das Jahrmarktsfest von Plundersweilen ist ein Weltspiel. Den Weltumfang des Faust behauptet das Vorspiel mit folgenden Worten: „So schreitet in dem engen Bretterhaus Den ganzen Kreis der Schöpfung aus." Das ist weder aristophanisch, noch euripideisch, noch jüngere attische Komödie, noch Plautus. Man tut gut, den Anteil der Antike an der Faustdichtung vorsichtig zu bemessen. Von ihrer Würde abgesehen, ist sie ein dramatisches Panoptikum. Zwei Szenen zwischen Gott und Teufel müßten sie umrahmen, Abschluß und Austrag der Wette. Aber der Himmel des Endes ist nicht mehr der Himmel des Anfangs; die christlichen Symbole wurden inzwischen ebenso persönlich bewältigt wie die antiken Mythen, und Goethe verlegt die Schwere der Entscheidung in die Minute vor dem Tod, das heißt, in die Selbsthilfe der Person. Es ist also klar, was man in dem Ganzen zu sehen hat: ein verweltlichtes Mysterium.

Reihenbildende Phantasie

Bei näherem Eindringen in die Form fallen zwei Erscheinungen auf. Durch den Anblick des Idols mit Sehnsucht vergiftet sollte Faust durch die Pforten der Unterwelt, die sich zu einer bestimmten Sternenstunde öffnen, eindringen und Persephonens Starrheit sollte einer beschwörenden Rede schmelzen, so daß sie Helena zur Wiederbelebung auf alter Stätte freigibt. Diesem Auftritt, der seelengewaltiger als irgend etwas im ganzen Stück gedacht war, hätte die Klassische Walpurgisnacht bloß präludiert. Was uns vorliegt, widerspricht einer solchen

Szene nicht, deutet sogar, mit wenigen Worten Mantos, auf sie hin; aber so hauptsächlich sie wäre — sie fehlt. „Sie steigen hinab", heißt es lakonisch, und einen halben Akt lang ist von Faust, der so gut im Hades war wie bei den Müttern, nicht mehr die Rede. Helena tritt in unbefragter Seinsvollkommenheit vor Faust. Wenn nun der ganze Dritte Akt eine nicht geschriebene Szene voraussetzt, der ganze Zweite Akt auf sie hinführt, so kann dies nicht Versehen oder Unvermögen sein. Das Gesetz, das zunächst gebrochen scheint, ist aufgehoben, und ein anderes gilt statt seiner. In einer ganz anderen Art wird dann das Erscheinen der belebten Helena auf die innere Tätigkeit Fausts bezogen. Während er gelähmt auf ein Ruhebett gestreckt ist, begibt sich in ihm die Erzeugung Helenas durch den Schwan. Homunculus verlautbart, über ihm schwebend, die innere Begebenheit. Das ist kein ursächliches Verhältnis, sondern es wird ein geistiger Bezug gestiftet zwischen dem leidenschaftlichen Gedanken Fausts, der Gestorbenes bewegt, und der vollendeten Erfüllung des Wunsches. Ein Bezug, der alles Zusammengehörige um einen Mittelpunkt sammelt. Wollte man ihn zeitlich ausdrücken, so müßte man eher sagen: es ist der vorausgeworfene Schatte des Ereignisses, der über Fausts schlafendes Gesicht huscht. Allseits wird auf das Hervortreten eines „Vorzüglichsten" hingedeutet, und wie zur Geschichte Helenas die Sage ihrer Erzeugung gehört, so gehören jetzt zu ihrer Wiederbelebung allerlei Günste der Sterne und Bereitschaften im menschlichen Geist. Der

Bezug von Ursache und Wirkung wird durch den Bezug des geistig Zusammengehörigen ersetzt.

Paralipomena deuten die Wiederaufnahme des Prologs im Himmel durch den Abschluß an. „Und eh' das Seelchen sich entrafft, Sich einen neuen Körper schafft, Verkünd' ich oben die gewonnene Wette." Oder sie sprechen von der Appellation, zu der Mephisto von Fausts Leiche wegeilt. Diese Wiederaufnahme wäre im Sinn des bisherigen Dramas vom sachlichen Zusammenhang und von der baulichen Einheit gefordert worden. Sie fällt weg; ein unendlicher Ausblick ersetzt die abschließende Wölbung und gibt die Ursächlichkeit des Geschehens preis.

Kleinere Beispiele: Den Fünften Akt leitet ein, daß Faust vom Kaiser mit einem Uferstrich belehnt wird. Deswegen muß das Drama im Vierten Akt wieder staatsmännisch werden, muß Faust sich verdient machen. Während man aber die Belehnung selbst aus ein paar Worten des Erzbischofs und Philemons erraten muß, steht der ganze Vierte Akt, der sie bloß vorbereitet, ausführlich da. Wenn nun gar der Landgewinn nicht wirkliche Leistung, sondern Wahntätigkeit Fausts ist — ein Tun an sich ohne wirkliches Substrat —, so wird die dramatische Ursächlichkeit vollends zunichte!

Die andere Erscheinung ist die Breite des Beiläufigen. Es wird nicht etwa das Größenverhältnis des Ganzen beleidigt. Sondern die ganze Art des Dichtens ist auf weite Strecken episodisch. Der Dritte Akt hieß ursprünglich: „Episode zu Faust." Im Ersten Akt kann.

man ein Thema der Handlung vom geistigen Thema unterscheiden. Thema der Handlung: Faust als Hofmagier. Geistiges Thema: Faust bemächtigt sich der höchsten geselligen Sphäre. Die Geldbeschaffung teilt sich darein, daß der Teufel den Kaiser durch das Assignatenwesen verderben will, Faust ihm durch die Schule des Maskenzugs und den Bund von Plutus und Knaben Lenker die höhere Umsetzung des Reichtums zu zeigen meint. Der Maskenzug gibt Gelegenheit, daß der Kaiser den Erlaß unterzeichnet. Während dieser Hauptzug der Handlung unterdrückt wird, wird das Beiläufige zu einem großen allegorischen Gedicht, das mit den Formen der Renaissance und des Rokoko ein Lebensfest beschreibt.

Daß der Besitz der Helena durch zwei Handlungen vorbereitet wird: durch die Beschwörung der Idole und durch die Losbittung, daß also der zweiten Helena ein anderes Dasein zugestanden wird, ist keine Forderung des Stoffes. Faust könnte ganz gut sich als Hofmagier unmittelbar in den Besitz der Helena setzen. Wenn nun aber Helena einmal in dieser Weise verdoppelt ist, als Schemen und als Wiederbelebte, so hatte der ganze Zweite Akt den Sinn, die Sternenstunde der großen Möglichkeit darzustellen. Er ist Episode. Es gibt einen Entwurf (Inhaltsangabe für Dichtung und Wahrheit), wo vom Inhalt des Zweiten Aktes nicht die Rede ist, geschweige denn von der Homunculus-Handlung. Diese wäre also Episode der Episode. Das Einsprechen bei Wagner wurde später erfunden als ein Versuch Mephistos, den von der Berührung des Schemens zerrütteten Faust abzulenken. Wenn sich schließlich Homunculus den horoskopischen Wichtigkeiten dieser Nacht einreiht als ihr Kenner und Deuter und sich als Reiseführer an den Schicksalsort zur Verfügung stellt, so bleibt er noch immer episodisch. Ein eigenes Homunculus-Drama entsteht erst aus seiner Begegnung mit Proteus. So überwächst es alles andere, ohne daß der Stoff dazu nötigt, und gibt dem ganzen Zweiten Akt eine neue geistige Raumtiefe. Es entsteht ähnlich wie die für die Handlung ebenfalls entbehrliche Mütterszene. Daß ein Zauberer ein Gespenst beschwört, ist der Legende und wäre auch ihrem Nachdichter ganz natürlich. Dieser dichtende Greis jedoch, der zwar keine Worte über entzündetem Räucherwerk murmelt, aber zu viel seltsameren Begegnissen zugelassen ist, fragt sich: Was ist ein Idol, welche Ansprüche an Mensch, Ort und Stunde müssen befriedigt sein, damit ein solches nach seiner ganzen Möglichkeit wirksam werde — was ist der ganze Vorgang seiner Heraufbeschwörung, unbildlicher, geistiger vorgestellt? Zu dem Zauberakt, der in der Befangenheit des Aberglaubens gehalten ist, gibt die Mütterszene eine Art Erklärung, wie der unbefangene Verstand des Weltweisen sie sich zurechtlegt. Und wenn dann die „richtige" Helena vor Faust tritt, so gibt dies eine andere Frage auf: Wie kommt etwas, das nur noch im Geist Dasein hat, zur Körperlichkeit? Diese Frage lockt eine dritte hervor: Wie kommt etwas, was erst im Geist Dasein hat, zur Körperlichkeit? Der Bescheid darauf, freilich ein Bescheid gewagten und nicht in jedem Punkt verantwortlichen Bilderspiels, ist das naturphilosophische Homunculus-Märchen. Daß es als Helenas transzendente Vorgeschichte mit ihr verbunden wird nach der Meinung eines geistreichen Forschers (V. Valentin), der in Helena die entwickelte Entelechie des Homunculus entdecken will, ist ein Rückfall in das herkömmliche Denken, das ein Drama als Folge von Ursache und Wirkung begreift, und wird diesem Formplan nicht gerecht. Der Dritte Akt ist nicht bloß äußerlich eine Einlage, er hebt geistig das Ganze beinahe auf. Denn eine Dichtung, die unendliches Streben und endlichen, von der Gottheit abziehenden Augenblick gegeneinanderstellt, schließt den vollkommenen Augenblick, in dessen Grenze das Unendliche sich bequemt, schließt Schönheit und Genuß der Schönheit eher aus als ein.

Ist also der Dritte Akt Intermezzo, bereitet der Zweite Akt ein Intermezzo vor, fällt der Erste Akt auseinander in eine für sich bestehende Allegorie und eine gleichfalls den Dritten Akt vorbereitende Beschwörung, ermöglicht der Vierte Akt die Belehnung, die nicht einmal dargestellt wird, und ist der Schluß des Fünften Akts ein mystischer Epilog, so wie die Szene „Anmutige Gegend" ein Prolog war, fielen ferner drei Hauptmomente und mehrere nicht gleich wesentliche für die Gestaltung aus: so bleibt als eigentliches Drama die erste Hälfte des Fünften Akts, der in der Tat die Entscheidung des Dramas bringt — eine ganz inwendige Entscheidung, ob wir sie nun auffassen als Bewältigung des Todes durch Faust oder als Bewältigung des Teufels durch Gott.

Die Zeit als Element des dramatischen Geschehens muß von Goethe umgedacht worden sein. Der Zweite Faust spielt in einer symbolischen Zeit. Die Form fordert Aufeinanderfolge; eigentlich aber ist dieses Drama die räumliche Ausbreitung des Zugehörigen. Auch im Gedicht vereinfacht Goethe, was er als fort und fort sich begebende Begebenheit kennt, zum einmaligen Vorgang in der Zeit: man denke an die Weltschöpfungsmythe im Gedicht „Wiederfinden".

Ist das Leben Fausts als Entwicklung dargestellt? Wie es weniger dem Drama als dem Bildungsroman oder einer autobiographischen Arbeit entspräche? Ich glaube, nein. Der Zweite Teil hebt nicht etwa mit Selbsteinkehr oder Rechenschaft über das Gewesene an, sondern mit Lethe und Genesung. Sodann sieht der lähmende Schlag, die Ohnmacht, in die Faust nach der Berührung des Idols verfällt, nicht gerade dem Ergebnis einer Entwicklung ähnlich. Die fürstliche Gelassenheit, die der Faust des Dritten Aktes sich nicht etwa an seiner Heroine erst erwirbt, sondern mit der er schon für sie ausgestattet ist, ist gleich überraschend wie die vollkommene Schuldentilgung am Anfang des Ersten Akts. Am ehesten zöge noch der Anfang des Vierten Aktes eine Summe aus dem Erlebten. Aber er deutet nicht vorwärts, nur zurück, und schließt einen Kreis von Erscheinungen ab durch ein zusammenfassendes Spiegeln. Denn der Faust des Vierten

Akts ist wieder ein Faust für sich, ein neuer Faust — keineswegs ein Faust, um dessen Schultern der Nachglanz einer griechischen Begegnung steht! Und wie im Dritten Akt Faust eigentlich sogleich der „mediterranisierte" Faust ist, nicht erst wird, ist Faust schon zu Anfang des Fünften Aktes und ganz plötzlich der Faust der äußersten Lebenszeit, hundertjährig. Er ist immer derjenige Faust, der zu einer bestimmten Auswahl von Betätigungen und Gefühlen paßt, ein nach dem Gesetz eines Aktes stilisierter Faust. Bestimmte Stufen erscheinen unter ihren wesentlichsten und strengsten Bedingungen; das zwischen ihnen Liegende entfällt; statt allmählichen Reifens Verwandlungen, Betäubungen, Schlaf, Tod. Am Ende nicht sosehr das Fertigsein als die fortdauernde Bewegtheit (Rotation). Es mag sein, daß im menschlichen Leben die Stufen der verschiedenen Akte sich nach einem Gesetz der Steigerung folgen können, und daß sich ohne große Mühe dem Zweiten Faust eine Entwicklung unterlegen ließe; aber sie ist nicht das Thema der Dichtung geworden, vor allem: sie hat nicht die Form bestimmt. Das Leben ist nicht, in der Weise des Romans und mancher längeren lyrischen Gedichte, dem Gedanken der Bildung unterworfen, sondern als Ewigkeit aus Augenblicken kosmisch betrachtet, im Rhythmus des Tuns.

Ein Muster für das Schaffen der reihenbildenden Phantasie ist die Gestalt der Erichtho. Sie ist die bedenkliche Muse der Wiederbelebungen, Rückkünfte und Geisterstelldicheins, ferner der an gleichem Ort unter gleichen

Sternen sich wiederholenden Geschichtswenden, wobei Goethe ein Wunder des Aberglaubens denkbar macht und dem Gesetzlichen nähert. Auch hat sie eine Nebenbedeutung. Die Geschichte, der ein Weltverbesserer immer wieder das Neue zutrauen möchte, wird Wiederholung des Wiederholten, sobald sie aus Erichthos Munde redet. Sie bezieht sich mit einigen Worten wie nachher Helena auf das über sie umgehende dichterische Gerücht: was ganzen Szenen etwas Unwirkliches gibt. Das nicht grade aufklärerische Wort „Der Boden haucht vergoßnen Blutes Wiederschein" bezeichnet die Wiederholung der Ereignisse, das andere: „Und angelockt von seltnem Wunderglanz der Nacht Versammelt sich hellenischer Sage Legion" die Wiederholung einer geistigen Welt; beides zusammen ergibt den Begriff: Belebung des Gewesenen. Und Erichtho? Die wiederkehrende Helena soll weder erklärt noch bewirkt werden, sie soll erscheinen in einer Reihe von Zusammengehörigem. In dieser Reihe wird auch das Ungeheure, ja Magische der Phantasie behaust. Der Name dieser Reihe ist: Wiederbelebungen.

Daseinskreise

Der Ablauf in der Zeit wird zum dichterischen Schein. Gemäß der Gegensätzlichkeit und Vielheit des Lebens teilt sich der Raum in Räume, die Zeit in verschiedene Zeitrechnungen verschiedener Räume. Alles dient nur zur vollständigen Ausbreitung einer Idee in einer Reihe der Erscheinungen. Das Nacheinander bedeutet nicht die notwendige Zeitfolge, sondern die räumliche Gesamtansicht der für das Leben der Selbstheit aufbauenden Vorgänge. Die Idee erscheint nicht in Einzelfällen, sondern in erfundenen Beispielen, den konstruierten Fällen eines juristischen Lehrbuchs vergleichbar: sie gleichen keinem Lebensvorgang genau, enthalten aber jeden. Die einzelnen Akte sind in einer Idee zusammengefaßt. Fast in jedem Akt wird die Idee seines Daseinskreises polarisiert. Erster Akt: Geselliges und Dämonisches. Zweiter Akt: Geistiges und Kosmisches. Dritter Akt: Antikes und Modernes. Fünfter Akt: Selbsthilfe und Wirkung von oben. Die Akte sind sich beigeordnet, unter sich selbständig, durch tiefe Einschnitte getrennt. Sie beziehen sich in lockerer Weise auf die Selbstheit, die den Namen Faust trägt. Aber was sich so nennt, wird der jeweiligen Mitte angepaßt, ebenso wie der teuflische Partner, und erscheint in der Gebärde und in dem Geschäft dieses Umkreises.

Daseinskreis des Zweiten Aktes

Der Held liegt bewußtlos auf einem Ruhebett. Früher sollten seine Träume sichtbar auf der Bühne stehen, wie es das barocke Drama noch bis zu Grillparzer liebt. Jetzt erzählt Homunculus, was sich in seinem Innern begibt. Dann schweift er nach Helena und verschwindet im Orkus. Auch was er hier vornimmt, kann nur erraten werden. Es ist schwer, bloß um ihn diesen unübersehbaren Akt zu ordnen. Leichter ordnet er sich um eine Sache. Daß diese Sache nicht einfach, sondern vielfach erscheint,

in einer Reihe, ist gegen die gewohnte dramatische Schau, entspricht aber der naturphilosophischen Schau, die auf Vollständigkeit zielt und aus der die neue Form zu begreifen ist.
Die Seelentätigkeit des schlafenden Faust richtet sich auf etwas Unmögliches, das mit dem Recht der Dichtung als möglich behandelt wird: ein Gewesenes von höchstem Rang wiederzubeleben. Es gelingt, und zwar durch leidenschaftliches geistiges Verlangen. Nun erzählt die Dichtung nicht die Geschichte dieses Versuchs, sondern sie zergliedert ihn in eine Reihe von Verrichtungen und beteiligten Kräften, die zusammen sein Gesetz ausmachen – dem Märchen Goethes vergleichbar. Für die Verrichtungen werden Vollstrecker erfunden, die Namen haben und Personen scheinen. Auch vergißt die Dichtung nicht, daß das als möglich Behandelte unmöglich ist. Die Spannung auf ein kaum glaubliches Gelingen ist ein kleines Drama im großen Drama dieses Aktes.
Er spielt in zwei Räumen: dem Studierzimmer und einer Elementarlandschaft. Jener Versuch der Wiederbelebung zerfällt in ein geistiges Element und den herangerafften Lebensstoff, oder in den wagemutigen Geist, der diesen Versuch macht, und die wiederbelebte Gestalt. Jede dieser beiden Zweiheiten wiederholt sich in der Zweiheit der Räume. Verhaltungsarten des Geistes werden in der ersten Hälfte des Aktes an verschiedenen Figuren erläutert. Das eigentliche höhere Walten, der totenbeschwörende Eros, der im Faust wirksam ist, bleibt geheim, umhüllt durch

Schlaf und Ohnmacht. Dann Mephisto: Auch er, dem Daseinskreis dieses Aktes angepaßt, vertritt einen besonderen geistigen Zustand. Er lebt in der Skepsis der durchaus bewanderten Erfahrung. Homunculus ist Geist schlechthin. Man hat ihn immer an dem gemessen, was ein vollständiger Mensch zu sein hat; er ist aber auf seiner Stufe zulänglich, zumal der Makel einer Retortenerzeugung ihm nur scheinbar anhängt. Wenn man die Paralipomena mit den Eckermann-Gesprächen vergleicht, so dachte Goethe den Homunculus ursprünglich viel karger auszustatten. Aus seiner einen Bedeutung: unbegrenzte Übersicht und Einsicht, konnte eine Gelehrtensatire gesponnen werden; überdies konnte er als Typus das Ungenügen eines einseitigen Vermögens festlegen und also mannigfach auf Goethes Zeit bezogen sein. Aber schnell wird das Philologenhafte zurückgedrängt; er ist ein Kalendermännchen und weiß eigentlich nicht, was er gelernt hat, sondern was sich in ihm hervortut als unerklärliches Innewerden der Konstellationen. Wenn er gar in die Träume eines schlafenden Menschen späht, so ist seine Geistigkeit viel zu durchdringend, um belächelt zu werden; trifft ihn manche ironische Anrede, so entfällt diese Ironie teils auf den jeweiligen Sprecher, teils auf den Sprachton des Ganzen. Reiner Geist ist er freilich; aber damit ebenso dem Bekörperten überlegen wie im Nachteil gegen dieses. Statt daß er einen Mangel verbildlichte, lebt er in einer so heftigen Übergangskrise, daß sie ein Hauptthema des ganzen Aktes wird: es ist die Ungeduld vor einer neuen

Daseinsstufe. Der Dichter phantasiert in ihm naturphilosophisch über die Seinseinheit, sofern sie ohne stoffliches Substrat gedacht werden kann. Er sondert, was nur zusammen mit anderm da ist; er erzählt als Vorgang in der Zeit, was als fertiges Ergebnis allem Leben zugrunde liegt.

Famulus vertritt den Bezug des kleineren auf den großen Geist. Wagner aber, der dem lächerlichen, aber doch auch verzehrend großartigen Ehrgeiz verfiel, das Wunder des Lebens technisch nachzuahmen, ist der Witz des Menschen als Wissenschaft und Kunst in seiner ausschweifendsten Unternehmung. Wagner um Homunculus bemüht könnte den Argwohn erregen, als befänden sich alle diese erfundenen Träger einer Verrichtung geistig innerhalb desselben Subjektes, das mit dem Unmöglichen, nämlich der Wiederbelebung der gewesenen höchsten Schönheit, befaßt ist. Nicht einmal Famulus schlösse sich aus – es würde dann die Pietät als menschliche Empfindung eine so vollkommene Gestalt wie die erwartete begleiten, und würde dann auf der andern, weiblichen Seite in Panthalis wiederkehren. Enger schlösse sich Homunculus mit ein, die Frage seines Daseins fragend: Wie wird Geistiges körperlich? Faust ist das Ganze. Wagner ist der angehaltene Atem im Moment des Gelingens; ein Moment, dessen Spannung dieselbe ist in den drei verschiedenen, gleich gewagten Unternehmungen. Daß einem solchen Unternehmen der Erfolg nur vorgetäuscht wird, ist vielleicht auch nicht nur Wagners Fall. Er wird durch

Mephisto genarrt, da ihm dieser das kleine Geistchen in die Retorte hext. Ob aber Mephisto am Ende des Dritten Aktes nicht auch auf die sich verflüchtigende Helena grinsend hinweist als auf eine Kreatur, „die wir machten"? Unschwer fügt sich Mephisto mit dem Baccalaureus in dies Vielfache geistiger Verrichtungen: wo auf ein Unmögliches gezielt ist, da kann die Disputation zwischen der Erfahrung, die mit teuflischer Verneinung erhärtet, daß was niemals war auch niemals sein wird, und zwischen dem Solipsismus des absoluten Ich, das alles, was ist, aus sich selbst belebt und tötet, sehr wohl ein aufgeregtes Duo in der gespannten Seele Faustens, der waghalsigen Magierpuppe, sein!

Das Gesamtabenteuer der Klassischen Walpurgisnacht teilt sich in das Abenteuer des Homunculus, der entstehen will, und in das Faustens, der Helena sucht. Beide finden einen Förderer: Homunculus in Proteus, Faust in Chiron Proteus gehört als Genius der Verwandlung einer naturphilosophischen Mythe an, Chiron als Genius der Zeit, welcher Manto, die Beharrende, umkreist, dem geschichtlichen Wesen: er gibt Bescheid über alle Heroen und Heroinen und kennt die Gelegenheit, in den Hades zu dringen. Das gliedert das Gewimmel dieser Nacht in zwei wohlgeschiedene Massen, die hell und heller werden durch das Doppelwunder: daß hier die geistartige Lebensflamme im Feuchten eine unlösliche Verbindung mit den Elementen eingeht, und daß dort ein höchstes Gewesenes sich der beschwörenden Liebe eines Menschen ebenfalls verstofflicht.

Mephisto ist in der zweiten Akthälfte dem hier beherrschenden Eros angeglichen, wie in der ersten dem Geist; seine Abenteuer sind ein humoristisches Gegenbild zu dem Abenteuer Faustens. War er vordem reine Verständigkeit, so ist er jetzt reine Geschlechtlichkeit, zutäppischem Wahn ausgeliefert. Wie Faust unter den alten Geistern das ihm Wahlverwandte sucht, so Mephisto; er findet es im Ungeheuerlichen. „Es ist ein altes Buch zu blättern: Vom Harz bis Hellas immer Vettern." Seine Begegnung mit den Phorkyaden, einer der größten Gestaltwitze des dramatischen Humors, ist die humoristische Ähnlichkeit des Chaos mit sich selber. Folgerichtig erscheint er dann, in fernerer Anpassung an den Dritten Akt, selbst als Phorkyas. Denn in dieser von der Schönheit beherrschten Sphäre vertritt er die Häßlichkeit, die die hieher passende Maske seiner Lebensfeindschaft ist.
Gleicht Homunculus nicht den Irrflämmchen, die der Fährmann über den Fluß des Werdens setzen soll? – Um ihn ist nun eine Familie von Naturgewalten beschäftigt, die, obwohl es ihnen um anderes geht, doch für ihn handeln. Das Thema des Werdens ordnet die Begebenheit. Sie beginnt und endet im Feuchten, das am Anfang panisch mit Fluß- und Meergesprächen, am Ende in seiner Gipfelung, der aus ihm geborenen aphrodisischen Form, gefeiert wird. Es ist dem Feuer feindlich, ohne es zu einer höchsten Verbindung, dem „Wunder", das Feuer und Wasser befreundet, entbehren zu können. Beide arbeiten die Erde um; in der Bildung der Erdgestalten wetteifert

das langsam bildende neptunische Prinzip mit Seismos, einer der großen naturphilosophischen Personenbildungen Goethes, in denen er als Bruder des Paracelsus erscheint. Die Begebenheit ist das Beispiel einer Naturlehre. Kosmisches und erdinneres Feuer türmt und quetscht Gebirge: Anaxagoras als Mund solcher Lehre verficht sie gegen Thales, der einer gemächlichen Gebirgsbildung das Wort redet. Parteiischer verteilt der Anfang des Vierten Aktes die Rollen eines ähnlichen Streits zwischen Faust und dem Teufel. Gebirgsbildungen führen zu Staatenbildungen. Ein Vulkanismus und Neptunismus des politischen Lebens wird durch denselben dichterischen Kunstgriff erklärt und beurteilt. All dies ist Ratschlag: es werden daran für Homunculus Arten des Werdens und des Zunehmens entwickelt. Er hat beim Feuchten zu beginnen. Nereus, der ihn abweist, leistet ihm doch durch seine Tochter eine unerwartete und unbeabsichtigte Hilfe. Die Schönheit ist eine Art Köder, der die noch freie Entelechie zu der unmöglich scheinenden Verbindung mit den Elementen betört. Proteus schifft ihn, als Fährmann dieser Mythe, in das Werden ein. Seine Delphingestalt ist Maske des Lebens, das in der Bildung und Umbildung organischer Naturen begriffen ist. Der festliche Schluß deutet durchaus nicht auf eine sinnlose Zertrümmerung, sondern auf ein einmaliges Gelingen im Rhythmus des ewigen Gelingens.

Der Daseinskreis des Fünften Aktes

Auch der Fünfte Akt ist zweigeteilt. Sein Mittelpunkt ist der Tod, seine ideale Dauer eigentlich der Todesaugenblick. Die Zweiteilung rührt daher, daß der überweltliche Punkt des Ausgangs wiedergewonnen werden muß. Im ersten Teil erscheint der Tod im geraden Verfolg des weltlichen Dramas als das Schicksal des Selbst, genauer, wie wir sehen werden, als eine Handlung dieser Selbst; so wie die Rede des Volkes sagt: er legt sich sterben, oder: er geht sterben – was nicht hindert, daß dieser Faust bis zum letzten Augenblick zu leben denkt. Der zweite Teil des Aktes stellt den Tod außerhalb des Weltlichen und erklärt ihn so, wie die Sterne ihn sehen, als Durchgang. So können die dem Selbst zu Hilfe eilenden Kräfte, christlich gesprochen: kann die Gnade in Erscheinung treten, die am Anfang des Ersten Akts Gnade der Natur hieß und vielleicht nicht zu trennen ist von der Unzerstörbarkeit, deren sich das Selbst in seinem weltlichen Zustand bewußt ist. Aber die Entelechie Fausts spricht kein Wort in diesem zweiten Teil des Fünften Aktes. Und wenn sie schon handelt, so bleibt dies ihr Handeln geheim. Es sprechen nur einführende Geister und Meister, deren mächtigster und versöhnendster die von der Erde her vertraute Liebe ist und Art und Amt des Weiblichen an sich hat. Auch Gott spricht nicht mehr. Das Wunder der Verwandlung, das hier, im genauen Gegenlauf zur Homunculus-Mythe, die Trennung der stofflichen Elemente vom gestaltenden geistigen Zentrum durch Liebe ist, wird stufenweise verwirklicht durch eine Reihe von Schulen und Einführungen und ein hilfreiches wechselseitiges Steigern.

Der erste Aktteil handelt nicht unmittelbar vom Tod, sondern vom äußersten Alter, dem Lebenszustand vor dem Tod. Er ist eine Dichtung über den letzten Augenblick. Ein tief-goethischer Zug: die Altersmomente neigen sich nicht nach dem Tod voraus, sondern nach dem Leben zurück. Sie sind ein eigener Zustand besonderen Tuns und Seins, besonderen Horizonts. Sie fassen zusammen, bilden Reihen des Gleichen, sind so innig wie bewußt im Begreifen. Sie enthalten alles Gewesene mit, sie sind das Leben in dem Augenblick, wo es über sich selbst ganz wissend wird. Sie biegen dennoch nicht etwa dem Tode aus. Sie behandeln ihn nicht als etwas, womit man sich — etwa durch Todesbetrachtung — einlassen muß, sondern als etwas, das zu bestehen ist. Das Leben rüstet sich auf ihn durch möglichst viel Leben. Und durch Leben von der Art, über welche es in dieser seiner letzten Reife reichlich und ausschließlich verfügt. Da nun die beschriebenen Momente für den theoretischen Menschen der höchste Grad des Selbstbesitzes sind, so ist er, auf diese Weise den Tod nicht denkend, todgerüsteter als ihn denkend.

Fausts Alter ist nicht Goethes Alter. Von den drei Arten, alt zu sein, die dieser Akt beschreibt, ist die des Lynkeus am meisten goethisch. Aber auch um Philemon und Baucis dehnt sich die Ebene der Erinnerung. Die patriarchalischen Alten stehen auf ihr, Lynkeus übersieht sie vom Turm. Schon der Wanderer, den die beiden Alten, als er jung war, retteten, ist alt – wie uralt muß Väterchen und Mütterchen sein! Ihre Würde liegt nicht im Begreifen, sondern im frommen Anhaften; sie sind das gebundene Dasein, Leben und Vergehen mit dem Gehorsam der Pflanze, überschattet von dem uralten Baum, dem im ererbten Grund tiefwurzelnden. Entwurzelt zu werden ist ihnen, was es dem Baum wäre – das Fortschreiten der Zeit wird an ihnen gottlos. Dagegen ist um Lynkeus die kristallene Durchsichtigkeit des Allbegreifens und des Allbeziehens, der Fernstes nah ist, der das Nahe noch Abstand hat. Erinnerung wird bei ihm Bewußtheit; er umfaßt das Ganze und in ihm sein schauendes Selbst – so ist er nichts als Einklang. Faust, allen ungleich, ist tätig. Auch dies ist eine Alterungsform des theoretischen, nicht des praktischen Menschen. Dieser wäre „noch" tätig oder er würde endlich aufhören es zu sein. Zu dem Merkmal des Tätigseins gesellen sich andere: er hat alles durchlaufen und durchkostet, ohne Verweilen, ohne Begriff und Spiegelung, ohne geistiges Verknüpfen mit dem Ersten und Letzten. Er hat nie entsagt, sich immer genug getan; er war ganz des Augenblicks, unbesorgt um den inneren Zusammenhang seines Daseins; er war hemmungsloser Verbrauch und ist an alle Mächte verschuldet, obwohl er nur das Bewußtsein des Fehlers, nicht das Bewußtsein des Fehlens kennt. Noch der letzte Augenblick ist ein

Beispiel für die bedenkliche Kostspieligkeit dieses Lebens, das zur Befriedigung einer despotischen Grille die beiden Alten und mit ihnen eine kleine Welt naturfrommer Überlieferung hinwegrafft. Statt eines jenseitigen Ergehens, das ihn nicht kümmert, und statt des Ruhms, den er verachtet, entwirft er seine tiefe Wirkungsspur; wünscht im Verband, den er tätig stiftet, fortzuleben. Aufs genaueste decken sich diese Merkmale (vor allem die Tätigkeit und die Kostspieligkeit) mit der Leistung der Person als Prinzip, zumal wenn sie herrschaftlich ausgestattet ist! Noch tiefsinniger wird diese Deckung dadurch, daß sich die unbedingte Tätigkeit Fausts am Wendepunkt des Todes verinnerlicht. Indem sich die Selbstheit aus dem, was sie in sich einschlang und womit sie sich organisierend verband, wieder zurücknimmt, sich vom Stoff loskauft, findet sie ungefährdet den Übergang. Das Abweisen der Sorge gehört dazu, da ein Bedenken des Gewesenen und des Geschuldeten eine Einbuße an freier Selbsttätigkeit wäre. Fausts Erblinden ist der Zoll der Sterblichkeit, den das Selbst denn doch entrichten muß: der vorausgenommene, im Zeichen angedeutete Tod, genau gleichbedeutend mit der schwarzen Hand der Freundin im Märchen. Um so lieber gab Goethe dem körperlichen Tod dies Zeichen, da ihm nachher der Tod selbst zum Zeichen wird. Indem Faust der Magie absagt (entgegen früheren Formungsversuchen, wo er auf eine solche Absage bereits zurückblickt), bequemt er sich schon einer neuen Art des Daseins, die nicht mehr verschwenderisch den Wert ganzer Welten zur Bereicherung an sich rafft. Der vorausgeschmeckte Tod trifft nicht, wie er früher sollte, das Ohr, sondern das Auge. Dies erlaubt ein weiteres treffendes Zeichen: das Hereinsinken der Nacht. Es beschreibt die Verinnerlichung der Tätigkeit und das Aufhören der Mitteilung, zugleich auch den freien Zutritt der Geister.

Auf sehr lockere Art ist Faust mit den anderen Spielern des ausgehenden Lebens verknüpft — durch nicht viel mehr als durch den Ruf eines Türmers, das Läuten einer Glocke oder die Einfahrt eines Kahnes. Er steht mit ihnen in einem geistigen Einvernehmen, jeder bewältigt auf seine Weise den aufgegebenen letzten Augenblick. So ist auch jeder auf sich bezogen und spricht an seinem Ort, was der Einsamkeit Fausts dient. Dieser ist an sich so wenig gesellig wie einsam. Einsam ist der besondere Faust dieses Aktes: der Rückzug der versammelten Seelenkraft auf sich selbst baut die Selbstheit zu. Alleinsein ist für das Gelingen dieses Augenblicks so nötig wie das Schweigen bei einer magischen Tat. Mephisto stellt sich ihm nicht mehr, als Faust die Geister schilt wegen eigenmächtigen Abweichens vom Befehl. Nur der namenlose Chorus antwortet, nur die Grauen schweben heran. Als er vom Anhauch des Dämons erblindet, ist niemand zugegen. Und bevor er blind, an den Türpfosten tastend heraustritt, hat sich Mephisto mit den Lemuren zusammengetan zu einem Wechselgesang. Faust und er haben kein Gespräch mehr; er glossiert nur noch zischelnd

Fausts Befehl mit einem schauerlichen Wortspiel. Man denke sich den Zustand eines ganz alten Mannes, der immer ein ganzer Mann war: sei es eines Arztes, sei es eines Weltweisen oder Dichters, jedenfalls eines stark bewußten, geistig unversehrten: er besitzt sich noch, und mehr als je; aber indem er das Gewesene und die Lebenszeit bedenkt, hört er nach innen und erkennt an feinen körperlichen und seelischen Anzeichen den Beginn des stummen, vorausentschiedenen Kampfes; den anderen ist er, wie ein abfahrendes Schiff denen am Ufer ist; seine Gesellschaft ist nur noch geisterhaft: wechselnde Gesichter der Todesgewalt, Richter und Vertragspartner; dann er selbst, seine Sicherheiten bei diesem Austrag erwägend; dabei behält er die Gelassenheit des starken Geistes, und besitzt an sich selbst nicht viel weniger als ein Frommer an Gott.

Der Daseinskreis des Ersten Aktes

Dieser Akt, ein weises Gefüge der Gliederung, ist Goethes letztes Gedicht über den Gegenstand „Gesellschaft". Indem sie ihr weltliches Treiben entwirrt zu den Stufenkreisen der alten Lehnsordnung, indem sie seinem Willen zu einem höchsten Oben genugtut, indem sie das Allgemeinste der Verrichtung mit Ämtern benennt, gestaltet sie sich dem greisen Organ zurecht. Der Hofakt hängt eng mit dem Vierten zusammen, dem Staatsakt. Geselligkeit und Staat sind gezeigt, wie sie sich eben auflösen; was nicht nur den Hinzutritt eines Magiers begünstigt, sondern dem Dichter zum letztenmal erlaubt, in allgemeinen Zeichen auszubreiten, was er mit dem Abstand des Weisen, mit der Angst des Betroffenen über das Ende der Herrschaft eingesehen hatte.

Daß das Menschliche sich zu einem Schein entschließt, ist der Wert der Gesellschaft. Leistung wird Geld, Geld wird Stand, Kleid, Fest, Kunst; der innere Gehalt wird Gehaltenheit in Sitte, wird Blut, Stammbaum, Bildung; Berufe formen ihre Träger, genießen sich und spielen mit sich selbst in ihren Pausen; alle Beziehung, sei sie Zweck, sei sie Gemüt, sei sie Leidenschaft, bequemt sich zu einer Art von Musikalität im Stegreifspiel geselliger Momente. Diese Anstrengung zum Schein, welche die Gesellschaft macht in ihrem Müßiggang, ist schon an sich ein Kunstwerden des Lebens, das den Dichter aufs beweglichste anspricht. Es ist das Fremde und das Seinige zugleich. Wie geheimnisvoll muß es ihm werden, wenn es aus sich selbst unerwartet die erschütternde, ihm tief einheimische Gestalt oder eine gleich erschütternde Gruppe des Schicksals hervorbringt! Das sind die Zufälle, wodurch die Gesellschaft Anlaß der Dichtung wird. Daneben dichtet sie selbst, ihr Wille zum Schein führt vorbedachte Spiele auf, denen der Dichter als geselliger Mensch nachhilft; das Leben maskiert sich, um deutlicher als sonst es selber zu scheinen – im Maskenfest erklärt das Leben sich selbst, macht es seine eigene Allegorie.

Diese Gesellschaft ist höchster Luxus des Lebens, der zur Schönheit leitet, aber nicht Schönheit ist. Die Selbstdeutung des Lebens in der Maske erreicht weder die Strenge der Kunst noch die Heftigkeit der Dämonie. Indem Goethe beides von der Gesellschaft trennt, ist er gegen sie nüchterner, grenzbewußter als vordem. Aber der Geist des Magiers, dem sich alle Vielfalt in Bildern geschlichtet hat, ist freilich reif, durch Schönheit erschüttert zu werden. Wird er, der zum Festordner des Hofs Verkleinerte, nun aufgefordert, die Urbilder des Schönen zu beschwören, so entsteht ein zweites Symbol des geselligen Lebens von größerer Tiefe und auch von stärkerer Bewegung. Das erste hieß: Gesellschaft, aus sich selber Kunst werdend; das zweite heißt: Gesellschaft der Kunst begegnend. Es fällt weniger schmeichelhaft aus und sieht sich an wie eine unschuldige Vergeltung für den gemißbrauchten künstlerischen Dämon. Kunst in die Tiefe gedacht führt hier nicht zum Dämonischen, sondern zur Form als dem Gesetz des Naturschaffens. Zu Dämonischem führt erst die Berührung von Kunst und Leben. Der Künstler, der einem Hofe das diesem erreichbare Kunsterlebnis verschafft, erliegt selbst einem tieferen und wird Opfer seiner Magie.

Und doch trifft das Wort „Kunst" nicht ganz, was hier vor sich geht. Für Faust ist es mehr als Kunst, weil er zusammenzuckt unter der Berührung seines Schicksals; für die andern ist es weniger als Kunst, weil sie nicht loskommen von der stofflichen Anziehung und Abstoßung. Eigentlich gemeint ist das Vermögen der Kunst, Gedachtes zu vergegenwärtigen. Es erfüllt sich in zwei Täuschungen: in einer höheren Täuschung, die das Urbild als etwas Gewesenes vortäuscht; und einer niedrigeren, die ein Gewesenes als gegenwärtig vortäuscht. Der Dichter stellt gelassen fest, welche Leidenschaft den Menschen zur Kunst treibt: die Neugier, und daß er sich gegenüber dem Vollkommenen durch Mäkeln sicherstellt. Dabei erliegt er doch, freilich ohne Gefahr, der geschlechtlichen Anziehung, die sich mit den Wirkungen der Kunst für alle Zeiten unauflöslich verbunden hat. Die Herren, gegen Paris unerbittlich, schmelzen vor Helena, die Damen umgekehrt. Die Älteste findet über Paris das Wort einer ganz geistgewordenen Liebeserfahrenheit: „Es ist des Wachstums Blüte, Im Jüngling als Ambrosia bereitet Und atmosphärisch ringsumher verbreitet." Es ist hier nicht von Goethe in Weimar die Rede; aber es ist boshaft und heiter erzählt, wie ein Mann doppelt lebt, der seine Geister einem unverständigen Volk erscheinen lassen muß und, während er selber jede Art von Mißverständnis um sich her gewahrt, seinerseits einem dämonischen Mißverständnis ausgeliefert ist. Was diese Szene zur vollendeten Komödie macht, sind die verschiedenen Distanzen des Menschlichen und des Geisterhaften. Die beiden äußersten Distanzen bezeichnen Faust und Mephisto. Sie unterreden sich vorher über das Wie. Aber dies Wie ist kein Trick, womit der Zuschauer geäfft wird, sondern eine Wahrheit, die ihn nie erreicht – die Mütter. Dann, dem Fassungsvermögen angepaßt, Mephisto als Quacksalber; Sommersprossen und andere Beschwerden der Weiber heilend.

Dann, den Zuschauern auf der Bühne unverständlich, uns Zuschauer vor der Bühne um so mächtiger bewegend, Fausts Anruf der Mütter. Der Herold vermittelt. Der Astrolog ist anfangs Schalk; er läßt sich von Mephisto gebrauchen, wie man schon aus der ersten Hofszene weiß. Er glaubt zu durchschauen und spielt mit der Wundersucht dieser aufgeklärten Seelen. Aber während er beim Aufsteigen des Paris selbst nüchtern als Ansager für Wirkung sorgte, tut es ihm Helena an, und er bleibt in der Berückung wenig hinter Faust zurück. Der Architekt ist Satire. Er schmäht, den Mephisto des Zweiten und Dritten Aktes vorausnehmend, den hervorgezauberten Tempel und betet Formeln her von spitzbögigem Zenith. Der Gelehrte bezieht sich auf alles nur geschichtlich; er ist durch die Vertrocknung der Säfte vor dem Mißverständnis Fausts geschützt, Kunst und Leben auf eine gewagte Weise zu verwirren. Herren und Damen, neidisch auf das gleiche, lüstern auf das andere Geschlecht, nehmen in die Kunstschau das halbverliebte Geplänkel ihrer Gewohnheit hinein. Ihre Glossen haben viele Töne: nörglerisch, kennerhaft, geil, neckisch, abgebrüht, hochnäsig, dichterisch, weise, gouvernantenhaft. Der Teufel ist ganz unteilnehmend; sein Amt im folgenden Akt ist vor-angezeigt durch das Geständnis: ,,Hübsch ist sie wohl, doch sagt sie mir nicht zu." Das gehört in das Kapitel ,,Grenzen des teuflischen Fassungsvermögens". So bereitet ein dramatischer Abriß der sämtlichen Kunstmißverständnisse den Moment für eine Pantomime vor, die eine der größten dichterischen Erfindungen ist. Faust berührt das Schemen — was den unlösbaren Lebenskonflikt Goethes behandelt: die Störung des Erotischen durch die Kunst, die Störung der Kunst durch das Erotische.

Vielheit der Formen im Helena-Akt

Der Dritte Akt handelt von der Schönheit nebst den von ihr ausgehenden Wirkungen. Helena bringt sie hervor, die vollkommenste Gestalt des Altertums, deren Mythos von einem um sie erregten, heldenmähenden Krieg und von ihrer durch kein Vergehen herabgesetzten Wertschätzung erzählt. Als Dichtung lebt sie, wie irgendeine der Goethischen Gestalten. Sie braucht nicht Allegorie der Schönheit zu sein, weil Schönheit sich an ihr offenbart. Dennoch – ist sie wirklich? Und wie? Von der anderen Helena hatte der infernalische Souffleur, der auch jetzt wie der greifbare Zweifel an der Wirklichkeit dieser neuen Helena neben ihr steht, das bedenkliche Wort von dem Fratzengeisterspiel gesprochen – können wir an die zweite Helena glauben? Will der Dichter überhaupt, daß wir an sie glauben? Die erste Zeile gebärdet sich mit der Gediegenheit eines tragischen Anfangs – so könnte Euripides seinen besten Prolog einleiten! Wenn Helena nur nicht gleich auf ihren Ruf bei den Dichtern hinwiese! Wenn wir nur weniger wüßten – nicht wüßten, daß ihr ein Idol voranging, und daß Faust den Hades besucht hat um ihretwillen! Und wenn sie, ganz in ihrer vermeintlichen Gegenwart befangen, noch etwas seekrank ist von der

Heimfahrt nach Argos – uns ist sie der heraufgeholte Schatten, der sich seines Lebens bis zu diesem Zeitpunkt erinnert, an dem er es fortzusetzen glaubt, aber von allem Nachher nichts mehr weiß. Doppelte Zeitrechnung haben wir zu ertragen, die der Helena und unsere eigene; der Faust christlicher Jahrhunderte tritt zu ihr, während Helena noch das Licht ihrer homerischen Tage zu sehen glaubt. Dazu kommt noch eine dritte, symbolische Zeit; die Zeit der Wiederholung eines antiken Moments im modernen Leben; die Zeit, die die Zeiten mischt; die Zeit, die traumhaft das Kurze lang, das Lange kurz macht; die Zeit der dichterischen Begebenheiten, in der alle Zeit aufhört!

In diesem Dritten Akt zu wohnen ist unsicher. Der Boden schwankt. Überall dringt Geistiges an, das greifbar sein will, entweicht Greifbares geisterhaft. Man sollte nicht glauben, daß in der Nähe der Schönheit das Lebensgefühl so unsicher werde. Aber es ist so. Hier wird das Drama Künstlerdrama. Helena ist die schöne Frau. Sie ist die Schönheit des Altertums. Beides verbindet sich darin, daß sie das Höchste der Natur ist, die nach Einsicht Goethes mit der Kunst das Gesetz des Typenbaues gemein hat. Fausts Beziehung zu ihr – die Beziehung, durch die sie erst lebt – ist ebenfalls mehrdeutig. War das Schemen wirklich Helenas Schemen? Es war ja doch von den Müttern geholt. Wenn Faust die lebengebärenden Formen vor seinen Augen das Spiel ihrer Verwandlung treiben sah, so konnte er allerdings die oberste dieser Formen be-

schwören, – aber dann war sie ein Urbild, das nur für den menschlichen Begriff den Namen Helena trug. Faust bringt dieses Urbild nicht aus sich hervor, er macht es aber erscheinen; das deutet auf eine Entsprechung zwischen dem Künstlers und den lebenzeugenden Formen. Es ist wieder die Dichtung, die zwei Helenen unterscheidet. Die Wahrheit ist: in jeder Schönheit erfährt der Künstler die Wirkungen dieses Urbilds, und alle Verwirrung rührt daher, daß er es als ein persönlich Seiendes behandelt. Nun kommt das Geschichtliche hinzu. Das erotische Drama vergeistigt sich bis dahin, daß der Künstler die Wiederbelebung der Antike (als Kunst, als Dasein) versucht, und das erotische Drama nur noch Bild für sein Werben um diese Wirklichkeit ist. Die zweite Helena kann nicht bei den Müttern beheimatet sein, weil sie Person ist. Nur weil das Schöne Person wird, kann es sterben und verewigt werden – nur darum kann es der totenumarmende Schmerz eines Späteren vom Hades zurückbegehren.
Was Faust, was Mephisto ist, muß aus diesem Akt neu beantwortet werden. Der Chor beschreibt Fausts Erscheinung: indem er aus nordisch-christlicher Volksart als einzelner hervortritt, wird ihm sogleich Großheit zugeschrieben. Er erscheint vollendeter, breitbrüstiger als bisher. Er bedeutet den geschichtlichen Moment mit allen Gnaden und Lasten, zugleich, wenn auch in der Übertragung eines als Mythos beschriebenen Lebens, den goethischen Moment der Italienreise.
Mephisto hat die Pflicht, häßlich zu sein. Häßlich – christ-

lich – nordisch, in dieser Begriffsdreiheit schwelgt seine Existenz. Er ist anders nordisch als Faust, nicht ergänzungsbereit, sondern verstockt. Endlich ist er als Gestalt der dauernde Argwohn gegen die Wirklichkeit alles hier sich Ereignenden. Nirgends modelt ihn das Gesetz der Anpassung so wie hier. Er wird, als Gegenbegriff der Antike, sogar zum Befürworter der Scham, was der Zweite Akt vorbereitete. Schon dort fand er das Antike „zu lebendig". Und wie unfreundlich ist es, wenn gerade ihn Goethe zum Anwalt der christlichen Kunst macht! „Da seht ihr Säulen, Säulchen, Bogen, Bögelchen." Wenn er schließlich die Gewalt der Töne preist und ganz in Umkehr seines Wesens und seiner Absicht Fausten Helenens Gewande überreicht, damit sie ihn über das Gemeine hinwegtragen, so muß man dies nicht auf eine gewundene Weise mit der Teufelheit reimen, sondern darin die Macht des Stils begreifen, der gegen Schluß auch das Widerspenstige in den großen Ton der heroischen Barockoper auflöst und gelegentlich dem Mephisto nicht aus dessen Geist, sondern aus dem Geist der Szene die Rolle des idealen Sprechers zuweist. Im Auftrag der dramatischen Ironie, den er auch im Fünften Akt übernehmen wird, behauptet er sodann die Unverrückbarkeit des Heute gegen den schöpferischen Wahn, der so reizend mit den Zeiten spielt. Er nimmt von Anfang an den Verlauf der Form vorweg, die sich selber allmählich als Täuschung eingesteht und schließlich die wirkliche Zeitrechnung gegen die vorgebliche durchsetzt.

Dieser Wechsel der Form ist der gewagteste künstlerische Versuch, den Goethe je gemacht hat. Es ist vielleicht, aus zuviel Begeisterung, nicht verstanden worden, wie gut er ihm gelang. Zunächst ahmt sie nach – aber weniger harmlos als die Form des Klassizisten. Die Genauigkeit des Nachahmens in Chor, Stichomythie, Prolog, in den schattenwerfenden Wortgebilden und einer beinahe spitzen, feierlich-tragischen Manier zeigt, daß es nicht nur um den Gewinn eines großen Stils, sondern um das Nachahmen als solches ging – um das Nachahmen, das der Trug einer Wirklichkeit ist. Die Form ahmt die klassische Tragödie nach, wie diese Helena das Leben nachahmt. Mephisto vergröbert durch seine Phorkyadenmaske dies Nachahmen, das dem Moment nördlich-christlicher Sehnsucht die Gebärde eines antiken Moments der Erfüllung gibt. Die Auflösung des Trugs bereiten eine Reihe weise verteilter Störungen vor. Dahin gehört alles, was Phorkyas sagt und fragt, dann das Wort der Helena, daß sie sich selbst Idol wird, dann Pantomimen, wie die erste und die abschließende Erscheinung Mephistos, das Auftreten Fausts, das die Zeit verdoppelt, und der Wechsel der Versmaße. Bedeuten schon die calderonischen Trochäen eine barocke Gegenwart, so ändern zwei neue Formsprachen die ganze Aussicht: Reim und Musik. Geistreich sonderbarer Einfall, diesen Wechsel auch noch im Gespräch zu behandeln! Die antike Form war also ironisch. „Helena im Mittelalter. Satyr-Drama. Episode zu Faust" hieß der ursprüngliche Titel. Die antike Form kämpft mit der vordringenden modernen, und doch bedeutet dies luftigfreie Spiel einen ins Herz schneidenden Verzicht, da es auf die Frage, welche Zeit ist, eine unausweichliche Antwort gibt. Faust sprach im Blankvers, durch Lynkeus lernt Helena den Reim kennen und erkundigt sich nach ihm. Faust erläutert ihn und bringt ihn ihr bei, wie ein Gesellschaftsspiel mit bouts rimés. Während antike Chorstrophen verrauschen, besprechen Helena und Faust ihre volkskundige Liebesnähe in Reimen, ein vollkommenes lyrisches Gedicht über das Thema Augenblick fügt sich in dies sonderbare Drama ein.

Was als euripideischer Prolog begann, wird Libretto oder Zauberoper. Sie reicht von dem Auftreten Euphorions bis zum Ende des auf Byron bezüglichen Trauergesangs. Dort heißt es: ,,Völlige Pause. Die Musik hört auf." Dann, nach phorkyadischen, diesmal würdig zurückhaltenden Glossen nimmt das Ganze wieder antike Form an, um jedoch, seinem Inhalt nach, der antiken Auffassung des Todes abzusagen. – Auch der Übergang der Form wird bespiegelt, wie es das Thema ,,nordisch-antik" mit sich bringt. Daß sie von Herzen geht, ist Lehrmittel und Grundsatz der neuen Kunst. Nicht nur Faust versichert dies; nachdem das ,,reinmelodische Saitenspiel" den Euphorion angekündigt hat, tritt das ,,fürchterliche Wesen", mann-weiblich, übergroß, mit Einaug und Raffzahn, hervor und preist die höhere, nicht fabulierende, sondern tönende neue Kunst, die von Herzen gehe, auf Herzen wirke. Dem antwortet der Chor mit so schönen Reimen, als nur je über Musik gefunden wurden, noch schöneren vielleicht, als Goethe sie in der Trilogie der Leidenschaft fand. Solange des Euphorion flammenartiges Dasein währt, währt die Oper. Von antiker Tragödie zu moderner Oper leitet das Lied: es gipfelt im Liebesgespräch und in den Worten des Chors über die Musik. Ballette schlingen sich durch das Ganze, nicht unverträglich mit dieser Tragödie eines Schattens – Ballette, die gelegentlich zur Pantomime erstarren. Das Höchste dieser Art ist die dem Chor in die Arme sinkende Helena, die ihrer selbst ungewiß pantomimisch den Schluß des Aktes vorwegspielt. Demselben Zauberbarock gehören die Verwandlungen der Szene an und die magische Fortbewegung des Euphorion, dazu das Verbot des Fliegens. Wo Rokoko in Klassizismus übergeht, häufen sich die Embleme. Nach faunenartiger Nacktheit blumenstreifige Gewande; Quasten, Binden, Leier, Flamme zu Häupten, nachziehender Lichtschweif; Entkörperungen, wolkenbildende Schleier; Mantel, Lyra. Auch die romantische Malerei hat klassizistische Anwandlungen. So ist der Akt ein Mischgebilde entlegener, weise bezogener Stile, wohl das Widerantikste, das es gibt, gerade weil es durch eine ironisch gebrauchte antike Form zusammenhält; und er lenkt zuletzt zu dem unvergleichlichen Lebenszustand einer durch viele Zeiten reichenden abschließenden Person zurück. Zweimal lüftet sich der Schleier. ,,Man glaubt in dem Toten eine bekannte Gestalt zu erblicken." Da ändert der Chor seinen Ton zu einer neuen Sangart: dem geschichtlichen

Preislied auf den Liebling Byron, wodurch weniger das Geisterspiel auf die Gegenwart bezogen, als vielmehr ein Zeitgenosse ikonisch verallgemeinert wird. Eine neue Form unter so vielen Formen: allegorische Huldigung an einen Zeitgenossen. Was aber ist gar das Ende, die Schlußpantomime der sich groß aufrichtenden, dann von den Kothurnen steigenden Phorkyas? Die Worte, die nach Goethes Aufforderung aus dieser Pantomime zu ziehen sind, lauten vielleicht: ,,Das war das Ganze – es war Magie. Und – wennschon ich Helena mit Faust verkuppelte durch Todesfurcht und Kriegsgeschrei – was war Magie anderes als ein Zauber des Herzens, das Jahrhunderte vertauscht und das Totenreich öffnet – aber nicht bemerkt, daß es bei allem mit sich selbst allein war. Bricht es daran nicht, so bricht es bald an anderem. Ich aber stand dabei und niemand kannte mich: ich die bewiesene Unwirklichkeit dieses Spiels, ich die bewiesene Unwiederholbarkeit des Vergangenen, ich die bewiesene Unverrückbarkeit des christlichen Moments, dem mit dem Urbild der antiken Schönheit nur Schattenheirat und Schattenzeugung möglich ist. "

Die Zäsuren

Die Einhalte, welche die in sich geschlossenen Teile trennen, haben nicht die Aufgabe ,,retardierender Momente". Sie gehen auch nicht aus der Handlung hervor, eher aus dem Fehlen derselben. Sie erscheinen als Dichtungen für sich; da die Akte in gegensätzliche Hälften zerfallen, kommt auch ein Einhalt innerhalb des Aktes vor. Wenn überhaupt, müßte sich aus diesen Einhalten ergeben, daß die Aktfolge als Folge einer Entwicklung gemeint sei. Wo nicht, bleibt ihnen die Aufgabe der schärferen geistigen Bezeichnung: sie sagen die besondere Wirklichkeit eines Aktes an und beziehen ihn auf Faust. Sind sie Gedächtnis oder Vergessen? Stellen sie in Faust die Ununterbrochenheit des Erlebens her? Oder lassen sie eine Welt versinken, damit eine andere ganz da sei? Verwandt mit diesen Einhalten, die das Tempo der Besinnung haben, ist die Anfangs- und Schlußdichtung. Natürlich auch die Eröffnungen des Ersten Faust und der Monolog ,,Wald und Höhle". Sowohl ,,Anmutige Gegend" wie die letzte Mysterienszene kann Zäsur heißen; jene beschließt eine lange Vergangenheit, diese eröffnet eine weitere Bahn. Indem diese Einhalte Faust zum Symbol der Person verallgemeinern, bringen sie die Metaphysik dieser sonst weltlichen Dichtung zutage, freilich mehr im psychologischen als im transzendenten Raum. Sie eröffnen uns, zwischen den Welten, das Atemholen des Selbst in der Wahrheit seines inneren Zustands.

Zu Beginn des Vierten Aktes gewinnt Faust so viel Abstand, daß er sich selbst gesteht, was er verliert und was ihm bleibt und wie sich beides in sein früheres Leben verrechnet. Der Gebirgskamm stimmt zu diesem Lebensrundblick, der ihn, wie hervorzuheben ist, in tätigster Bewußtheit zeigt. Sobald Mephistos Siebenmeilenstiefel aufschlappert, ist alles dahin, und die ganze andere Seinsstufe des Fünften Aktes bringt nichts Verlebtes zurück. Dafür verknüpft dieser Anfang des Vierten Akts viel Ferneres — Gretchen und Helena, wobei beide an ihrer Nachwirkung unterschieden werden. Es ist eine der schönsten Dichtungen Goethes und einer seiner eigensten Zustände. Eine Stimmung besonnener Schwermut und eine innere Geteiltheit, die keineswegs Unordnung ist. Das Wissen um sich und um das eigene Sollen ist ein verschleiertes Licht über der Schwermut dieses Erlebens. Geistigeres ist kaum je gedichtet worden.

Ein Paralipomenon lautet: „Faust niedergelegt an einer Kirchhofsmauer. Träume. Darauf großer Monolog zwischen der Wahnerscheinung von Gretchen und Helena." Die Beziehung auf die vollkommene Gestalt (Helena) war verharrende Schau. Faust als Werdender gewinnt sich zurück. Was ihm bleibt, ist kaum ausgesprochen. Es ist wohl die Überwindung des sehnsüchtigen Zustandes. Für den Menschen als Werdenden, für den Begriff des Seins als eines Tuns und für die Hilfe, die sein Tun erfährt, ist das Künstlertum vorübergehend. „Der Sonne heiligen Lebestrahlen sind tote Werke nur ein Spaß", sagt Proteus. Auch aus der mephistophelischen Pantomime wurde klar, daß dieser Süden der Seele der Zustand einer nördlichen Natur war.

Die anderen Einhalte ähneln sich darin, daß sie einen streng abgewandten, von außen verdunkelten, von innen erleuchteten Zustand des Inneren beschreiben. Er ist sprachlos, bewußtlos, aber nicht bildlos. Am Ende des

Dritten Aktes, der ersten Hälfte dieses „Einhalts", bleibt Faust vollkommen stumm, bis er durch die Wolke entrückt wird. Zu Anfang des Zweiten Teils ratschlagen Lebensgeister über dem eingeschlafenen Faust. Das ist das eröffnende Ereignis der Dichtung, so große Lebensgnade als der Abschluß Gottesgnade ist. Der Terzinenmonolog fängt dies im Schlaf Geleistete mit dem Bewußtsein auf. Den Zustand vorher als untätig zu bezeichnen, geht nach Goethes Seelenlehre kaum an; vielleicht bedeutet er höhere Selbsttätigkeit. Am Ende des Ersten Aktes ist Faust starr und gelähmt. Auch hier gehen Bilder durch seine Seele. Homunculus verrät uns den inneren Vorgang, während wohl nach früheren Entwürfen Fausts Träume wirklich auf der Bühne gespielt werden sollten. Die Mütterdichtung ist Zäsur innerhalb des Ersten Aktes. Das „Sinken" bzw. „Steigen" deutet darauf, daß auch hier Faust den wachen Zustand mit einem umfassenderen vertauscht. Endlich ist des Zustandes zu gedenken, in dem sich Fausts Entelechie am Schluß des Ganzen befindet. Auch er ersetzt das Tun der bewußten Person im Augenblick des Todes durch das verhülltere, wortlosere Tun eines Wesens, dessen Seinsart nicht mehr benennbar ist.

Diese Einhalte führen den leitenden Begriff aus Goethes Naturlehre, die Metamorphose, in das Leben der Seele ein. Aber nicht, wie man erwarten würde, als das Gesetz unmerklicher Überleitung, sondern dem unberechenbareren, jaheren, gestaltloseren Element des Inneren angepaßt,

wie Goethe selbst Krise auf Krise als unerläßliche Bedingung seiner wiederholten Jugend erfuhr.
So sind diese Einhalte mehr des Vergessens als des Gedenkens voll. Auch im lyrischen Gedicht hätte Goethe nicht das Gedächtnis so an vorderste Stelle gesetzt, wenn er nicht erfahren hätte, wie sehr seine Hingabe an den Augenblick den Zusammenhang des inneren Lebens gefährdete! Doch auch in diesen Zäsuren hat das Gedenken seinen Raum, da sie wie die Akte in sich polar sind. Ihr einer Pol ist Gedächtnis, ihr anderer Vergessen. Am Anfang des Zweiten Aktes ist die Gedächtnislosigkeit Fausts vollkommen. Sein Tun hat die Produktivität des Traumes angenommen und spielt mit der herrlichsten Zukunft, allerdings unter dem Bild einer mythologischen Erinnerung. Möchte doch jemand erzählen, was diese Szene über das Schöpfertum des menschlichen Traums enthält! Alles Gedächtnis an das frühere Faustsein ist aus Faust in die Umgebung verlegt, so daß der Auftritt sich spaltet in eine subjektive Situation des Vergessens und in eine objektive des Gedächtnisses. Und dies Thema „Erinnerung" reicht in den Dritten Akt, in den Anfang des Vierten, ja bis in den Fünften, wo alte Leute durch Landschaften des Gedächtnisses wandeln, es reicht in den Anfang des Ersten zurück, wo das Gedächtnis überwunden werden muß – so daß sich plötzlich das ganze Werk wie eine nachdenkliche Phantasie über die bösen und guten Gaben des Gedenkens liest. Dem Menschen aber, dem sein Leben Geschichte wird, ist die Erinnerung nicht bloß Verlorenheit der Seele an

die Rätsel der Zeit. Sich erinnernd mißt er zwischen damals und jetzt sein Wachstum. Auch dieser Erinnerungsgewinn, der Steigerung der Selbstheit heißt, ist in der Umgebung gespiegelt, ohne daß ihn Faust wahrnähme. Gesteigert sind aber auch andere Figuren, Wiederkehr spielt zwischen ihnen und offenbart die Steigerung. Baccalaureus ist mehr als der Schüler im Ersten Faust, seine Unterredung mit dem Teufel als Professor hat einen geistigeren Verlauf. Wagner ist nicht mehr Pedant, sondern Meister, der an der Grenze wissenschaftlichen Wagnisses vereinsamt. Da ihm, dem Famulus von einst, jetzt ein Famulus untersteht, er selbst aber in Ehrfurcht Fausts Gedächtnis hütet, so entsteht eine Stufenfolge, auf der alles einen Grad höher steht als früher. So entscheidend also das Gedenken ist, Goethe überläßt es dem Unisono dieser Wesen und Umgebungen, damit Faust durchaus unbewußt und ungedenkend bleibe – wie er es schlafend am Anfang war, wie er es tot am Ende ist. Es ist der Zustand, wo das Selbst, indem es wie ein betäubter Patient auf dem Operationstisch Gefahr und Rettung hinnimmt, sein innerstes Leben in sich versammelt. Der Mensch schläft, während es sich selbst das Urteil über Tod und Leben spricht.
Wenn nun zwei dieser Zäsuren das Thema Ton verschieden aufwerfen, nämlich der Schluß des Dritten und der Schluß des Fünften Aktes, hat dann Goethe mit seiner Hadesdichtung dieselbe Frage antik, mit seiner Himmelsdichtung modern beantwortet? Was heißt es, wenn hier Helena, dort Faust „stirbt"? Im einen Falle erfährt die

Persönlichkeit den körperlichen Tod, im anderen Falle kehrt die wiederbelebte Gestalt in die Todessphäre zurück. Sie stirbt weder den Tod Fausts, noch ist sie unsterblich in der Weise Fausts. Die Vorgänge, genau betrachtet, zeigen, daß der Begriff des Helden, ja vielfach sogar des Subjektes in diesem Aktschluß verlassen ist. Faust ist wortlos Zeuge der Szene, die ein Tod ist, den seine Seele stirbt. Helena, die des Todes war und wieder des Todes sein wird, schwindet hinweg mit nur einem Ausruf. Was über dies ihr Sterben zu sagen ist, sagt die Chorführerin, indem sie zugleich die Art des eigenen Sterbens wollend bestimmt; sie sagt es in wenigen, allerdings diamantenen Worten. Eine wachsende, zuletzt festlich strömende Breite des Sagens ist dann den antikischen Ballettmädchen eingeräumt, die plötzlich die hellste naturphilosophische Einsicht in ihre Todesart erworben haben. Ein gestufter Tod wird durch Wesen verschiedener Stufen angemessen bezeichnet und erlitten.

Im homerischen Hades ist, wer hüben ein großer Herr war, auch drüben einer. Aber eine bedingte Unsterblichkeit, die sich nach dem Rang der Entelechie abstuft, kennt man daselbst nicht. Die Schatten bedeuten keineswegs die Unsterblichkeit der Gestalt als solcher – diese Unsterblichkeit ist vielmehr im Gerücht der Weiterlebenden verbürgt. Schatten sein heißt auf eine Art dasein, die um alles Wesenhafte verkürzt ist, während die goethische Unsterblichkeit der Gestalt keinen Mangel kennt. Diese, keineswegs ästhetisch versöhnte, Gegenwart des Nichtmehrlebens, dies empfundene, nach Blut lechzende Nichtleben ist die schauerliche Umkehr der Lebensanbetung, aber auch die Bedingung des großen tragischen Gefühls. Und Goethe verstand so den antiken Tod, wie der Aufsatz „Der Tänzerin Grab" beweist. Hier jedoch bediente sich Goethe des Hades wie des Himmels zu seinem Zweck. Wenn nun in diesem Spiel von der gradweisen Unsterblichkeit die Mädchen eine ihnen geliehene Individualität zurückerstatten, aber als Kräfteeinheiten unzerstörbar sind, Helenas unvernichtbare Person in den Hades zurückkehrt und Panthalis durch getreue Nachfolge gleiche Unzerstörbarkeit erlangt: was ist dann dieser Hades? Weder das Reich der lebenzeugenden Formen, da dies eigens in den Müttern vorgestellt ist, noch der Aufenthalt der Toten überhaupt, da dieses Drama christlichen Himmel und Hölle kennt; der Hades ist vielmehr, gemäß dem Gesetz dieses Aktes, die Todessphäre der Schönheit. Insofern ist er die Ergänzung des Mütterreichs. Dort regierte die Form als Werden, hier die Gestalt als Sein. Die Gestalt hat das Element des Todes um sich, sofern das Werden in ihr angehalten ist, sofern das Vollkommene eine Reihe abschließt, sich von der Metamorphose ausnimmt. In ihm deckt sich Urbild und Erscheinung. Die Form ist also in den Müttern und dem Hades verschieden angeschaut, der Hades ist das Sein-ohne-Werden der Gestalt. Auch der Unterschied der Mütter-Helena und der Hades-Helena ist hieraus zu ersehen. Dort war sie Schemen, das heißt ihr Einzelsein und ihr Name war bloß eine beschränkte Vorstellungsart – in Wahrheit ist sie keine Erscheinung, sondern das höchste der zeugenden Urbilder, das heute in diesem, morgen in jenem Beispiel verehrt wird. Die Hades-Helena ist das einmal gewesene Vollkommene, wie es der Liebe erscheint, unwiederholbar. Die Tragödie beginnt, wenn ein menschliches Gedächtnis zum Hades solcher Gestalten wird, so daß der Eros des Liebenden sie als Leben behandelt, der Eros des Künstlers sie ins Leben zieht. Helenens Aufenthalt im Hades ist das abgeschlossene Sein des Vollkommenen, ihre Unsterblichkeit ist das Gedächtnis des Vollkommenen, ihre Belebung ist das Gebet der Leidenschaft, ihr Zurücksinken in den Hades ist die Unwiederbringlichkeit ihrer lebendigen Erscheinung.

Die elementischen Wesen des Chors wissen und sagen, was mit ihnen geschieht. Faust, der Hochbewußte, wird unversehens hingestreckt, und wie sein Inneres die letzte Umbildung vollzieht, darüber erlaubt Goethe keine deutliche Vorstellung. Der Anfang des Zweiten Teils entspricht diesem letzten Glied als ein Tod geringeren Grades. Geist und Herz können nicht aus dem Widerspruch helfen, in den sein Leben mit sich selbst geraten ist. Die Belebung kommt aus dem Schlaf der Natur und ihrem Überfluß. Sie liest keine Rechnungen. Ob man vergessen kann, ist die Frage. Man kann es – die Rechnung wird zerrissen, nicht bezahlt. Schon das Bewältigen jenes kleinen Todes ist an die Bedingung der Tätigkeit geknüpft („Alles kann der Edle leisten"). Dort antwortet das Bewußtsein auf die

Vorgänge im Unbewußten; der eigentliche Tod, im Fünften Akt, kehrt die Reihenfolge um. Nur aus den Reden und Gesängen der Geister erraten wir einiges über die streng umhüllte, zeichenlose Selbsttätigkeit der Entelechie Fausts. Nachdem sie dem Teufel entführt wurde, muß der Verband der Elemente mit der Geisteskraft gelöst werden. Diese Lösung beginnt durch Mithilfe der Knaben, die in ihrem vorgeschlechtlichen Dasein ihn ebenso zu reinigen geeignet sind, wie er sie als Welterfahrener ergänzt. Das Letzte muß die Liebe tun: die sich ihm opferte, erkennt ihn an. Nun entfalten drei Worte die stillen Taten, für die es keine Namen gibt und für die der Gegensatz von Bewußt und Unbewußt größeren Dingen weicht. Er überwächst die seligen Knaben. Er gleicht der heiligen Schar. Er tritt in erster Jugendkraft hervor und entrafft sich der alten Hülle. Das ist das Unzulängliche, das Ereignis wird.

Indem diese Zäsuren die Form deuten helfen, helfen sie auch die Dichtung deuten; denn sie sind mehr als ein Formbegriff, sie enthalten eine Ansicht des Lebens, die über seinen Verlauf hinausträgt: die kosmisch-rhythmische Lebensansicht gegen die biographisch-fortschreitende der Romane. Wie genest Faust am Anfang des Ersten Aktes? Indem er einen ausgeschöpften Daseinskreis mit einem frischen vertauscht. Das ist zugleich das Gesetz der Akte und ihrer Abfolge. Einschnitte der Form, sind diese Zäsuren zugleich Einschnitte des Lebens, das sich nicht nur in stetiger Entwicklung, das sich von

Tod zu Tod erneuert, in gewagter Preisgabe aller stofflichen Pfänder seine Selbsttätigkeit behauptet, sich bewußt in sich befestigt, unbewußt aber unter dem Schein des reinen Erleidens die gefährlichste und fruchtbarste Leistung vollbringt: sich zu verwandeln.

FAUST UND DIE SORGE

In den seltenen Augenblicken, wo wir spätlebenden Menschen das Dasein nicht als Verhängnis erleiden, sondern als Vorrecht genießen, genießen mit Behagen und Bewußtsein, sind wir zum Dank aufgelegt. Denn unser eigenes Auge ist kaum der Kristall, durch den wir dieses Dasein voll Beladenheit und Reminiszenz vereinfacht sehen zu einer reinen Landschaft, einem würzigen Abend, der uns dennoch alles zurückspiegelt, was wir besitzen, naiv wie das Leben eines Patriarchen und mitwissend genug, um auch unsere bedenklichste Frage mit einem Zeichen anzusprechen und zu erlösen. Das kann nur die Kunst, die Kunst eines greisen Dichters, der eine solche Landschaft um seinen noch greiseren Magier herumlegt; und wenn diese Kunst, in der wirklich die Reife des Menschen, wie er heute ist, sich mit seinen Anfängen berührt, noch möglich ist, nun, dann sind wir vielleicht auch möglich. Denn wir wollen ja nicht nur sein, sondern auch möglich sein. Wir sind vom alten Goethe gastfreundlich eingeladen, seinen alten Zauberer sterben zu sehen; die „offene Gegend" des fünften Aktes verspricht uns ein beinahe heiteres Mysterium; an was er stirbt, vertraut uns der Dichter nicht – offenbar am Tode. Und nachdem dieser Dichter das Leben als Prozeß in einzelne Vorgänge und Träger dieser Vorgänge zerlegt hat, zeigt er uns, was Sterben sei, in diesem und in jedem höheren Fall; und ordnet den Vorgang „Sterben" um das Zentrum „höchstes Alter"; nicht so, daß Faust stirbt, sondern so, daß für ein wohlgedeutetes Sterben, einen reinen alle Phänomene umfassenden Vorgang, ein Träger des Vorganges aufgestellt und ihm der bereitliegende Name Faust gegeben wird. So daß das Sterben vom großen Weltleben aus seine Deutung erhält, freilich durch den Menschen hindurch. Der Dichter ruft die Instanzen heran, die beteiligt sind, hierunter Geist und Gemüt des Menschen. Eine Szene dieses fünften Aktes sagt uns, wie der Mensch unter der Berührung der Todesgewalt erschaudert und womit er auf sie zurückhandelt. Aber diese Szene ist nicht da, um einen Seelenvorgang zu zergliedern; vielmehr um den Seelenvorgang als Vorgang des Weltlebens zu zeigen: wir sollen Zeugen sein, in welcher Weise die Seele am Werk des Todes mitwirkt.

Diese Szene, Faust und die Sorge, ist ein Ganzes in sich, steht aber im umfassenden Ganzen des 5. Aktes, der sich um das Lebensende ordnet und gegliedert ist nach dem Ort der Begebenheit, die zuerst auf der Erde, hernach jenseits des Irdischen spielt. Ferner grenzen die Motive an benachbarte und, da hier seltene Gedanken in faßlicher Sprache ausgedrückt sind, steht uns als Mitdenkenden die Auslegung nicht nur frei, sie liegt uns ob. Freilich muß sie auf das Bildliche und den Verlauf der Stimmung achten — beides so einfach und zwingend, wie kaum sonstwo im zweiten Faust. Benachbart ist das Altsein von Philemon und Baucis, die anachronistisch sorglos in die christlich-moderne Umgebung versetzt sind; denn uralte, schattenspendende Linden, in denen der Schutzgeist kindlicher Sippen wohnt und die den reinen Brauch herabwehen, gibt es noch und immer. Dann das Altsein des Lynkeus, dem Altsein Fausts anders und höher entgegengesetzt als die gemütlichen Urältern und ihr Gast: persönlicher im Lebensdank, wissender in der Verknüpfung des Endes mit dem Anfang. Dann — zugleich und seltsam einbezogen — die Zeit- und Alterslosigkeit der drei Gewalten und der „old iniquity", und endlich das Alter Fausts, hartnäckig, lebensunersättlich, das — im Weltbesitz verkümmert — noch nach dem kleinen Lindengut greifen und sich von heiligen Menschen und heiligen Baumseelen doppelt bezichtigen lassen muß! Bis dahin dauert der R a u m , für einen begabten Regisseur beglückend in seiner sinnreichen Gliederung: Lynkeus auf der höchsten Warte, singend, warnend; Faust vom Balkon mittlerer Höhe auf die Dünen schauend, Mephisto und die Dreie auf der Ebene des Kanals, den die Hand des unbekümmerten Europäers zog. Da war noch Raum, war noch Licht, auch im Furchtbaren beinah wohnlich. Dann keine Raumangabe mehr. Vielleicht erblickt der Zuschauer den Besuch der Sorge bei Faust von außen, durchs Fenster oder eine Balkontür. Das ist nicht wichtig. Mit den löschenden

Leuchten hört aller Ort auf und graues Halbleben huscht durch die Finsternis des Unlebens. Aber wo kein Ort mehr ist, da kann doch Unausweichlichkeit sein; und in dieser Unausweichlichkeit geht das eigentliche Faustdrama vor sich, auf das wir so lange warten: die Entscheidung über Faustens Seele. „Nimm dich in acht und sprich kein Zauberwort." Eine Tat, die ganz lautlos und bloß ein Unterlassen ist.

> Die Sterne bergen Blick und Schein,
> Das Feuer sinkt und lodert klein;
> Ein Schauerwindchen fächelt's an,
> Bringt Rauch und Dunst zu mir heran.
> Geboten schnell, zu schnell getan! —
> Was schwebet schattenhaft heran?

Dies sagt uns: es ist jetzt alles innen, das Leiden und das Tun; Welt ist vorbei; und das Erblinden, im früheren Entwurf ein Ertauben, ist uns kein Rätsel mehr. Es bedeutet, daß für Faust die Welt vorbei ist. Das heißt viel. War bisher an Faust der Lebensprozeß als Weltaneignung dargestellt, hastig, rastlos, umfassend, so vollzieht er sich nun im Versammeln der Kräfte nach innen, das nicht weniger tätig als die vorige Diastole, das Tun an einem Stoff durch das reine Tun ersetzt, in welchem das Selbst sich selber tut.

Um das von anderer Seite Angrenzende nicht zu verabsäumen: die Erblindung bereitet den Wahn Fausts vor, der das, was reines Tun geworden ist, noch als Tun in und an der Welt auslegt; nur als Blinder kann er das Geklirr der Spaten, die sein Grab schaufeln, als Neulandschaffung begrüßen und so den Begriff seines augenblicklichen Wirkens steigern zum Stifter- und Führertum unter einem Volk, das ihm seinen Boden dankt. Faust sinkt zurück nach den Worten, die den Teufel scheinbar seine Wette gewinnen lassen. Das ist die ironisch-juridische Begründung des Sterbens, welche die Einheit zwischen dem 1. und 2. Teil herstellt. Wie vielerorts im 2. Teil, ersetzt Goethe das Motiv, das Früheres mit Späterem ursächlich verknüpft, durch das Thema, das unabhängig in der Handlung dasteht und, in sich vollständig, zu seiner ganzen Reichweite entwickelt wird. So wird hier das Bestehen des Todes oder die Art und Weise, wie Faust den Tod besteht, dichterisch zerlegt in seine beiden Bedingungen: in das Zurücktreten der Gestaltungskraft aus Stoff und Welt nach innen und in das angespannte Tätigsein. Im Augenblick, wo Faust wirklich stirbt, ist nichts gezeigt, als der uneinnehmbare Zustand seiner Entelechie – sie ist uneinnehmbar durch Tätigkeit. Das Andere, jenes Zurücktreten, kann nicht gleichzeitig gezeigt werden; und da Faust darnach nicht mehr Mensch ist, muß es vor dem eigentlichen Sterben gezeigt werden in der Vorwegnahme. Das Sterben als solches, das Sterben als etwas, das an die Seele herantritt und wozu sie sich anschickt. So steht in der Szene, Faust und die Sorge, beschrieben, wie die Todesgewalt auf ihn heranrückt – ein Erleiden – und wie er sich ihr aussetzt – ein

Zulassen und also eine Tat. Das Sterben ist hienach auch ein Tun, obwohl der Sterbende vielleicht nicht weiß, daß sich etwas in ihm zum Sterben anschickt. Indem diese Szene mit Fausts Erblindung endigt, bezeichnet sie mit der Genauigkeit des Symbols den Teilsieg, die Grenze, wiewiet, und wieweit nicht, sich die Todesgewalt Faustens bemächtigt.

In der Mitte der Szene wird die Beschaffenheit des Dämons durch seine Rede, deutlicher noch durch die Antwort Fausts erklärt. Das ist die Sorge für sich. Im Eingang erscheint sie unter ihresgleichen. Das Wesen der anderen grauen Weiber ist im Unbestimmten gelassen, denn die vier sollen einander angenähert, unter einem Auftrag zusammengefaßt werden, dessen geisterhafte Vollstrecker sie sind. Darum gehören sie als Schwestern einem Starken an und sind von ihm vorausgesandt, dem Tod; und wenn Faust vier kommen, drei gehen sieht, ihre Rede nicht vernimmt, nur im Nachklang das düstere Reimwort aufzufangen glaubt, so ist ihm nicht entgangen, was und wessen die vier grauen Weiber sind. So sagt uns dies kleine Vorspiel, daß mit den vier Grauen nicht bloß sie selber: Mangel, Schuld, Sorge, Not, gemeint sind, sondern in ihnen, den Todesboten, ist der Tod gemeint: Angriff und Angriffsarten des Unlebens auf die tätige Mitte der Seele, Versuche sie zu lähmen, wirken sie mit der Länge des Lebens immer nachdrücklicher und gewinnen sie schließlich das Spiel, nicht durch sich selber, sondern weil an ihrem Tun der stärkere Bruder mittut.

In einer meisterhaften Quellenstudie hat Konrad Burdach die vier grauen Weiber aus der antiken Literatur hergeleitet. Egestas, Labos, Ultrices Curae und Letum umlagern als Schreckgestalten die Vorhalle des Hades im 6. Buch der Äneis. Ferner singt Horaz von der atra vitiosa cura, daß sie mit einem zu Roß und zu Schiffe steige. „Ewig ängstlicher Geselle", sagt Goethe. Dazu eine Fabel Hygins, wo die Sorge ein Gebilde aus Ton knetet, dem Jupiter den Geist verleiht. Aber weder Sorge noch Jupiter geben ihm den Namen, sondern Erde. Homo heiße er, der aus Humus stammt. Saturn richtet: im Tod erhält Jupiter den Geist, Erde den Körper. Solange Homo lebt, besitzt ihn die Sorge. Dies las Goethe 1878 in Herders „Zerstreuten Blättern". Ist damit eine Auslegung gewonnen? Es war wichtig in manchem Sinne, die Anlehnungen zu erweisen. Aber keines der Vorbilder deckt sich mit Goethes Szene. Er reimt bequem Not auf Tod, verdoppelt dadurch den Begriff Mangel und zeigt sich keineswegs um allegorische Begriffsschärfe bemüht. Er führt die Schuld neu ein mit dem eigentümlichen Zusatz, daß sie den Reichen nicht einhole. Ganz seine Erfindung ist das Zusammenfassen dieser Gewalten unter der Todesgewalt. – Neben der Herkunft aus der Antike ist eine andere Herkunft zu erwähnen. Der Mann, der sterben soll, wird angetreten von den Vorboten des Todes; das kommt aus dem christlichen Drama. Wenn Faust, eine Art every man, ehe er stirbt, von diesen Gewalten besucht wird und ihr Wort nicht hören will, so kennen wir Entsprechendes in einer Überlieferung, die von den englischen Moralitäten bis zu Calderons gran teatro del mondo reicht; Form und Stimmung dieser Faustszene ist ganz unantik, zumal in Verbindung mit der Lebenszeit, nämlich der letzten Stunde, um nicht zu sagen, dem letzten Stündlein, und wir suchen unwillkürlich unter den Stichen und Holzschnitten der deutschen Renaissance nach einer bildlichen Anregung dieser Szene, zumal sogar die Vorstellung des Lemurenchors etwas vom christlichen Totentanz an sich hat. Dabei ist die christliche Reminiszenz ebenso nachlässig durchgeführt wie die antike; ein legendärer Anklang eröffnet, aber was danach Sorge sein müßte: Bedenken des Todes – das bleibt aus, oder ersetzt sich durch eine moderne, eigenst Goethische Besinnung. Oder bleibt es etwa nicht ganz aus? „Du hast an meiner Sphäre lange gesogen", sagte der Erdgeist in jener Urfaustszene. Dort war nicht die Atmosphäre belagert, sondern der Mensch rief den Geist. Später gedichtete Szenen, die Mephistopheles bei Faust einzuführen hatten, deuten auf ein anderes Verhältnis.

> Mir scheint es, daß er magisch leise Schlingen
> Zu künftigem Band um unsre Füße zieht.

So umkreist der Pudel die beiden Spaziergänger. Dort gehorcht ein Geist dem Rufe, hier lauern die Geister auf Gelegenheit, sich des Menschen zu bemächtigen. Es bedarf keines magischen Wortes mehr, um sie in die menschliche Hege zu locken. Es bedarf dieses Wortes eher zur

Abwehr. Magie ist da nicht nur Kunst der Beschwörung im Sinne des Herbeirufens, wie es den großen und einsamen Magier auszeichnet, ohne Angst, ohne Abhängigkeit, aus dem Herrentum und der Neugier des Geistes. Magie regelt vielmehr die Beziehung zu den Dämonen, den ungerufen gar sehr Bereiten, zu Schutz und Gunsten des Menschen: eine Religiosität der Furcht, nicht der Ehrfurcht, um an die Unterscheidung der Wanderjahre zu erinnern. Diese zweite Vorstellung von Magie wird ausgebildet in gegenwärtiger Faustszene. Die Dämonen erwarten den Moment der magischen Blöße; hier den Moment, da Faust innewird, er habe befohlen, was er nicht befehlen sollte, und es sei mehr getan worden, als er befahl. Für Lynkeus gibt es keine Dämonen. Wenn er Umblick hält, ist er Organ, dem höchsten Gegenstand gemäß und einzig geeignet, ihn zu erfassen, aber begehrungslos geschieden von ihm im Akt des Schauens. So sieht er den Stern. Sehe ich aber den Stern so, daß etwas von mir im Stern ist und etwas vom Stern in mir, und nicht nur in mir ist, sondern in mir wirkt, teils so, daß ich den Stern zu bestimmen suche, teils so, daß sich in mir selbst die Kraft des Sternes meiner bemächtigt: dann ist das Schauen ersetzt durch eine andere Bezeichnung, die Goethe Magie nennt, und diesem magischen Verhältnis ist es eigen, daß es nicht den Geist und die Dinge unterscheidet, sondern dem Inwendigen, Hintergründigen der Dinge als einer Gewalt den Weg in die menschliche Seele hinein eröffnet. Mangel, Schuld, Not sind keine Dinge, auch keine bloßen Zustände; sondern Zustände, die sich aus der Beziehung des Menschen zu den Dingen ergeben, und zwar zu solchen Dingen, die ihm fehlen – ein Nichthaben des Zugehörigen. Auch Schuld ist dazu gerechnet. Schuldig sein heißt also hier: derjenigen Dinge mangeln, mit denen man sich einer Schuld entledigen könnte. Aber das bloße Nichthaben könnte eine Allegorie werden, nicht ein Dämon. Er ist das Ängstliche des Lebenszustands nicht nur dieser selbst. Solche Dämonen werden abgewehrt durch Haben: Der Reiche ist sicher, auch vor Schuld. Goethe deutet an, daß er gefeit ist gegen Schuld, weil er sich loskaufen kann. Die Schuld ist nicht für ihn, sie kann ihn nicht einholen. Es ist dies nicht einfach Zynismus, an dem allerdings der zweite Faust reicher ist als irgendeine deutsche Dichtung; sondern da hier menschliches Leben nicht aus sich selbst, aus der Seele und der Gemeinschaft gedeutet wird, so kann in diesem Zusammenspiel der Weltkräfte auch ein sonst moralischer Bezug nur lebensmäßig als Bezug der Kraft zur Kraft ausgesprochen werden. Das Gewissen kommt nicht vor, weder als Schuld, noch als Sorge, wie es eine Stelle der Wanderjahre nahelegen könnte. Im 7. Kapitel des ersten Buches heißt das Gewissen: „ganz nahe mit der Sorge verwandt." Auch aus dem Dialog Fausts mit der Sorge ist jeder Ausdruck ferngehalten, der schlechtes Gewissen bedeutet; es ist aber zu zeigen, daß in einem anderen, fast kaufmännischen Wortgebrauch eine Art Schuldverhältnis dem ganzen Akt zugrunde liegt.

Dämon sein heißt „hineinkönnen". Die Sorge ist als Ängstlichkeit des Lebenszustandes zwar in Mangel und Schuld mitenthalten, aber auch allgemein und für sich wirkend. Gegen die anderen hilft ein Haben; der Sorge ist Habender und Nichthabender in gleicher Weise offen. Sie hängt nicht an Dingen: dadurch ist sie inwendiger als die anderen; sie ist Dämon schlechthin. Sie kann hinein, auch wenn die anderen nicht mehr hineinkönnen, durchs Schlüsselloch. Schlüsselloch bedeutet Öffnung, wo nichts offen scheint, Zugang der Dämonen zum Inneren; das Ausgesetztsein des Inneren für sie; das freie Aus und Ein, das verwechselte Innen und Außen des dämonischen Verhältnisses. Auf längs oder quer geteilter Bühne ist die Sorge drinnen, während die drei Schwestern fortgegangen sind. Alle waren da ohne Faust und redeten, über Faust und von ihm gesehen, aber ohne daß er dabei war und vernahm; sie kommen zu ihrer Zeit, wo immer ein Mensch verstrickt ist, sie erstehen nicht in ihm, sondern leben unmerklich um ihn her, um plötzlich und merklich in ihn überzusiedeln und in ihm zu hausen. Die Sorge ist drinnen; Faust weiß ihre Anwesenheit, – „vier sah ich kommen, drei nur gehen" – nicht ihr Wesen. Und er redet weder mit ihr noch vor ihr, sondern – unverknüpft und beinahe willkürlich – über Magie, in schweren, das Ganze der Dichtung treffenden und doch wieder sonderbar von ihr wegführenden Worten.

> Wenn auch ein Tag uns klar vernünftig lacht,
> Im Traumgespinst verwickelt uns die Nacht;
> Wir kehren froh von junger Flur zurck,
> Ein Vogel krächzt; was krächzt er – Mißgeschick.
> Von Aberglauben früh und spat umgarnt:
> Es eignet sich, es zeigt sich an, es warnt.

Diese Zeilen erschöpfen, für sich genommen, die Darstellung einer Stufe des Menschen, wo dieser, ohne eigentlich Götter zu haben, in einem Gewebe dämonischer Gefährdung argwöhnisch und befangen hinlebt und kein Geschehen kennt, das nicht auch Vorzeichen wäre. Das doppelte Merkmal dieses Zustandes ist: Die Belagerung des Menschen durch „Spuk", und von innen her das Gefühl dieser Belagerung, die angstvolle Rücksicht auf sie. Faust spricht diese Worte, wie er einer geisterhaften Anwesenheit innewird, zwar beklommen, aber doch im Aussprechen so von sich absehend und so allgemein, daß diese Helle und Schärfe des Geistes einen Teil der Beklommenheit behebt, und Faust es wagen darf, den Dämon, indem er ihn und sich selbst gegen ihn genau bestimmt, in der Dialektik dieses Gesprächs zum Gegenstand zu machen und so ihn und sich selber zu entdämonisieren.

Der merkbare, vielleicht für den eingefleischten Symboliker mißliche Kontrast zwischen der holzschnittartigen Bildlichkeit des Anfangs und der Geistigkeit des Monologs und des Dialogs, die dann wieder durch ein Symbol, nämlich Fausts Erblindung, abgelöst wird, ist kein bloßer

Wechsel in der Form und in der Stimmung. Er ergibt sich aus dem Versuch der Selbstbefreiung durch das Denken. Im Symbol erscheint die Belagerung, in der gedanklichen Rede die Abwehr, durch welche der belagerte Mensch sich frei denkt.

Demnach enthält, was Faust über Magie sagt, genug Geschichtliches, um ihn hier zum Beispiel des modernen, das heißt wissenschaftlich theoretischen Menschen zu machen, wozu die Tätigkeit Fausts als techne im strengsten Sinne gehört. Es ist dies ein weiterer Fall des Gesetzes, daß es im 2. Faust keine eigentliche Person gibt, sondern nur Verrichtungen behandelt sind so, daß diese einem der die Dichtung verbindenden Namen als jeweiliger Gehalt unterlegt werden, im Falle Fausts von Akt zu Akt, ja bisweilen von Szene zu Szene wechselnd. Heißt die Funktion: Selbstbehauptung gegen das Dämonische, so ist Faust, wie er in gewissen Momenten des 3. Aktes als nordisch moderner Künstler in einer magischen Vereinigung mit dem Urbild antiker Schönheit lebte, hier an unserer Stelle der Mensch der Neuzeit, der sich auf dem (vielleicht Jahrtausende währenden) Übergang von einer magischen Stufe zur geistigen Freiheit gestehen muß, noch nicht jeder bänglichen Haft entronnen zu sein. Doch ist dies nicht mehr als eine der Bedeutungen, die in einer Dichtung von so bewußtem und breitem dichterischen Umblick nebenher aufleuchten und sich wieder verlieren, unabweisbar, aber nicht beherrschend, zumal nach der Änderung der Stelle, die sie enger mit dem Faustdrama verknüpfte und den besprochenen geschichtlichen Sinn zurücktreten ließ. Der Satz: ,,Könnt' ich Magie von meinem Pfad entfernen", lautete ehedem: ,,Ich habe längst schon die Magie entfernt" und etwas später: ,,Ich mühe mich, das Magische zu entfernen." Die Zeile: ,,Stünd' ich, Natur!' vor dir ein Mann allein" und die folgenden fehlten und es schloß sich unmittelbar an: ,,Doch ist die Welt des Geisterspuks so voll." Der Sinn war: so sehr ich (oder ein für ein Dasein in Magie und ein unmagisches Dasein gleich begabter Mann) mich gegen Magie entscheide – die Welt ist so beschaffen und die Seele hängt so in der Welt, daß man wider Willen in magischer Verstrickung steht. Und Faust wird dessen inne durch Anwesenheit des Wesens, das seinen Namen ,,Sorge" noch nicht sagte. Magie hieß und heißt hier nicht Zauberei, sondern Abhängigkeit vonden Dämonen.

Zwei Gründe bestimmten Goethe zu der Änderung. Einer betrifft die Handlung. Im 3. Akt wurde das Magische verstärkt durch Wegfall der Losbittung; der 4. Akt enthält eine Folge rein magischer Handlungen, und noch im 5. Akt bedient sich Faust, um Land zu gewinnen und das Lindengütchen wegzuräumen, magischer Hilfe. So träfe es nicht zu, wenn Faust behaupten würde, er habe sich längst von der Magie abgewendet. Denn daß er nicht selbst zauberte, sondern für sich zaubern ließ, das war nichts Neues. Gerade das Problem des magischen Mittels, das weiter treibt als der Magier wollte, setzte einen Faust voraus, der sich verstrickt hat. Ein tieferer Grund zu dieser Änderung war die Deutung des Todes, die dem gehegtesten Geheimbesitz des alten Goethe für die Faustdichtung entnommen wurde; denn diese Deutung erzwang eine Umdeutung der Magie, wie denn überhaupt Magie im ersten Teil wörtlich, im zweiten Teil metaphorisch verstanden werden muß. Mit dieser Todesdeutung ist gegeben, daß Faust als sterblicher Mensch verfallen ist im selben Sinne, wie der Besitz eines zahlungsunfähigen Schuldners dem Gläubiger anheimfällt, und dazu gehört auch, daß Faust nicht nur verstrickt erscheint durch die magische Atmosphäre des Daseins überhaupt, sondern durch eigene, bis zur Stunde geübte, veranlaßte und geduldete Magie, oder vielmehr durch das, was dieser Magie als einer Metapher zugrunde liegt und noch zu ermitteln bleibt. Denn die grauen Schwestern dringen mit dem Rauch der von den drei Gewaltigen niedergebrannten Hütte hinein als hätten sie sich aus diesem Rauch gebildet! Darum muß Faust nicht sagen: „Ich habe die Magie entfernt", sondern: „könnt' ich sie entfernen!" Auch muß die Belagerung der Person durch das Dämonische nicht bloß als Art und Not des Daseins überhaupt, sondern als Folge der Zauberei erscheinen. Der Wunsch aber: „Könnt' ich Magie von meinem Pfad entfernen", wird sogleich im Verlauf der Szene, in der die Entscheidung fällt über die Seele Fausts, zur Tat. Er entfernt wirklich die Magie von seinem Pfad, indem er sich der Sorge nicht, wie er es könnte, oder doch zu können glaubt, durch eine magische Formel entledigt. Als was erklärt sich nun Magie und als was, wenn sie erklärt ist, der Magier Faust im zweiten Teil?

Goethe selbst hat also durch seine Änderung die Ansicht durchstrichen, daß Faust sich im Laufe des zweiten Teils stufenweise von der Magie lossage, wie man immer wieder behauptete, um eine Entwicklung zu erhalten. Wohl aber läßt sich sagen, daß die magische Handlung des zweiten Teils anderer Art ist als die im ersten Teil. Die Beschwörung des Erdgeistes etwa, oder die Zwänge, die Faust über dem in Tiergestalt versteckten Mephisto murmelt, sind Prozeduren, wie sie der Volksglaube kennt. Die Beschwörung von Helena und Paris wird jedoch durch einen eigens ersonnenen philosophischen Mythos, nämlich den Gang zu den Müttern, für das neuzeitliche Bewußtsein begründet. Die Magie im ersten Teil ist im geliebten Dämmer der volkstümlichen Überlieferung gehalten, oder in einen unaufgedeckten Bezug zu dichterischen Geheimkräften gesetzt, wobei das Geheime geheim bleibt. Sie wird nicht um ihre Wahrheit, ihr Recht und ihren Sinn befragt. Im zweiten, der Aufklärung nähern Teil, wird Faustisches Tun durchaus dem gegenwärtigen Bewußtsein faßlich gemacht; er duldet keine Altertümlichkeit, die der erste Teil zärtlich erfaßt und wiederherstellt. So ist auch der Magier, sein Üben und sein Zulassen der Magie neu zu begründen. Der Dichter des zweiten Faust denkt nicht in Personen, sondern in Funktionen, denen er den Namen der Person erteilt. Unter den mehrfachen Leistungen, die sich dichterisch in Faust verstecken, ist die oberste, für alle fünf Akte gleich gültige: Das Personsein. Personsein aber heißt Weltaneignung. Das Thema Magie ist aus dem ersten Teil herübergenommen, sofern diese Weltaneignung als Akt über das menschliche Maß gesteigert wird in Umfang, Wirkung und Mitteln. Magie bedeutet im zweiten Teil ein Mittel, wodurch die Weltaneignung total werden kann. Die einzelnen Akte sind Sphären, deren Summe die Welt ausmacht. Und da das unmittelbare Eingehen in die höchste schaffende Potenz und das Gleich- und Einswerden mit ihr dem Menschen versagt ist, wie es die Terzinen zu Beginn aussprachen, so ist das Leben Fausts ein Versuch, Sphäre um Sphäre bewältigend, das Weltganze zu fassen und sich anzuverwandeln; der Faust des 5. Aktes ist ein Mann, dem Weltbesitz zum Selbstbesitz wurde. Die Dauer des Lebens ist gering, die Entwicklung der Person in Tätigkeit einseitig, der aufgegebene Gegenstand unendlich, die Gestaltungskraft rasch ermüdet. Für Faust ist also die Frage des Wieviel drängend, Magie bezeichnet ein Mehr. Unmagisch ist die Aneignung von so viel Welt, als der natürliche Horizont eines Lebenslaufes ist. Magisch ist die Aneignung der Welt als eines Ganzen. Magie als Weltaneignung über das Zugemessene hinaus wird anschaulich an Helena. Ihren Besitz über Jahrtausende zu erzwingen ist Wille und Können des Magiers. Fausts magische Mittel sind dem verwandt, was wir im gemeinen Leben kennen als Glück, Gewalt, Geld, Rang, Charme, Macht über andere und Möglichkeit, fremde Kräfte zu eigenen

Zwecken zu bewegen – dem verwandt auch darin, daß der sie Gebrauchende Gefahr läuft, aus dem Herrn seiner Mittel zum Knecht seiner Mittel zu werden. Als magisch, nicht als natürliche Glücksumstände mußten diese Mittel erscheinen, weil man sie als Ausstrahlung der Faustischen Lebenskraft verstehen soll: verlockt durch das fürstliche Maß dieser Lebenskraft fallen sie dem Eigner zu. Dieser Begriff von Magie ist autobiographisch. Die Frage des Wieviel, des Umfanges war für Goethes totales Bemühen immer drängend. Geld haben war dabei nichts Geringes, so daß man versteht, warum Faust in der Mummenschanz als Plutus erscheint und warum Goethe zu Eckermann äußert: ,,Jedes Bonmot, das ich sage, kostet mir eine Börse voll Gold; eine halbe Million meines Vermögens ist durch meine Hände gegangen, um das zu lernen, was ich jetzt weiß, nicht allein das ganze Vermögen meines Vaters, sondern auch mein Gehalt und mein bedeutendes literarisches Einkommen seit mehr als fünfzig Jahren. Außerdem habe ich eineinhalb Millionen zu großen Zwecken von fürstlichen Personen ausgeben sehen, denen ich nahe verbunden war und an deren Schritten, Gelingen und Mißlingen ich teilnahm." Nichts hat Goethe in seiner Lebensführung mit mehr Umsicht betrieben, als dies, wie er den Umfang seiner Tätigkeiten steigern konnte.

Wenn in dem Auftritt Faust und die Sorge, der Magier auf seine magischen Mittel verzichtet, so gibt es dafür einen einfachen Grund. Das Werk des Magiers kann getan sein, die totale Weltaneignung wäre dann an ihr Ziel gelangt. In der Tat ist der zweite Teil so angelegt, daß die hauptsächlichen Sphären, Staat, Hof, Natur, Kunst, Liebe, Faust anzogen, umbildeten und als Herrn auf den Thron ihrer Mitte einsetzten. ,,Der Erdenkreis ist mir genug bekannt." Auf seiten des Menschen bleibt ein Wunsch zurück, das Fortschreitenwollen, zum Beweis, daß die Kraft und Spannung des Tuns größer und unendlicher als jeder erschöpfte Gegenstand; von seiten des Seins ein Geheimnis, zum Beweis, daß die schaffende Gottheit noch mehr ist als jeder durch Erfahrung zu erschließende Weltumfang. Sonst wäre dem Thema: Faust gleich Personsein, die überirdische Fortsetzung versagt.

Doch erklärt dies nicht den schmerzlichen Aufschrei Fausts: ,,Könnt' ich Magie von meinem Pfad entfernen." Warum entläßt er nicht, betagt und lebenssatt, die Geister, nachdem sie ihm seine Bestimmung erfüllen halfen? Statt dessen empfindet er in leidenschaftlichem Mißbehagen sein Dasein als magisch verhaftet, auch wenn er sich jetzt der Magie entledigt.

Ein Beispiel der Magie, das letzte, sprechendste, ging voran. Faust hatte als theoretischer Mensch ein Ende erreicht und fand sich zum höchsten Tun, indem er der Natur als gestaltender Potenz gegen ihre eigenen raublustigen Elemente zu Hilfe kam. An diesem Tun, so rein es ist, erscheint nun die Zweideutigkeit magischer Handlungen. Zum gesteigerten Aneignen gehört auch der Einbruch in andere Lebensbereiche und der Raub an ihnen.

So wie ein „feuchtes Weib" im Namen des Elements und seiner Inwohner dem angelnden Menschen vorhält, daß den Fischen im Wasser wohl ist und sie nicht herausgezogen werden wollen, und so wie es diesen Fischer den Einbruch in das fremde Element mit dem Leben büßen läßt, so teilt jedes Bereich dem Lebendigen, das es hegt, die Neigung mit, im Eigenen zu bleiben, und erhebt Ansprüche auf den, der es plündert. Dieser Anspruch personifiziert sich in Dämonen; er erklärt, warum Faust sich verstrickt fühlt. Weder bei den Vorbereitungen magischer Art, nach welchen Faust mit dem Uferstrich belehnt werden konnte, noch bei der Nachtarbeit der Geister am Damm und Deich kam zur Sprache, wer beraubt wurde. Nun wird das verletzte Bereich gezeigt; und es ist nicht irgendeines, sondern dieses verletzte Bereich ist geweiht mit allen Weihen der Natur und der Sitte. Tief wurzelndes Alter von Mensch und Baum, die patriarchalisch befreundet gar wohl einen Gott zu Gast laden durften – wieviel schonte Faust, auch wenn er das Leben der Menschen schonen könnte, indem er sie in ein schnell errichtetes Luginsland verpflanzt? Wäre das Ganze, dies rein gestimmte Urleben, nicht doch zerstört? Aber es kostet Hütte, Baum und Mensch: aus dem brandigen Dunst der verheerten Stätte, so scheint es, formen sich die vier grauen Gestalten. Alles schon Gefügte, Gewachsene, Gegliederte – und was wäre lebendiger als diese Bäume und Menschen – alles was schon selbst etwas ist, wird der überlegenen Kraft bloßer anzuformender Stoff. Dies

Lebensgesetz, so furchtbar es ist, wird erst unter Menschen zur Schuld – zu einer Schuld, die eine Person geringen Grades meiden kann, die aber für die Faustische Person, die zu ihrem Aufbau einer Welt bedarf, ganz unentrinnbar ist. Faust ist der Virtuose des Vergessens. „Entfernt des Vorwurfs glühend bittere Pfeile", befahl Ariel den Elfen, und so immer: auch jetzt kann die Schuld nicht zu Faust hin. In sich hat er das Gewissen des „Edlen", das heißt des Zugreifenden, dem alles Beute ist; von außen erreicht ihn kein Gericht. Wenn es nicht Schuld ist — was ist es, das ihm in Anwesenheit der Sorge fühlbar wird?

Die Natur ist ein Haushalt. Wenn die vier grauen Weiber schon durch ihre Farbe – nach Goethes Optik Farbe des Unlebens – der Zerstörung dienen, so sind sie doch nicht wie Mephisto der bedingungslose Zerstörungswille, sondern sie haben den Ernst eines hohen Auftrags an der Stirne; indem sie des Todes sind, schützen sie Leben, schwaches unbestimmteres Leben gegen den alles verbrauchenden Zugriff der Starken. Im Haushalt der Natur wirkt jener Aneignungskraft der Lebenseinheit, die verbraucht was irgend zu verbrauchen ist, die Fliehkraft des Angeeigneten entgegen. Sie stört, so bald das Leben abnimmt, den Zusammenhalt der Baustoffe mit ihrem Zentrum, und setzt sich im Augenblick der Auflösung durch. Es ist ein Schuldverhältnis nicht moralischer, sondern eher geschäftlicher Art. Die Höhe der so verstandenen Schuld wächst mit zunehmender Kultur deswegen, weil der Vorrat des Rohen sich verringert und immer mehr schon eigene Form gewonnen hat. Rohes sich anzueignen verletzt keine Ordnung, Geformtes aber kann nur einem andern Dasein zum Aufbau dienen nachdem es der eigenen Seinsherrlichkeit enteignet wurde. Die magische Person ist in höchstem Grade Schuldner der durch sie geplünderten Lebensbereiche. In ihrer Vollkraft ist sie unangreifbar, was sich auch darin ausdrückt, daß sie ein Bewußtsein dieses Schuldverhältnisses in sich selbst gar nicht zuläßt. Aber die geplünderten Lebensbereiche warten den Augenblick der sinkenden Kraft herbei, um ihre dämonischen Schuldeintreiber zu entsenden, und wenn nicht vorher, so nehmen sie im Tode das Ihre. Alles Angeraffte ist Stoff des Todes. Der Lebendigste, der am meisten an sich rafft, ist auch der Verfallenste, weil seine Selbstgestaltung den Haushalt der Natur am meisten gekostet hat. Die Gefahr, die er im Tode läuft, ist offenbar diese: Wird bei der Entgliederung des Einverleibten, bei der Rückerstattung des Entwendeten, die vis formativa so rüstig bleiben, daß die Person (sei sie Gepräge oder Kraft des Prägens) sich selbst behält? „Der Mensch muß wieder ruiniert werden." Nach Ablauf von welcher Frist, darüber sagt die Dichtung nichts. Die Magie wirkte auch als Fristverlängerung, nämlich durch den Verjüngungstrank, den Faust bei der Hexe im ersten Teil geschlürft hat. Man darf sich seiner bei Fausts Erblindung erinnern in dem Sinne, daß ein magisches Alter und ein wahres Alter unterschieden wird; als

Magier lebt Faust noch, ohne Magie wäre er lange tot.
Die Erblindung kann auch ein Symbol sein und auf das
magisch verhinderte, plötzlich in seine Wirkung wieder
eingesetzte Alter deuten, das zum Tode reif ist. In dieser
künstlichen Verlängerung durch Magie reicht die Frist
zu für die Aufgabe, die der Faustischen Person gestellt
war. Ist die Aufgabe erfüllt, so geht die Frist zu Ende.
Vorher war Vergessen das Zeichen ungebrochener Lebensfülle; jetzt ist das Innewerden der Verstrickungen, der
Schatten der Sorge, der in Fausts Seele fällt, ein Zeichen
der abgelaufenen Frist.
Das Dasein des betrachtenden Menschen erscheint demgegenüber reiner, aber auch weniger unmittelbar zum
Leben. Ein Mann vor der Natur allein, was zu sein Faust
sich wünscht – das ist nicht weniger autobiographisch
als das Zaubern. „Ein Mann allein": mit ein paar unverlierbaren Silben ist die ganze Würde des Goethischen
Naturverhältnisses (für Faust eine Möglichkeit) ausgesprochen. Jedem Wesen gegenüber ziemt sich eine bestimmte Art der Annäherung. „Ein Mann allein" ist die
Annäherung, die der Natur gegenüber geziemend ist;
bei der man hoffen kann, daß die Natur sich nicht entziehe. Nicht ziemt sich, daß der Mensch sich anderer
Mittel bediene, als derer die ihm durch ihn selbst gegeben
sind: der nie trügenden Sinne und des Geistes, der auszulegen weiß. Das andere, das Übermäßige: menschliche
Helfer, die mit unangemessener Denkart den Sinn vom
Wesen abziehen; Werkzeuge, die die herrliche Bedingung

der Erkenntnis „Gleiches durch Gleiches" entstellen; gar alle Zurüstungen des menschlichen Machtgelüstes und seiner Begehrlichkeit, die der Natur etwas abnötigen und die Unschuld des Findens beflecken, jene Unschuld, die ihm allein die Gunst eines entscheidenden Einfalls gewähren kann: all dies wird ausgeschlossen wie etwas, das die Fairneß eines edlen Spiels, oder die Schicklichkeit einer Liebesbegegnung verletzt. Er darf nicht zu viel und zu viele mitbringen; er soll allein kommen, und zusehen, daß er in sich selbst recht viel mitbringe. Indem also alle gleichmacherischen Mittel ausgeschlossen sind, ist zugleich mitenthalten, daß dieser Eine nicht jeder Beste ist — daß er zur Annäherung befugt, daß seine Annäherung willkommen ist, weil er den Rang des Erkennenden besitzt, weil ihn sein fürstlicher Geist zu dieser Annäherung ausstattet. Er wird den Takt des Erratens haben, nicht zudringlich sein, wo es der Natur gefällt, den Schleier der Verborgenheit dichter umzutun, dagegen dort aufmerksam sein, wo sie von sich aus gewillt ist ihn zu lüften. Es ist der zarte, geheimnisvolle Punkt, wo die Goethische Naturbeziehung aus der allgemeinen Erkenntnis in die esoterische übergeht und von ihr in etwas Drittes, das persönlicher Verehrung und Liebe gleicht. — Das sagen die Worte, aus sich verstanden. Nimmt man hinzu, worauf sie an ihrer Stelle zielen: den Gegensatz eines magischen Naturverhältnisses, so wird zweierlei deutlich. Einmal, daß sich die Natur dem entziehen wird, der sich magischer Mittler und magischer Mittel bedient und sich so eine unechte Superiorität geben will. Hierbei ist Magie Zauberei. Dann, daß der magisch gebundene Mensch die Natur auf die Enge seiner Lebensangst bezieht, und sie ihm nie zum frei gewürdigten Gegenstand werden kann. Hierbei ist Magie die Befangenheit in einem Zustand. „Ein Mann allein" heißt: als Erkennender ebenbürtig.

Lynkeus, schon dem Standort nach enthoben, kommt dem nahe. Sein Lied kontrastiert bedeutungsvoll mit Fausts Worten über Magie. Freilich beschreibt es mehr ein zartes, aufmerksam frommes Sehen, das rechte dichterische Auge und das rechte dichterische Herz, als die Großartigkeit des ins Innerste dringenden Verstehens, die einsame Wucht des zulänglichen Erkennens. Beides war Goethes Eigentum. Ein Drittes, das schwieriger auf Goethe zu beziehen ist, heißt Magie, so daß hier drei Grundverhältnisse gegen die Natur errichtet sind: das erkennende, das dichterische, das magische.

Lynkeus ist weltgemäß als Schauender. Auch sich selbst erkennt er und darf sich seiner freuen, wenn sich ihm im Anschauen das eigene Selbst nach den Ordnungen der Welt gestimmt hat. „Und wie mirs gefallen, gefall ich auch mir." Ist Lynkeus zeitlos, so ist Faust rastlos; er ist dadurch weltgemäß, daß er nach Art alles Lebenden eine Mitte bildet, um deren Bewegtheit sich Stoff zu Leben gestaltet. Raub gehört zu ihm. Lynkeus Leben ist schauend, nicht Besitz ergreifend, er hat nichts mit den drei Gewaltigen zu tun, zu ihm kann keine Sorge kommen. Warnend und beklagend wird er, nachdem er sein Lebenslied beschlossen hat, Zeuge Faustischen Raubs. Da er nur das Schauen, nicht den eigentlichen Lebensvorgang vertritt, kann ihm auch nicht das Bestehen des Todes als Aufgabe gesetzt sein. Er lebt in der Kraft des Auges, während Faust sein Auge verliert.

Es ist eine auffallende Eigenheit des Volksmärchens, daß in ihm nicht gestorben wird. Eine Ausnahme sind böse Verursacher, die am Ende qualvoll hingerichtet werden; aber den eigentlichen Personen des Märchens widerfährt statt des Todes allerlei anderes, was ihnen angetan wird: Versetzung in einen gläsernen Berg, Versteinerung, Verwandlung in eine Blume usw. Wenn nun das Märchen offenbar statt der gewöhnlichen Menschen Wesenheiten setzt, die dem magischen Geschehen des Märchens als Handelnde und Leidende entsprechen, so darf man folgern, daß diese Wesen durch den Tod hindurchgehen und ihn, obzwar sie sich verwandeln, als eigentlichen Tod weder kennen noch erleiden. Wir sind nicht berechtigt, dies als „Märchen" zu bezeichnen, da wir keine Erfahrung über den Tod haben, und können nur bescheiden anhören, was das Märchen darüber sagt. Der zweite Teil der Faustdichtung stellt den Tod völlig nach Art des Märchens dar. Faust bemerkt ihn nicht; merkt aber wohl seine Erblindung, die genau einer jener märchenhaften Einbußen, angehext von einem Schadenstifter, entspricht. Goethe selbst schrieb auch Märchen, zumal sein Märchen in den „Unterhaltungen". Es zergliedert ein entscheidendes, glückhaftes Geschehen, eine Lebenssteigerung, in eine

Reihe von Teilverrichtungen, deren jede von einer märchenhaften Person übernommen wird. Keine ist etwas für sich; jede ist nur, was sie tut. Erst durch das Zusammendenken, durch das Zusammenwirken dieser Verrichtungen wird der entscheidende Vorgang ganz, so daß die Wechselseitigkeit und der rechte Augenblick die beiden Grundbegriffe dieses Märchens sind. Nach dem Gesagten ist der Grundgedanke des zweiten Faust diesem Märchen nahe verwandt; hinter beiden steht der Vergleich des menschlichen Lebens mit dem Leben des All. Wechselseitigkeit und rechter Augenblick sind im zweiten Akt des zweiten Faust – dem eigentlich kosmischen Akt – ebenfalls entscheidend. Und im Märchen findet sich durchaus ein Schuldverhältnis der Art, wie das Fausts gegen Lebensbereiche, deren Vertreter auf dämonische Weise ihren Anspruch auf Vergeltung erheben. Kann die Schuld nicht bezahlt werden, so haftet der Schuldner mit sich selbst – mit einem Teile seines Selbst! Denn da kein Tod ist, dies Selbst in seinem Innersten unvernichtbar bleibt, ist ein Teiltod, eine höchst fühlbare Einbuße zu leiden, was wohl die eigentliche Todesdeutung Goethes ist. Die Frau des alten Mannes mit der Lampe muß ihre Hand in den Fluß strecken, dem sie im Namen der Irrlichter die neun Früchte der Erde schuldig geworden ist, und zieht sie schwarz und verschrumpft wieder heraus. Faust wird blind. Die Erblindung ist der Tod – nicht so freilich, wie er sich dem Bewußtsein Fausts darstellt, sondern wie er von seinem innersten Leben (das mehr ist und mehr weiß, als

der auslegende Verstand) erfahren und erlitten wird.
Denn bei seinem eigentlichen Tode erleidet ja Faust gar
nichts. So setzt sich der Tod im Mysterium dieser Szene
zusammen aus einem Leiden und einem Tun. „Wo er in
dieser Form nicht mehr vonnöten", holt das Unleben zum
Angriff gegen Faust aus; er selbst aber ist bereit. Diese
Einwilligung des innersten Lebens in den Tod und die
Unbereitschaft des auslegenden Bewußtseins ist als Gegensatz dargestellt einerseits in einem Verzicht Fausts auf
den magischen Schutz, anderseits darin, daß Faust nachher bei wirklich eintretendem Tod ganz andere Dinge im
Kopf hat als Sterben, dem Bauern im großen Welttheater
vergleichbar.

Der Tod ist eine Folge der Magie, der Verstrickte stirbt
ihn als einen Tod der Rückerstattung. Der Zusammenhang des Verstricktseins stellt sich als Sorge ein; Faust
entzieht sich dem Bewußtsein dieser Verstrickung als
einer Lähmung des Lebens und lebt entschlossen im Horizont des gegenwärtigen Augenblicks. Aber die Wahrheit,
für die die Sorge einsteht – daß nämlich Verstrickungen
sind – wirkt sich an ihm aus, und er läßt diese Auswirkung zu; unabgewehrt durch magische Mittel, schlägt die
Sorge ihn, den immer und auch fernerhin Sorglosen, mit
Erblindung. Erblindung bedeutet das Einbüßen der Welt
überhaupt und den Übergang aus dem In-der-Welt-sein
in das Sein in sich, erlitten bei Lebzeiten – wie es ja
nichts gibt, das im Aspekt dieses zweiten Teiles nicht „bei
Lebzeiten" wäre.

Es kommt aber alles darauf an, daß dieser Übergang in den rechten Augenblick fällt, das heißt, daß der Tod Faust nicht mehr als einen in der Welt Verhafteten, sondern als einen, der sich schon aus der Welt zurücknahm, trifft. Darum war der Verzicht auf das magische Mittel so entscheidend. Nur in seinem Wahn darf Faust noch auf der Welt wirken, nicht in der Wahrheit. Mit dem magischen Mittel hätte er weitere Seinsbereiche geplündert, sein Dasein stofflicher gemacht, den Anspruch des Todes an sich ausgedehnt, sich tiefer eingelassen, statt sich zurückzunehmen. Nur so konnte der Teiltod, als welcher der Tod gedeutet wird und als welcher er sich hinter dem Symbol der Erblindung versteckt, seine innerste Lebensregung weder anfechten noch kränken.

Vielfach sprechen in diesem fünften Akt die Redenden gar nicht zueinander. So antwortet Faust auch hier der Sorge nicht eigentlich, sagt auf ihre Frage nicht nein, sondern gibt an, wie er gelebt hat, während sie ebenfalls sich nicht auf ihn bezieht, sondern monoton-eindringlich von ihrem eigenen Tun und Wirken berichtet. Das erinnert ans Mittelalter und dessen dramatisches Nachleben in Mysterien und Moralitäten; jedes Wesen sagt uns, wozu es da ist, wenn die Regie es aufrief. So singt und warnt Lynkeus; so tröstet sich Faust über den Brand mit dem Luginsländchen; so spricht er nachher vor sich hin, wenn der Chorus abziehend seine Maxime von der Gewalt gemurmelt hat, gleichfalls für sich; so bereden sich die grauen Weiber untereinander, unvernommen. Rede und Gegenrede sind für Personen, die auf Sprache als auf Verkehr angewiesen sind. Selbstankündigung ohne Bezug schickt sich für Scheinpersonalitäten, aus denen eine Leistung redet. Ihr Zusammenwirken unter höherem Aspekt bleibt unausgesprochen.

Es reden ferner Faust und die Sorge in verschiedenen Versarten. Die Trochäen der Sorge bezeichnen die dämonische Aufdringlichkeit, die keine Scheidung in innen und außen zuläßt, das Hineinkommen durchs Schlüsselloch, die unbequeme Inwendigkeit, deren sich die Seele nicht erwehren kann. ,,Das geistig-strenge Band ist nicht zu trennen." Die betrachtsamen Jamben stellen eine Distanz auf, die eingehalten wird und in welcher die Sorge als Gegenstand der Betrachtung weggerückt und sich so abwehren läßt.

In diesem Zusammenhang erscheint Faust ganz neu, nämlich als der Nichtsorgende, als die Unsorge. Sorge und Unsorge erklären nicht nur jedes sich, sondern einander, weil Faust durch die Sorge gereizt werden muß, damit er die Art, wie er das Leben behandelte, als Maxime ausspreche und erst aus seiner Rede erfährt man, was die Sorge selbst nicht sagt, was aber Faust als zu ihrem Wesen gehörig auffaßt und was sich in seiner Abwehr mittelbar gestaltet.

Auf die Frage, mit der sich die Sorge wie ein Besucher vorstellt, ,,mein Name ist Sorge"; auf die Frage, ,,hast du die Sorge nie gekannt?" antwortet Faust mit seinen Maximen als einem mittelbaren, jedoch entschiedenen

„nein". Die Unsorge bedeutet unbewußte oder willentliche Beschränkung auf den Augenblick, während Sorge den Bann des Augenblicks bricht. Das Leben im Augenblick ist eine bedeutende sittliche Anweisung Goethes. Mit ihr erscheint er, wie so gerne, im bedingten Gegensatz zum Christentum, aber in vertraulicher Nachbarschaft zu dessen Stifter, der gesagt hat: „Sehet die Lilien auf dem Felde an." Augenblick ist für Goethe kein Zeitpunkt, sondern ein Akt und das Gelingen dieses Aktes. Wenn ein Ausschnitt der Welt im Menschen ein zulängliches Begreifen hervorruft, dann ist vom Augenblick die Rede. Alle Augenblicke sind Berührungen, im Gegensatz zu dem Blick, den ein Mensch in sich selber wirft. Erst von dem Grundsatz her, daß nicht das Organ den Gegenstand, sondern der Gegenstand das Organ erschaffe, bezieht der Augenblick seine eigentliche Würde. Jeder Augenblick erschafft dem Menschen durch den Begriff oder die Tat, die er hervorruft, eine neue Zulänglichkeit an. Im Augenblick kommen die Dinge zum Menschen, und nur so er selber zu sich. Der geglückte Lebensversuch weist sich aus in einer wohlverbundenen Reihe von Augenblicken. So fordert diese Lehre, in der Genuß wie Pflicht gleichermaßen eingeschlossen ist, ja Genuß als eine Art Pflicht erscheint, den ergänzenden Begriff einer Leistung, die Augenblick mit Augenblick verbindet und erst den Selbstbesitz der Person, deren Einheit nicht bloß durch den Wandel der Zeit, sondern gerade durch die Hingabe an jeden Augenblick gefährdet sein könnte, im Lebenslauf

verbürgt. Dies tut Erinnerung. Sie wird hier verschwiegen weil weniger vom Begreifen als vom Ergreifen des Augenblicks gehandelt wird und weil der ganze zweite Teil des Faust mehr eine Lebensgebärde als eine geistige Gebärde darstellt. Es ist ein Unterschied, ob das Tun des Menschen auf Menschen bezogen im menschlichen Kreis geschildert wird, oder ob sein Tun als das oberste Tun der Weltkräfte bezogen wird auf das Weltall selbst. Im letzten Falle erscheint das Ergreifen, wo im ersten das Begreifen erschien; scheinbar der dumpfere, engere, in Wahrheit der umfassendere Akt, für den das Begreifen nur Spiegelung ist. So tut Faust bei Hofe, vor Helena. Indem er sich einer Sphäre bemächtigt, wird er ihr gewachsen, stellt sie dar, wohnt ihr schaffend und steigernd inne und ist schließlich selbst als Person die Potenz dieser Sphäre. Daß zwischen Jugend und Alter ein Unterschied im Tempo besteht; daß die Bewußtheit wächst, wo die Begehrlichkeit abnimmt, wird zugestanden: „erst groß und mächtig, Nun aber geht es weise, geht bedächtig."
Sorge im Gegenteil ist das Erfassen der Zeit. Nicht aus dem Zentrum des Augenblicks rückbeziehendes, vorausdeutendes — ein Erfassen des Gewesenen, noch mehr des Künftigen an sich, ja des Möglichen überhaupt im Gegensatz zum Wirklichen; und ferner des Künftigen nicht als eines Wertes, sondern als einer Gefahr, in aller Enge und Armut der Selbstverteidigung. Als ängstlicher Selbstbezug steht Sorge gegen das Absehen von sich, das in der Hingabe an den Augenblick das Sein verehrt. Der Sorge

entgeht das Jeweilige, weil sie das Vorher und Nachher im Auge hat. Und da dies jeweilige im Sinne Goethes kein Zeitbegriff mehr ist, sondern eine Aufforderung und ein Gehorsam gegen diese, so nimmt die Sorge als eigentlicher Zeitsinn auch das Vorüberfließen der Zeit wahr, nimmt es mit Schaudern wahr, während im Augenblick die Zeit als Zeitmaß eines Aktes jeweils an ihr Ende kommt, um in einem neuen Akt neu zu beginnen, so daß die Zeitwahrnehmung des Augenblicks eigentlich rhythmisch wäre, wie der Weltprozeß nach Goethes Naturlehre rhythmisch ist. Darum ist dem Menschen, der in diesem Gehorsam lebt, das Leben lang genug, weil es in der Reihe von Augenblicken vollständig wird und dem Gefühl nach ewig ist. Dem Sorgenden reicht es nie und es ist schon im voraus vorbei, nichts kann an sein Ende gelangen, weshalb er „niemals fertig wird", weder er selbst, noch er mit den Sachen.

In Fausts eigenen Worten liegt ein Zugeständnis, daß er dämonischem Besuch offener ist, als er sein möchte. „Der Erdenkreis ist mir genug bekannt." Was im wirklichen Leben kaum eintritt, daß die Weltaufnahme als Ganzes an ihr Ende kam, das ist von der Dichtung hier gesetzt. Aber die Verlegenheit, die hieraus entstehen kann, wird bewältigt, indem Faust sich zur Tat wendet, was – gerade in dem spät entdeckten Gegensatz zum Schauen und Begreifen – die reifste Stufe des theoretischen Menschen ist: der Möglichkeit nach grenzenlos.

Barsch, herrisch, ohne Rechenschaft, die Besinnung abweisend, wie dieser ganze, sittlich unbekümmerte, hocheuropäische Organisator, ist der Inhalt dieser Bekenntnisse, und so erscheint noch der Gegensatz von Faust und Sorge im Trieb: einfache Getriebenheit ist gegen das Zaudern des in sich unsicheren Triebs gesetzt, das Zaudern des Triebs vor vielem Möglichen. Denn gerades Begehren, sofortige Stillung ist ebenfalls eine glückhafte Gefangenschaft im Augenblick. Dem Sorgenden schiebt sich etwas zwischen Bedürfnis und Befriedigung. Nachdem sein Wunsch lange geschwankt hat, da er undeutlich auf Vielfaches ging, endet der Sorgende bei der Erschlaffung des Begehrens, die eine seiner Höllen ist. Goethe unterscheidet das Mögliche, das als Gegenstand des Willens von ihm verwirklicht wird, von dem Möglichen, das als Gegenstand der Furcht gemieden wird. Faust ist die Tat, die Sorge, als Zustand, die Verneinung der Tat. Sie ist Bereitung zur Hölle, das heißt im Sinne dieser Dichtung, Lähme, die beim Absterben der Selbsttätigkeit endet und den Zusammenhalt der Kräfte in der Person vernichtet. Die Verknüpfung der Sorge mit Mephisto, der selbst der anhaltende Angriff des Nichts auf die Einheit der Person mit sich selbst ist, bleibt unausgesprochen, ist aber in der Stufenreihe von Leistungen, welche dieser Dichtung zugrunde liegen, mehr als deutlich.

Ähnlich entlarvt Goethe Furcht und Hoffnung als zwei der größten Menschenfeinde, und zwar auf dem Mummenschanz, entlarvt ferner in einem kleinen Aufsatz das Gebot der Selbsterkenntnis als eine Verabredung böswilliger

Priester. Hier entlarvt er die Sorge als Anstalt des Todes; ist aber die Sorge nicht gut? Zumal wenn die Sorge, durch die Antwort Fausts, Sorge um das Jenseits wird – eine Sorge, zu welcher der Hundertjährige allen Anlaß hätte! Diese Probe muß die Augenblickslehre Goethes aushalten. Ob sie sie aushält, entscheidet die letzte Szene, die nicht auf irdischer Bühne spielt. Hält man mit dieser letzten Szene die Szene Faust und die Sorge zusammen, so ergibt sich, daß Faust, indem er nichts von Gott wissen will, diesem am besten gefällt.

Dies lehrt erst der Anblick des Ganzen. Zunächst scheint das Verhalten Fausts gerade der höhern Eigenschaften des Alters zu ermangeln: ruchlose Selbsthilfe des ganz auf seine Person zurückgewiesenen, auf nichts, als auf seine Tatkraft bauenden, modernen Menschen. Demgegenüber könnte sich ein Dasein in Sorge, als zwar magisch gebundener Zustand, aber doch auch als sittliche Aufmerksamkeit und fromme Witterung des Lenkenden, sehr wohl als menschenwürdig ausweisen. Aber es geht um die Wahrnehmungsart. Das Erfahrbare ist für den Menschen im Augenblick eingeschlossen; eine andere Erfahrung als die vom Gegenstand im Augenblick eingeflüsterte gibt es nicht. Da das Jenseits oder der nicht mehr erfahrbare Weltgrund uns als Gegenstand gar nicht erscheint, tun sich in uns auch gar keine Organe und Arten der Wahrnehmung für ihn hervor, so daß die Beschäftigung mit diesem Jenseits ein Gebrauch ungeeigneter Kräfte und Methoden für etwas als Gegenstand weder

Gegebenes noch Aufgegebenes wäre, um so leerer, als darüber das uns mögliche Bemerken des Einen im Vielen infolge der Sorge verabsäumt wird. Man kann nicht anders zu Gott, als durch die Welt, und man kann nicht zu Gott, indem man die Welt umgeht. Die Dinge aber nicht um ihretwillen und aus sich begreifen, sondern sie auf ein Drüben beziehen, das heißt: sie schief sehen durch Sorge, denn es hindert den Akt der Weltberührung im Augenblick.

Der Austrag zwischen Faust und Sorge entscheidet sich nicht so, daß Faust in gewissem Grade ein Sorgender würde. Die Worte von tief hereindringender Nacht und leuchtendem Licht sind genau den Worten der Sorge entgegengesetzt: ,,Bei vollkommnen äußern Sinnen Wohnen Finsternisse drinnen." Faust erkennt eine gradweise Abhängigkeit vom Dämonischen überhaupt an und setzt sich seiner Einwirkung aus. Aber die besondere Dämonie der Sorge glaubt Faust abzuschütteln und kann es auch. Wenn sie dennoch durch den blindmachenden Anhauch ihre Macht an ihm bewährt, so kann man sich dies so verdeutlichen: die Verstrickung des Magiers, derzufolge ein Teil seines Wesens verfallen ist, besteht und wirkt sich an ihm zu Ende. Was aber erst Beute der Sorge sein heißt: Stocken der Gestaltungskraft, Lähmung der Tatkraft, Gefühl und Eingeständnis dieser Verfallenheit, das hält Faust von sich fern. Die Sorge selbst spricht nicht bloß von körperlicher Blindheit, sondern auch von geistiger. ,,Die Menschen sind im ganzen Leben blind." Faust verliert nicht nur die Augen, er lebt auch im Wahn, alles zu bewegen glaubend und nichts bewegend – was durch das mißverstandene Graben der Lemuren Bild wird. Wie lebendig er aber im Wahn lebt, wie er gerade so die geforderte Zusammenziehung der Tätigkeit auf das Innere leistet, das ist das Bestehen des Todes als Tat – wie die Erblindung das Bestehen des Todes als Leiden war. Es genügt, die Worte des erblindeten Faust langsam und halblaut vor sich hinzusprechen, ihre innere Meinung teilt sich zwingend mit; sie ist nicht bloß, daß ein Erblindender sich des geistigen Lichts tröstlich gewiß wird, sondern daß ein dem Tode Begegnender sich seiner Einheit mit sich selbst tröstlich versichert.

FAUST II LETZTE SZENE

Man hat sich bisher in den Faustkommentaren begnügt, die Verse: ,,Das Unbeschreibliche Hier ist es getan" als einen Hinweis auf den mystischen Charakter der die gesamte Faustdichtung abschließenden Szene aufzufassen, ohne zu fragen, was eigentlich der unbeschreibliche Vorgang ist, der in dieser Szene vollzogen wurde. Im Sinne der ,,Handlung" sollte sie offenbar bestätigen, was wir schon aus dem Monolog des gefoppten Teufels vorausschließen: dieser verliert beide Wetten, Faust wird der Gnade teilhaftig. Paralipomena halten daran fest. Zweimal heißt es, daß Mephisto zur Appellation eile. Die Worte ,,Da capo" bedeuten wohl, daß die Motive des Prologs im Himmel wieder aufzunehmen seien. ,,Himmel Christus Mutter Evangelisten und alle Heiligen Gericht über Faust." In der vollendeten Dichtung naht sich aber Mephisto dem Herrn nicht zum zweitenmal, ist von den Wetten nicht weiter die Rede, erheben weder Gott noch Christus ihre Stimmen, dagegen verwendet sich das gewesene Gretchen bei Maria für Faust. Nur sehr notdürftig erfüllt also diese Szene noch ihre ursprüngliche Aufgabe, mit dem Prolog im Himmel die ganze Dichtung zu umklammern und dieser Himmel ist dem Anfangshimmel der legendären Vorstellungsweise wenig mehr verwandt. Die Darstellungsart ist von solcher geistigen Schärfe, daß man sich nicht einfach mit dem Begriff „Wunder" zufrieden geben kann; mindestens muß man ihn aus der originellen Geistigkeit dieser ganzen Dichtung erneuern. Goethes Worte, der Text der Szene lassen einen konkreten, nur einmal in dieser einen Szene dargestellten Prozeß erkennen, und wir sind keineswegs bloß angehalten, fromm zu erschauern, sondern vom Wort auf die Sache zu schließen, wie es dem Ausleger eines Textes obliegt.

Als Weltaneignung ist der Weg Fausts Lebenslauf; der Tod ist nicht nur das Ende, sondern auch der Moment der Erfüllung, da Fausten durch die Mittel der Magie eine totale Weltaneignung ermöglicht wurde: „Der Erdenkreis ist mir genug bekannt." Als Selbst-Steigerung ist der Weg Fausts unendlich, wobei allerdings nach dem Tod die bisher wesentliche Bedingung des Prozesses: ein zu organisierender Stoff, wegfällt, und die Weltaneignung mit einer freieren Selbsttätigkeit zu vertauschen ist. Faust selbst aber ist in diesem II. Teil nichts anderes als die Person, das Prinzip der Person, der höchsten aller im Haushalt der Natur vorkommenden sich selbst gestaltenden Organisationen. Von da aus ist sowohl Mephisto als auch der Begriff der magischen Mittel umzudeuten: diese erscheinen als Steigerung der Weltaufnahme auf ein übermenschliches Maß an Dauer, Intensität und Umfänglichkeit, jener als Angriff auf die Einheit und Tätigkeit der Person, ihre beiden großen Sicherheiten, ist also der Sorge, dem Tod verwandt. Allerdings ist mit „Weltaufnahme" nur die eine Seite dieser Funktion, die im Begriff der Person enthalten ist, gezeigt. Ihre andere Seite wäre Zusammenziehung um die Mitte, Rückkehr und Einkehr in sich selbst. Beide wechseln rhythmisch, und diese kosmische Betrachtung des Lebens der Person ersetzt im zweiten Faust die biographische, die (nach Art des Bildungsromans) zu einer Entwicklung führen müßte. Wo ist nun diese Konzentration dargestellt? In den Katastrophen, besser gesagt: den Verwandlungen Fausts. In dem unruhig Schlafenden der ersten Szene des zweiten Teils, in dem Ohnmächtigen zu Beginn des zweiten Akts, in dem wortlos Erstarrten zu Ende des dritten Akts, in dem die beiden Wolkenbilder Betrachtenden zu Beginn des vierten Akts, in dem erblindenden und endlich in dem ersterbenden Faust. Was heißt Sterben im Fall Faustens? Es ist der äußerste Grad der Zusammenziehung des Selbst um die eigene Mitte: die Person rettet ihren Zusammenhalt in sich selbst, indem sie teils freiwillig, teils leidend das bisherige Prinzip ihrer Organisation, nämlich die Weltaneignung aufgibt und sich auf die Bedingungen eines völlig anderen Daseins im voraus einrichtet. Sie stellt sich der Abrechnung, der sie durch den beispiellosen Umfang ihres Konsums verfallen ist, und läßt freiwillig fahren, was ohnehin des Todes wäre. In drei Stufen: dem Verzicht auf die Magie, der Erblindung, dem Tod. Reinste, auf keine Welt mehr bezogene, im Weltsinn sogar wahnwitzige Selbsttätigkeit ist der Zustand, in dem sie den gefährlichen Paß allein wohlbehalten queren kann. Hier kann nur die eigentliche Auslegung unserer Szene beginnen.

In welchem Zustand befindet sich Faust während derselben? Zunächst wird er nicht als Faust bezeichnet, obwohl er ,,dabei" ist: was da emporgetragen wird, heißt Fausts Unsterbliches (nach früherem Ausdruck ,,Entelechie"). Diese Entelechie sagt während der ganzen Szene nichts; was sie denkt, was sie tut, das wird uns vorenthalten — ist offenbar unaussprechlich. Dennoch erfahren wir es auf eine mittlere Weise. Zwar schwebt diesmal kein Homunculus über ihr, wie weiland über dem die Erzeugung der Helena träumenden, ohnmächtig auf dem Ruhebett hingestreckten Magier, um uns sein inneres Gesicht zu verraten. Aber für wen spielt denn die ganze Szene, wenn nicht für dies Unsterbliche Faustens? Dies alles ist freilich vorhanden; aber so wie es ist, bezieht es sich auf Faust: Taten und Leiden seiner Seele! Die Innerlichkeit Fausts ist nicht an sich, sondern in der Spiegelung durch einen Prozeß dargestellt ... dargestellt an den Substraten, die zu dieser transzendenten Welt gehören. Auch darauf sind wir durch die Dichtung vorbereitet, denn immer wenn Faust so sprachlos, so, wie wir zu sagen pflegen, unbewußt in sich selbst zurückgekehrt war, erfuhr er, sei es tätig, sei es leidend, das Wichtigste, wandelte er sich, ob wir nun die Wandlung als eine geheimere Art des Tuns oder als ein reines Hinnehmen auffassen. Jedenfalls entspricht der Gnade in dieser Szene etwas, das an oder mit Faust geschieht in jenen früheren Szenen. Denn die Verwandlung war mit der Weltaneignung noch nicht gegeben, sie ist wie ein vorausgekosteter Tod, mit dem die Bedingung eines neuen Daseins erkauft wird, darum Gefahr und — in einem weltlichen Sinn — Gnade.

In der letzten Szene des II. Faust finden sich Verse, die mit der mystischen Musik dieser Sprache eine trefflichere Prägnanz des Begriffes vereinigen, und zwar bezeichnen sie das naturphilosophische Prinzip der Person während ihrer irdischen Existenz: „Wenn starke Geisteskraft Die Elemente An sich herangerafft, Kein Engel trennte Geeinte Zwienatur Der innigen beiden: Die ewige Liebe nur Vermags zu scheiden." In Prosa aufgelöst: hat einmal die starke, in der Person tätige, streng immaterielle Potenz zu ihrer Organisation die Lebensstoffe an sich herangerafft, so ist die eingegangene Verbindung von Geist und Stoff, die wir Leben nennen, so unscheidbar innig, daß nicht einmal ein Engel sie zu lösen imstande wäre. Nehmen wir die weiteren beiden Verse hinzu, so ergibt sich, daß diese Scheidung in diesem Augenblick dennoch wünschenswert, ja sogar notwendig ist, und daß sie nur durch ein Wunder bewirkt werden kann. Dieser bedeutende und ganz ungewöhnliche Gedanke bliebe vielleicht allzu versteckt, wenn er nicht vorbereitet wäre durch einen andern Passus des Werkes. Wieder einmal muß die Textinterpretation ergänzt werden durch einen Hinweis auf das große Gefüge des Werks und seiner Form. Unverkennbar

ist der Bezug zwischen diesem Wunder, das hier die ewige Liebe verrichtet, und dem anderen Wunder, das „Eros, der alles begonnen", am Ende der klassischen Walpurgisnacht vollbringt, wo ebenfalls die Elemente in einer vielsagenden Weise aufgerufen sind. Das eine verhält sich zum anderen wie ein musikalisches Thema zu seiner Umkehr. Was ist Homunculus anders als eine starke Geisteskraft, eine Potenz, ohne den Akt und ohne das Substrat der Organisation, also außerhalb des körperlichen Daseins, gedacht? Der schwierige Durchgang, den Homunculus zu nehmen hat, ist nicht die Entmaterialisierung, sondern die Materialisation. Weder die Naturphilosophen noch die Elemente können ihm dazu verhelfen, wenn nicht die Liebe, diesmal heidnisch durch Galathea repräsentiert, das Wunder vollbringt, das uns begrifflich unfaßbar ist und das in einem Fall die Verbindung zwischen Geist und Stoff schlägt, im anderen Fall aufhebt. Beide Vorstellungen überschreiten den Kreis des Lebens nach verschiedenen Seiten. Gezeigt ist also in dieser letzten Szene, wie der Prozeß der Materialisation einer Entelechie durch Eros als kosmische Naturgewalt, der sich am Ende des 2. Aktes vollzog und dort ein Wunder genannt wurde, rückgängig gemacht wird durch die „ewige Liebe". Nur die Prozesse selbst beziehen sich aufeinander. Die Substrate, an denen sie sichtbar gemacht, die geistigen Räume, in denen sie sich abspielen, sind streng zu trennen.
So kann nun Genaueres über den Zustand der Faustischen Entelechie in dieser Szene gesagt werden. Die Seele

Fausts, wenn wir uns dieses populären Ausdrucks bedienen wollen, ist zwar bereits unkörperlich, aber es haften ihr noch die Spuren jener früheren Existenz an. Der Vorgang des Sterbens, wie der alte Goethe ihn versteht, wird zur dichterischen Veranschaulichung in seine verschiedenen Funktionen zerlegt, und so könnte man die Erblindung als einen Vor-Tod, diese Entmaterialisation aber als einen Nach-Tod begreifen. So gut wie es eine ars moriendi, eine Zubereitung auf den Tod gibt, kann es auch eine Nachwirkung des körperlichen Lebens in der unkörperlichen Seele geben: etwa so, wie die Nervenzentren noch in einem Glied, dessen der Körper verlustig ging, Schmerz fühlen lassen. Da die Potenz sich so lange Zeit, und im Falle Faustens so heftig in der Gestaltung und im Verbrauch des Stoffes realisierte, hat sie noch eine Affinität nach dem Stoff hin, und diese Stofflichkeit als Hang muß in ihr durch Liebe vernichtet werden. Liebe bewirkt Nachfolge, Verwandlung, ja den unwahrscheinlichen Sprung aus einer Daseinsart in die andere. Der noch nicht ganz Geist ist, wird durch Liebe zu reinen Geistern (die auch nicht immer Geister waren) ihresgleichen. Das tut die Liebe unter Geistern, die schon unter Menschen vergeistigt. Was aber die Liebe durch göttlichen Eingriff vollendet, das bereitet ein himmlischer Lehrgang vor. So schwer, so einschneidend denkt sich Goethe die Umgewöhnung einer Potenz, die bisher nichts tat als Welt aneignen, zur absoluten Geistigkeit des Tuns. Der Person muß die Welt abgewöhnt werden. Sollte nicht dies der eigentliche Prozeß, das „Unbeschreibliche" der Szene sein?

Die Szene beginnt ohne Faust in einer Landschaft, wo die chaotische Natur aus dem Reich der Formen in das Reich der Kräfte übergehen kann, und zwar wird wie gewöhnlich im zweiten Teil das faustische Thema variierend von anderen abgehandelt. Die drei Patres zeigen eine Polarisation der Gott-Natur in Geist und Welt, wobei der eine Pater Profundus mehr das Verhaftetsein, der andere mehr das Enthobensein (Pater Seraphicus), der dritte aber, dem goethischen Geist aufs innigste benachbart, die ewig rege Vermittlung zwischen beiden darstellt: die Liebe, die ganz in derselben Funktion auch Goethes gewaltiger Pariadichtung innewohnt. Es ist durch diesen landschaftlichen Hintergrund dafür gesorgt, daß wir die Gottheiten des Himmels nicht als Gegenprinzip der Natur, sondern als ihre innerste Potenz auffassen, daß also die christlichen Vorstellungen sekundäre Mittel der Darstellung eines goethischen Gedankens bleibt. Das Spiel zwischen diesen drei Patres ist zeitlos-rhythmisch, erst mit der Frage des Pater Seraphicus nach dem Morgenwölkchen beginnt das eigentliche Drama, aber noch nicht mit dem „Helden", der Entelechie, sondern mit stellvertretenden Personen und einer Variante der Handlung. Zugleich wird angezeigt, in welch besonderer Form sich der dargestellte Prozeß vollzieht bis dahin, wo er Wunder wird: in der Form von Schulverhältnissen, als Folge von Schulungen. Zu diesen übermenschlichen Schulungen gehört es, daß die Zustände und Verfassungen (von Individualität kann hier kaum mehr gesprochen werden) ausgewechselt werden können, und daß der, der eben Lehrer war, im nächsten Augenblick Schüler wird und umgekehrt. Ferner, daß die Unterweisung sich weniger auf ein zu lernendes Wissen, als auf zu vollziehende Akte erstreckt. Dergleichen ist dem christlichen Himmel fremd. Denn wenngleich Dante, ein einzig Bevorzugter, noch während seines irdischen Lebens durch die himmlischen Sphären geleitet, sowohl Wissenschaften als mentale Akte lernt, so nehmen doch die Seligen, wenn sie einmal im Himmel sind, von Anfang ihre Distanz zur Gottheit ein für allemal ein, wissend, was sie wissen, könnend, was sie können. Höchstens das Fegefeuer könnte mit diesem Akt der Entmaterialisation vorsichtig verglichen werden. In Wahrheit hat Goethe seinen Begriff der Steigerung hier auch in das transzendente Sein der Seele hineingetragen und deutet an, welcher Art die neue Selbsttätigkeit der Entelechie sein könnte, nachdem sie die alte Art der Selbstgestaltung am Stoff abgetan hat. ein leichtes, unbehindertes Hindurchgehen durch neue Daseinshöhen und Betrachtungsarten, ein Wachsen an Rang und ein Wechseln der Stufe, was beides den Menschen in diesem Grad versagt ist. (Ich mache auf einige Termini aufmerksam: Wachset immer unvermerkt — Steigendem Vollgewinn — Und ein büßendes Gewinnen In die Ewigkeiten steigerst — Er überwächst uns schon — Dankend umzuarten — Zieht uns hinan.) Die Bedingung aber, unter der dies geschieht, ist ein Ineinandergreifen und Angewiesensein, eine seraphische Geselligkeit und Kollegialität, eine heiter-gütige Hilfeleistung der Geister untereinander, denen nicht mehr die Grenzen des Individuums gezogen sind. Es ist belehrend, daß gerade hier, wo der Prozeß der Organisation durch Stoffaufnahme nicht mehr stattfindet, das Wort „Nahrung" fällt: offenbar ein ganz immaterieller Gegenbegriff zu der irdischen Nahrung der Entelechie. „Denn das ist der Geister Nahrung, Die im freisten Äther waltet: Ewigen Liebens Offenbarung ..."

Am schönsten entfaltet sich diese Wechselwirkung, wo der Mangel des Einen durch den Überfluß des Anderen ausgeglichen wird, also im Verhältnis der Ergänzung. In einem solchen Ergänzungsverhältnis sind Faust und die Seligen Knaben gedacht, die sogleich nach der Geburt verstorbenen. An ihnen wird zugleich Begriff und Wert der Erfahrung ausgelegt. Im anderen Leben, in dem der erworbene Erfahrungsstoff aufgegeben werden mußte und auf das auch die Form der Erfahrung nicht mehr angewandt werden kann, wird die Erfahrung zur Eigenschaft, zur Tüchtigkeit des Organs. In diesem Sinne haben die hier tätigen Potenzen eine Vergangenheit. Der Erderfahrene hat zwar an Jungfräulichkeit des Geistes verloren, dafür aber einen größeren Umfang des Begreifens. So müssen die Knaben zunächst in das „Welt- und erdgemäße Organ", in die Augen des Paters Seraphicus herabsteigen, um Szene und Vorgang zu fassen, statt nur beseligt im Weben der Kräfte mitzuschwingen. Wieder ist Aufwärts- und Abwärts-Bewegung kontrastiert wie in Goethes Wolkenlehre: zuerst gewahren sie ein zerstörendes Herabwirken („Wasserstrom, der abestürzt"), ehe sie die Bewegung nach oben wahrnehmen und an ihr teilhaben. Nachdem sie dieser Lektion durch den Pater Seraphicus gewürdigt sind, vermögen sie sogleich auch eine zu erteilen. Ihr Schüler, Faust, wird von den Engeln herangetragen, die sich in zwei Gruppen spalten. Hier fällt jenes denkwürdige Wort von der starken Geisteskraft: die vollendeteren Engel mögen die Entelechie Fausts nicht weiter in die Höhe tragen, weil ihr noch etwas Unreines anhaftet. Wenigstens lege ich die Worte: „Uns bleibt ein Erdenrest Zu tragen peinlich" so aus: es ist uns peinlich, einen Erdenrest zu tragen — den wir als an dieser Entelechie haftend verspüren. Die jüngeren Engel sehen sich nach Hilfe um; jedesmal, wenn der Prozeß zu stocken droht, bewegt ihn eine Wechselwirkung weiter. Die jüngeren Engel haben ganz recht: das, woran es Faust gebricht, vollkommenste Unberührtheit, darin sind diese Kindlein stark, damit können sie ihm aushelfen — wer weiß, wie ers ihnen heimzahlen kann. Die Auffassung der Natur als einer Wirtschaft, das in gewissem Sinn Kaufmännische, Geschäftliche der Betrachtungsweise, das bei der Verschuldung Fausts und seiner Schuldbegleichung im ersten Teil des 5. Aktes erwiesen werden kann, ist hier auf die höchsten himmlischen Verhältnisse zu übertragen. „Los von der Erde Druck" —

das ist der genaue Gegenbegriff zum vorgenannten „Erdenrest". Die Aufnahme des höchst erfahrenen Schülers in den Kreis der höchst unerfahrenen Lehrer wird nun durch ein Symbol der Metamorphose beschrieben. Sie empfangen Faust im „Puppenstand". Der Ausdruck ist bedeutend; sagt er uns doch, daß die Entelechie Fausts zwar gegenüber seiner irdischen Existenz einen Vollendungszustand, auf einer weiteren Bahn aber eine unentwickelte Möglichkeit ist. Aber die Metapher ist doppelsinnig, sie deutet auch auf jenes Halbmaterielle, das wir als einen vom Erdenleben noch anhaftenden Rückstand erklären. Ja, ohne dies vielgebrauchte Symbol der Verpuppung, dem hier ein eigener und höchst bestimmter Sinn gegeben ist, würden wir vielleicht den Zwischenzustand so gründlich, so grundsätzlich, wie ihn Goethe hier denkt, gar nicht wahrnehmen — einen Zwischenzustand, der weder dem Zustand der Menschen, noch dem der Geister gleicht, und der durch das Wunder, also mit diesem Mysterienspiel selber, abläuft. Die Lehrtätigkeit der kleinen Kinder erreicht ihr Ziel, wenn Faust von diesen „Flocken" der Verpuppung befreit wird. So haben die Kleinen ihn herangetragen und zugleich innerlich zubereitet für die Begebenheit höherer Zone, die nun die eigentliche Gnadenwirkung durch Liebe ist.

Hier wird das Mysterium durch eine Parallelhandlung vervollständigt. Die Zeit ist nicht mehr Zeit, Vergangenheit ist gegenwärtig; ein eigentlich einmaliger Vorgang erneuert sich beständig (etwa so, wie das Selbstopfer

Christi im Ritual der Messe): „Una Poenitentium, sonst Gretchen genannt" wird auf Fürbitte zur Nähe der Gottesmutter zugelassen, und zwar ist hier die vermittelnde Potenz Doctor Marianus, d. h. ein seliger Geist, der seine Virtuosität im Anschauen Marias hat; eine Intelligenz, die das Wesen und die Wirkungen der Liebe denkt. Seine Fürbitte, die er in einem Gebet an Maria vorträgt, gilt zunächst den drei legendären Büßerinnen, deren Sünde zugleich ihre Heiligkeit ist, nämlich die Liebe, zuerst in ihren herabziehenden, dann in ihren „hinanziehenden" Wirkungen gedacht. Man fühlt sich an das Wort der Parialegende erinnert: „Denn Verführung kommt von oben." Deren ganzen Ideenkreis, der auch in diesem Gebet und früher in den beiden Balladen „Der Gott und die Bajadere" und „Die Braut von Korinth" vorgetragen ist, könnte man mit „Rechtfertigung des Eros" benennen. Sie wurde früher von Goethe gegen das Christentum, hier im Sinn des Christentums (kaum ohne Umdeutung der christlichen Liebesforderung) ausgesprochen. In Maria ist nur die steigernde und vergeistigende Wirkung der Liebe tätig, an dieser Wirkung hat sich alle Liebe zu erproben, zu rechtfertigen: „Billige, was des Mannes Brust Ernst und zart beweget..." Von des Doctor Marianus vermittelnder Güte bewogen schwebt Maria nun wirklich einher, und die drei Büßerinnen Maria-Magdalena, die Samariterin und die Maria Aegyptiaca wagen sich mit ihren Worten nun unmittelbar an sie, nicht für sich, sondern für die Mitbüßende aus faustischer Sphäre, die sich ihnen anschließen darf. Aber auch sie, wie es diesen Potenzen höchster Liebestätigkeit entspricht, wirkt um eines anderen willen und gibt dem alten Gretchengebet die beseligende Wendung: ,,Er kommt zurück." Das ,,Füreinander", das schon zwischen Patres, Faust und Seligen Knaben waltete, ist auch hier das Prinzip des himmlischen Verkehrs.

Von der Gnade, die der Entelechie Faustens zuteil wird, Gnade aus Liebe, war im zweiten Teil des Faust nicht die Rede. Der große heidnisch gerichtete Eros, auf Helena bezüglich, darf in diesen Zonen nicht heraufgerufen werden; obwohl er einmal höchste Erfüllung bedeutete, so erscheint er von hier aus als ganz vorübergehend und ist, da er Faust mit vollkommener Leiblichkeit bezauberte und seinem eigenen Geist die Vollendung der sinnlichen Gestalt erteilte, das gerade Gegenteil der hier erbetenen Gnadenwirkung. Und einmal, höchst überraschend, war ja im II. Faust Gretchens gedacht worden, als ob gerade der Gegensatz, nämlich Helena, sie heraufbeschworen hätte. Die eine Wolke, Helena bedeutend, verflüchtigte sich am Anfang des 4. Aktes, die andere, vor der ,,des tiefsten Herzens frühste Schätze aufquellen", bleibt bestehen ,,Und zieht das Beste meines Innern mit sich fort". Ohne daß Gretchen genannt wird (ein Paralipomenon vom 9. November 1827 deutet auf sie mit den Worten: ,,Großer Monolog zwischen der Wahnerscheinung von Gretchen und Helena"), ist hier eine Liebesart und ein Liebesgefühl geschildert, das seelenhafter ist und an

Gretchen zu denken zwingt. Wie kann nun aber die Gretchenliebe an Faust zur Gnade werden, sie, die Faust in der sinnlichsten Weise umstrickte und ihn wissend ein unschuldiges Geschöpf aufopfern ließ, sie, die Gretchen zur Sünderin an Mutter und Kind machte? War denn im ganzen Zusammenhang der Gretchenliebe etwas von jenen höchsten, vergeistigenden Wirkungen dargestellt? Man könnte an die sittliche Wendung denken, daß Gretchen den Vorschlag der Flucht abweist und ihrem Gericht entgegengeht. Aber das wäre sicher eine zu enge Deutung. Goethe dachte gewiß nicht nur an Fausts Lieben, sondern an sein Geliebtwerden! Daß sich Gretchen ihm liebend geopfert hat, das ist der Beginn jener Wirkung, die dem Faust der letzten Szene als Gnade zuteil wird.

Es ist wichtig, dies zu sehen und anzuerkennen, weil es die Ergänzung des ganzen faustischen Strebens im Leben und Sterben darstellt. Fausts Streben war herrischeinsam, er hat eine Welt für sich verbraucht, ohne jemand Anteil zu geben. Der Prozeß seiner Selbststeigerung durch Weltaufnahme war von ungeheurer Selbstigkeit. Und so auch sein Sterben: keine menschliche Nähe zulassend, nicht einmal sie begehrend, tatbegierig, gestaltungssüchtig, tyrannisch, technisch, gewaltsam bis zuletzt; und ebensowenig nach irgendeiner überirdischen Auskunft greifend, ja sie stolz zurückweisend. War sein Leben die Ausdehnung der Person im höchsten Grad, so ist sein Tod Zusammenziehung der Person, so streng, so

abgeschlossen wie möglich, unbedürftig reine Selbsthilfe
— und es war Goethes Kunst, zu zeigen, daß gerade in
der Abweisung aller Auskünfte, die eine passive Haltung,
ein frommes Hinnehmen bedeuten, die unentwegte Selbsttätigkeit Faustens lag, durch die er sich im gefährlichen
Übergang rettete. Fast erscheint es, als ob es Fausts
Schutz gegen den Teufel war, nach keinem Gott zu fragen. Auch wird ihm dies dort oben keineswegs zum Vorwurf gemacht. Im Gegenteil: es ist einbegriffen in dem
„Strebend sich bemühen", der rastlosen Tätigkeit, die
die Erlösungsbedingung ist. Zu erörtern, ob diese eigen-
sinnig bis in den Tod fortgesetzte Selbsttätigkeit an sich
schon eine Begnadung, eine Gnade der Natur, heißen
darf, wäre fruchtlos, da Goethe hierüber nichts aussagt.
Man tut besser, die Gnade wörtlich zu nehmen. Und so
tritt denn zu jener so betont und breit dargestellten einen
Verrichtung der Person: der Selbststeigerung durch Tätigkeit, eine ergänzende Wirkung: daß sie aufgehoben ist in
einem Kräfteverein, daß sie liebend bezogen ist auf ein
anderes Wesen, und vor allem: daß ihr die Liebe eines
anderen Wesens zuströmt als helfende Kraft, die ihr
Höchstes tut im Opfer, so wie Faust sein Höchstes tat in
Selbstgestaltung. Es ist schön und goethisch, daß diese
ergänzende Kraft, nicht sowohl eine Funktion der Entelechie, als eine Bedingung, an die ihre höchste Ent-
faltung geknüpft ist, sowohl einen irdischen als einen
himmlischen Namen hat, Liebe und Gnade, und daß sich
nach dem Leben fortsetzt, was sich schon im Leben er-

füllte. Der Akt der Begnadung ist nun nicht so vorgestellt, daß die Liebe Gottes sich Faustens bemächtigte, oder ihn die Liebe in Gestalt Marias nach oben zieht, sondern die Vermittlerin ist una poenitentium, sonst Gretchen genannt; sie erinnert an das geführte Leben, den Lebenslauf, innerhalb dessen die Mächte, die jetzt frei hervortreten und unmittelbar wirksam werden, durch menschliche Repräsentanten vermittelt wurden. Die Gnade trifft den, der einmal so liebte, so geliebt worden ist; der Gnadenakt greift auf das Erlebnis zurück, das ihn vorbereitend ermöglichte, und setzt es ins Transzendente fort.

Man spricht gemeinhin von ,,unglücklicher" Liebe als einer Liebe ohne Geliebtwerden. In den von Goethe geschilderten Liebeswirkungen ist aber das Lieben vom Geliebtwerden nicht zu trennen, wenn auch das eine vom anderen in Art, Grad und Richtung der Wünsche sehr verschieden sein kann, und so innerhalb der erwiderten Liebe Krisen und tragische Ausgänge drohen werden. Dies gilt nicht ohne Ausnahme, aber einen so einseitigen Liebeszustand wie den Werthers hat Goethe wohl kaum wiederholt. Genau betrachtet, ist der Liebeszustand ein Zustand von Zweien; so sehr sie sonst voneinander abstehen, in ihm gleichen sie einander, ja sie bringen ihn hervor. Auch hier, im Rückblick unserer Szene, ist so gut das Geliebtwerden Fausts wie sein Lieben gemeint; freilich nicht die titanische, ein Menschenschicksal aufbrauchende Liebesart Fausts, wie sie im ersten Teil geschildert war, sondern die Genialität des Liebeszustands in jener Allgemeinheit, wie sie der Stil des zweiten Teils mit sich bringt: Selbstgenuß in der Selbstverschwendung. Daß dieser Liebeszustand, im Gegensatz zur faustischen Selbstbehauptung, auch sonst dem Dichter eine Bedingung für höhere Einsicht und Teilhabe am Weltleben und an der Gottheit ist, lehrt etwa das „Stirb und werde" des berühmten Divangedichtes und die Antwort Hatems auf das ebenso berühmte Bekenntnis der Suleika zur Persönlichkeit: „Kann wohl sein! so wird gemeinet ... Wie sie sich an mich verschwendet, Bin ich mir ein wertes Ich." Der Rückblick auf die Gretchenliebe bedeutet, daß Faust geliebt wurde und daß die Geliebte sich ihm zum Opfer hingegeben hat; er bedeutet, daß Faust nicht nur in der Selbstbehauptung, daß auch er in der Selbstaufgabe gelebt hat — dieser Zustand war die irdische Bedingung der Gnade, und die Ergänzung des Strebens: „Und hat an ihm die Liebe gar Von oben teilgenommen." Es muß aber vom Leser im Verstehen der faustischen Liebe jener Akt der Verallgemeinerung vollzogen werden, ohne den die ferne und sublime Reminiszenz der letzten Szene allzuwenig mit der wirklichen Gretchenepisode zusammenhinge. Darum stellt der Anfang des vierten Akts einen Übergang her, sofern Faust angesichts der zweiten Wolke nicht von Gretchen im konkreten Sinne, sondern ganz allgemein über die erschließenden Wirkungen erster Liebeszustände spricht, „Des tiefsten Herzens frühste Schätze quellen auf".

Das Fesselnde dieses Mysteriums ist nun, daß die erteilte Gnade nicht einfach festgestellt, sondern ihre Wirkung genau beschrieben wird. Goethe schreibt diese Szene nicht als Humanist, auch nicht als Christ; er denkt Liebe als die zwischen den Polen Geist und Stoff vermittelnde Kraft, er denkt sie als Eros, wenn sie den Geist vermaterialisiert, im Sinn der römischen Elegien und des Helenaaktes, er denkt sie als Liebe im christlichen, vergöttlichenden Sinn, wenn sie den Geist, wie hier, entmaterialisiert. Die Knaben, die nichts von der Erde wissen, waren die Vorbereiter; der durch Vermittlung der vierten Büßenden auf Faust herabgezogene Gnadenakt löste seinen Geist von den letzten, nachwirkenden, ihm tief eingesenkten Spuren der Verkörperlichung. Die alte Verbindung, die Zwienatur, war so innig, daß nur dieses Wunder sie trennen konnte.

Nach diesem höchsten Beispiel der teilnehmenden Geisterhilfe findet nun die Wechselwirkung zwischen den Knaben und Faust ihren Abschluß. Er, der die ganze Erde in sich aufgenommen hat, und nun eine ebenso ungetrübte Geistigkeit erlangt hat wie sie, überwächst sie „an mächtigen Gliedern". „. . . dieser hat gelernt Er wird uns lehren." Nun erfüllt sich, was mit der Liebe eigentlich gemeint war — sie erschließt den Geist, der vorher seine höchste Virtuosität in die Verselbstung setzte, allen Wechselwirkungen, zuletzt den höchsten. So darf Gretchen zur Allegorie der Liebe selber werden: „Wenn er dich ahnet, folgt er nach." Es scheint durchaus Goethes Absicht, daß der Leser dieser Szene nicht nur erschauert, sondern begreift. Denn er schließt das Mysterium mit einem poetischen Kommentar. Die Wirkung des Wunders wird von der einen Büßerin noch einmal bestimmt; sie sagt, er entraffe sich jedem Erdenbande der alten Hülle. Auch der Chor teilt uns neben den vielen allgemeineren Bedeutungen eine höchst bezügliche mit. Vergänglich ist unter anderem auch das vielberufene „Erlebnis"; es war nicht es selbst, es meinte etwas, und dieses Gemeinte tritt hier an den Tag. Das Unbeschreibliche, das hier getan ist, zielt nicht auf unbestimmte jenseitige Gnadenwirkungen, sondern auf die letzte, dem Geist Goethes aufdämmernde Zäsur und Verwandlung einer bevorzugten Entelechie, die man als den Tod selber oder als den letzten Tod nach vielen Toden auffassen mag — jedenfalls beantwortet sie den Tod, der zunächst eine Vernichtung ist, mit Schöpfung. Diese Verwandlung besteht darin, daß die Person eine Existenz aufgibt, die in der Selbstgestaltung durch Organisation von Stoff bestand, und eine Existenz antritt, die ihr Steigerungsmittel findet in der tätigen und empfangenden Teilnahme an höchsten geistigen Wirkungen. Die Form der Szene erinnert auffallend an die Paria-Trilogie, die eine Dreiheit von Gebet, Gebetserfüllung durch eine Wunderbegebenheit, und auslegendem Dank zusammenfaßte zu einer Kulthandlung. Hier wird das eigentliche Mysterium vorbereitet durch eine Reihe analoger oder vermittelnder Vorgänge; dann stellt es sich selber dar; und schließlich wird es ausgelegt in anbetenden Worten.

SCHILLER ALS GESTALTER
DES HANDELNDEN MENSCHEN

Vielleicht hat sich Schiller die Frage: ,,Wer bin ich?" nie gestellt, nicht weil er ihr auswich, sondern weil sie ihn nicht bekümmerte. Eher die andere: ,,Was soll ich sein?" und die noch dringendere: ,,Was soll ich tun?" Seine Wirkung unter den Deutschen ist von seiner Dichtung nicht ablösbar, als ein Zweites; diese Wirkung beginnt vielmehr im Gedichteten selbst, das ein Wille zu wirken hervorbrachte. Umformend, wie er sich gegen die Welt verhält, verhält er sich gegen sich selber. Das ist nicht gewöhnlich. Sonst ist Dichtung das absichtslose Sein der Dichter in Sprache, und so wirkt es, unabhängig von ihnen, indem es Empfängliche bewegt. Schiller formt als erster selbst an der Schiller-Legende mit. Dichtend tut er sich Gewalt, unterwirft sich dem Gesetz einer fordernden Auswahl.

Das Gesetz dieser Auswahl wird gegeben durch Denkformen, die ihm für ewig gelten, und auf die er verpflichtet, was er in sich für sterblich erkennt. Sie waren weniger seine Schöpfung als seine Wahl, und zogen ihn an durch ihren despotischen Gegensatz zu allem Natürlichen, weil in ihm selbst Bewußtes und Unbewußtes, Gewolltes und Gemußtes gewaltsam gegeneinanderstand. Nur so war ihm das Dasein möglich. Das unbewachte Leben seiner Seele läßt sich schwer aus seinem streng vom Willen bewachten Werk lesen. Doch ist die Spur nicht verwischt.

Schiller hat ungefähr so gewirkt, wie er wirken wollte, nicht als der ganze Schiller. Das ist ein Sieg und ein Verhängnis. Goethe bestätigte mit dem vollen Ansehen seiner Person den Begriff, den Schiller von sich selbst der Welt überliefert hatte: ,,Indessen schritt sein Geist gewaltig fort ins Ewige des Wahren, Guten, Schönen". So sah man fortan Schiller. Er hat die philosophische Bewegung des deutschen Idealismus vereinfacht zu einer Bereitschaft des Gemüts. Das ist die stärkste Wirkung eines Dichters, die wir in unserem Land erfuhren. Auch sie hat einen Anfang, eine höchste Leuchtkraft und ein Erblassen.

Zuletzt geschah es diesem Dichter, der kaum ein ruhendes Sein und ganz Eifer und ein rastloses Verwandeln ist, daß er zum guten Gewissen einer bürgerlichen Bildung wurde, die inmitten der größten Bedrohungen des Geistes ein ahnungsloses Gleichmaß bewahrte. Schule und Literaturgeschichte teilten sich in eine rechtgläubige Denkmalpflege, deren Grundsatz bisweilen ist, daß niemals herauskommen darf, wie der Dargestellte wirklich aussah.

Dies ist die Starrheit des öffentlichen Begreifens. Um vieles beweglicher ist die Auseinandersetzung einiger hervorragender Menschen mit ihm. Hier erscheint er als eine unter veränderten Kräften sich mit verändernde Kraft. Nietzsche vor allem griff den Schiller der erblassenden Legende an, ein Wirkender den Wirkenden. „Schiller ist jetzt aus den Händen der Jünglinge in die der Knaben, aller deutschen Knaben geraten! Es ist ja eine bekannte Art des Veraltens, daß ein Buch zu immer unreiferen Altersstufen hinabsteigt." Aber sollte es nicht auch einen Schiller für Männer geben, die nicht darauf aus sind, sich in erhebender Weise über sich und den Weltlauf zu täuschen? Der Augenblick ist ein anderer. Was bleibt von Schiller, wenn man zu viel weiß vom Menschen, um ihn in die Zweiheit von sittlichem Wollen und stofflichem Müssen aufzuteilen — wenn man zu viel weiß von der Kunst, um sie so einseitig als Sprache des Bewußtseins zu verstehen?

Der Augenblick ist ein anderer. Wäre früher die Seelenkunde den von Schiller in ihm selbst verhaltenen Kräften zu Hilfe gekommen, so hätte ein Lodern des Elementes in seiner geistigen Erscheinung vielleicht manchen zurückgeschreckt. Für uns, denen mancher damals unantastbare Begriff bedingt und geschichtlich scheint, hat dies Element den Reiz des Geheimnisses und das Recht der Gegenwart.

Jean Paul hat den Anfang gemacht, in Schiller mehr zu lesen, als dieser selbst zu sagen liebte. Schiller verlor nicht dabei. War er sonst der Moralist unter den Dichtern, so wurde er hier zum großen Moralisten — denn dieser war immer auch Immoralist! Er schreibt über

Schillers Porträt: „Es stellet einen Cherubim mit dem Keime des Abfalls vor, und er scheint sich über alles zu erheben, über die Menschen, über das Unglück, und über die – Moral. Ich konnte das erhabene Angesicht, dem es einerlei zu sein schien, welches Blut fließe, fremdes oder eignes, gar nicht satt bekommen."

Die Taten des Menschen sind der Gegenstand von Schillers Dramen, und diese Dramen stehn im Zwielicht seiner Seele, voll Übergangs und Gefahr des Übergangs.

Auch dem Geistesforscher sollte es erlaubt sein, in seltener und gewagter Stunde gewisse Sätze Schillers so zu lesen, wie ein Kriminalbeamter die Schriftstücke eines von ihm beobachteten Menschen. Und sonderbar: dem Psychologen wird Schiller Psychologe! Und zwar ein großer – obwohl die Formensprache des klassischen Drama es verdeckt.

Als Darsteller von handelnden Menschen ist Schiller die Ausnahme der deutschen Poesie. Denn diese macht sonst die Momente des Herzens und deren Erwiderungen in der Natur zu ihrem Thema. Der Dichter ist kaum auch der Handelnde und weiß oft wenig von ihm. Seltene Bewegungen seltener Seelen, Bewegungen die selten vom dichterischen Bewußtsein angeleuchtet werden, fanden in Schiller ihren Anwalt, ihren Verherrlicher, ihren Richter und ihren Geheimnisverräter. Vielleicht ist er innerhalb dieser Bewegungen Realist und mitunter Naturalist. Wenn Schiller von Idee handelt, handelt er von Tat, wenn er von Tat handelt, wird er die Idee nicht los. Er begreift den Geist als wirkend auf den Weltstoff hin, sich selbst ebenso. Die Unversöhnlichkeit von Idee und Tat, und die Bedingung der Idee: Tat werden zu müssen, dies ist das Schneidende in Schillers Resignation. Die Idee, die sich verschiedenen Denkern verschieden geoffenbart hat, offenbarte sich ihm als Entwurf zur Tat. Diese Erfahrung der Idee ist tragisch.

Der Mensch konnte ihm dabei nicht so erscheinen, wie er Shakespeare erschien. An der großen Errungenschaft der Renaissance, alles Tun und Leiden in der Welt zu beziehen auf eine angeborene persönliche Form, die immer schärfer wird im Schicksal und sich nicht zu teuer bezahlt mit dem Preis des Daseins selbst, nimmt Schiller geringen Anteil. Seine Menschen sind Orte des Austrags, Felder sich messender Ansprüche, Fälle, an denen die Rechte von Instanzen gegeneinander geklärt werden. Er steht dem Barock näher als der Renaissance. Ebenso fremd ist ihm die willenlose, auch im Bösen unschuldige Reinheit des Seins, der Mensch als Natur, wie ihn Goethe denkt. Schiller zeigt ihn nicht als ein Sein in sich, sondern als ein bezogenes Sein, im Schein und Gegenschein des Gewirkten und Gedeuteten – unerbittlich gemessen durch die Engel der Geschichte, die selten und zu tödlichem Ausgang ihren Fuß auf die Erde setzen. Wie hätte Schiller aufgehorcht, hätte ihn noch die unwirsche Glosse Napoleons getroffen: „Was will man mit dem Schicksal? Die Politik ist das Schicksal!" Daß aber der Handelnde bei ihm so gründlich mit sich zu Rate geht, daß er sein

Handeln nach unten mit dem Weltlauf, nach oben mit
der begrifflichen Forderung vergleicht, dies wird Innerlichkeit der Darstellung. Und Innerlichkeit der Darstellung wird auch dies, daß die dramatische Form nicht
den Verlauf der Tat gibt, sondern ihre Geburt in der
Seele und die Rückwirkung des Getanen auf den Täter.
Schiller wird Psychologe des Tatmenschen. Wieviel und
wie tief er da sieht, begreift man, sobald man die vereinfachenden Wendungen des heroischen Drama und eine
im Grunde noch scholastische Seelenlehre umschreibt in
die Sprache unserer Begriffe.

Ist Schiller ein Verklärer der Tat? Worte über Tun und
Handeln, wahllos aus einigen Dramen aufgerafft, haben
eher etwas Drohendes:

„Du trittst hier gleichsam aus dem Kreise der Menschheit, entweder du mußt ein höherer Mensch sein oder du
bist ein Teufel!"

> In meiner Brust war meine Tat noch mein...
> Ich müßte
> Die Tat vollbringen, weil ich sie gedacht?..
> Entworfen bloß ist's ein gemeiner Frevel;
> Vollführt, ist's ein unsterblich Unternehmen...
> Ein andres Antlitz, eh sie geschehen,
> Ein anderes zeigt die vollbrachte Tat.

Schiller kennt die Zustände des Handelnden – aus sich!
Wie? das bleibt sein Geheimnis, wie er denn als Seele

überhaupt geheim bleibt. Er weiß nicht bloß von dem kräftesteigernden und verheerenden Machttrieb, und von dessen Bändigung, die ein feinerer Machttrieb ist – er weiß, wie sich das Gute und das Böse teilt in die Faszination, welche die wichtigste Kunst des geschichtemachenden Menschen ist, er kennt die Übergänge der Arten ineinander, und die Übergänge der Momente, er kennt die Vorgeschichte der Tat im Tuenden, und die stumme Minute eines unbeweglichen Profils, über das sich plötzlich ein Schatten wirft, und das dann eine andere Linie hat als zuvor – der Schatten war die Tat. Und die Tat, die Wirkende und Bewirkte erwünscht-bedenklich zusammengibt, wie vereinsamt sie zugleich! Der Handelnde ist furchtbar mit sich allein. Das gibt eine neue Art von Monolog und eine neue Einsamkeit des Monologs: die Einsamkeit des Handelnden! Schiller ist der Klassiker dieser Einsamkeit.

Ein Übergang in der Seele Fieskos. Wie wenig liegt zwischen seinen beiden Monologen II. 19 und III. 2! Dasselbe Ich in den selben Umständen. Kaum ein Charakter – die handelnde Kraft, wie immer sie sich anstellt, ihrem Wesen nach Machttrieb, kann sich tyrannisch oder republikanisch entscheiden. Im ersten Monolog ist der Machttrieb noch unterirdisch und läßt die Überlegung frei. Sie folgt dem Gesetz der republikanischen Tugendlehre. Im zweiten Monolog wird das Unterirdische gebietend und besticht die Überlegung. Die freie Überlegung sagt: Je größer der mögliche Machtgenuß, um so großartiger der

Verzicht darauf. Die bestochene Überlegung sagt: Bös und Gut hängt ab vom Rang der Versuchung. Von einem gewissen Grad an wird das Verbrechen Größe. In Schillers Sprache heißt dies das eine Mal: „Ein Diadem erkämpfen ist groß. Es wegwerfen, ist göttlich." Das andere Mal: „Die Schande nimmt ab mit der wachsenden Sünde."

Dabei ist sorgfältig beobachtet, wie das Bewußtsein seine Ordnungen gegen die Triebe setzt, und wie diese, um etwas zu erreichen, ihrerseits denken lernen müssen. Sind wir nicht mitten in einer Psychologie des Unbewußten? Die mündig werdenden Triebe, die ihrem Zwingherrn die List des Denkens ablernten, vergleicht Schiller „verdächtigen Brüdern, die auf eine schwarze Tat ausgehen, auf den Zehen schleichen, und ihr flammrot Gesicht furchtsam zu Boden schlagen." Zwischen den beiden Reden liegt ein Schlaf! Das ist schön. Der fruchtbare, der versuchende Moment hat gewirkt, umwälzend gewirkt, solange das Bewußtsein nicht Wache stand. Die Spannung solcher Übergänge – er kennt sie! – beschreibt Schiller mit nicht geringen Worten. „Wilde Phantasien haben meinen Schlaf aufgeschwelgt – mein ganzes Wesen krampfig um meine Empfindung gewälzt." Ist der so Sprechende ein Charakter? Er wird erst einer – durch das, was ihn zwischen beiden Monologen ankommt. Und das ist der Schatten seiner Tat.

Ein großer Idealist und ein großer Verbrecher würden dies mit gleichem Ernst lesen und denken: wie wahr!

Daß der junge Schiller ein kühner Neuerer der Kriminalpsychologie ist, beweisen die einleitenden Sätze des „Verbrechers aus verlorener Ehre". „Bei jedem großen Verbrechen war eine verhältnismäßig große Kraft in Bewegung... Stünde einmal, wie für die übrigen Reiche der Natur, auch für das Menschengeschlecht ein Linnäus auf, welcher nach Trieben und Neigungen klassifizierte, wie sehr würde man erstaunen, wenn man so manchen, dessen Laster in einer engen bürgerlichen Sphäre und in der schmalen Umzäunung der Gesetze jetzt ersticken muß, mit dem Ungeheuer Borgia in einer Ordnung beisammenfände." Er rät der Seelenlehre, sich aus Gefängnissen, Gerichtshöfen und Kriminalakten – „den Sektionsberichten des Lasters" – Belehrung zu holen.

Der Inhalt eines berühmten Wallensteinmonologes lautete in heutigen Begriffen etwa so: Das Denkbarwerden eines Tuns ist magisch. Es führt zur Tunlichkeit des Gedachten. (Durch das wiederholte Denken verliert die Tat an Untunlichem, sie rückt heran und wird vertraulich.) Der Gedanke einer Tat ändert die Beschaffenheit des sie Denkenden. Sie wird zu einer seiner Möglichkeiten und stiehlt sich in sein Unbewußtes. Auf das Denken der Tat folgt das Aussprechen derselben. Es verändert die Lage des Tuenden gegen die Welt. Er ist nicht mehr für sich, er fällt den Geltungen und den Deutungen anheim. Neben ihm selbst ist jetzt noch der Begriff, den die andern von ihm haben, da und wirkt bald für ihn bald gegen ihn, unberechenbar. Ein Halbgetanes ist nicht. Die Tat ist

Kette. Ihr erstes Glied zieht ihr letztes Glied nach sich, unwiderruflich. Der die Tat Entwerfende ist vielleicht noch frei. Der sie Tuende wird alsbald ihr Sohn, sodann ihr Knecht. Sie zeugt ihn, nachdem er sie gezeugt hat. Handelnd unterstellt er sich den Gesetzen des Weltlaufs. Sie sind dämonisch und fordern schwere Opfer, um sich oft genug am Ende gegen ihn zu wenden. Der Handelnde großen Maßes tritt immer aus einer Ordnung und streift, indem er sich eine besondere Moral erfindet, das Verbrechen. Die stärkste der Mächte, die der durch Tat Vereinsamte gegen sich aufruft, ist die Denkgewohnheit. Ein wahrhaft unbezwinglicher Gegenspieler. In den Wendungen der klassischen Tragödie lautet dies:

Wärs möglich? Könnt ich nicht mehr wie ich wollte?
Nicht mehr zurück wie mir's beliebt? Ich müßte
Die Tat vollbringen, weil ich sie gedacht?

eine Mauer
Aus meinen eignen Werken baut sich auf,
Die mir die Umkehr türmend hemmt!
... mich verklagt der Doppelsinn des Lebens.

Kühn war das Wort, weil es die Tat nicht war.
Jetzt werden sie, was planlos ist geschehn,
Weitsehend, planvoll mir zusammenknüpfen.

In meiner Brust war meine Tat noch mein;
Einmal entlassen aus dem sichern Winkel
Des Herzens, ihrem mütterlichen Boden.

> Hinausgegeben in des Lebens Fremde,
> Gehört sie jenen tück'schen Mächten an,
> Die keines Menschen Kunst vertraulich macht.
>
> Nicht, was lebendig, kraftvoll sich verkündigt,
> Ist das gefährlich Furchtbare. Das ganz
> Gemeine ist's, das ewig Gestrige,
> Was immer war und immer wiederkehrt
> Und morgen gilt, weils heute hat gegolten.

Sogar Tell, der siebenmal Berechtigte, spricht laut mit sich selber in der Gewissens-Einsamkeit des Handelnden. Schiller hält für nötig, ihn durch den Vergleich mit Parricida moralisch zu sichern, was Goethe auf Einflüsterung der Frauen zurückführt − ob aber mit Recht?

Der Jüngling und der Mann ist ein ewiges Thema der Dichtkunst. Und sobald wir den Jüngling stärker betonen, ein deutsches Thema. Die Weltansicht des Jünglings ist reicher, mehr con amore ausgebildet. Der Übergang ins andere fällt hart. Wie vollzog Schiller, der so sehr Jüngling war, dem Jüngling Wort lieh, diesen Übergang − wie gestaltete er diesen Gegensatz? Die Antwort gibt der Wallenstein. Der Mann gewordne Schiller legt Zeugnis ab über die Dinge des Mannes.

Die Dramen vorher empfinden und messen jünglingshaft. Sie sind die Rache des Jünglings dafür, daß die Welt nicht sein Bild ist. Insofern enthalten sie eine merkwürdige Vorgeschichte des Tatmenschen. Sie vollstrecken die Rache dichterisch, ja das erste beschreibt eine solche

Rache als Tat. Sie teilen sich in Weltanklage und innere Forderung. Die Carlosdichtung ist reiner, mehr Traum als Rache. Das Weltumwenden besinnt sich auf seine höhere Ursache und erhält die Weihe eines dem Dichter angeborenen Urgedankens. Zwei sich liebende Jünglinge leben nach der Verfassung eines künftigen Staats, der die Geburt der Freundschaft ist. Jugend ist in diesen Dramen Symbol der Weltumwendung. Aber die Carlosdichtung wird beunruhigt durch die Frage: Wer ist Philipp? Zuerst nur ein finsterer Popanz. Dann fühlt sich der heranreifende Dichter gereizt, den Tod der Seele, den ein solcher Mensch einmal erlitten haben muß, erst im Drama an ihm geschehen zu lassen. Die Beredsamkeit eines liebenswürdigen Weltverbesserers glüht ihn an und macht ihn schmelzen. Die Möglichkeit eines großen Despoten, Freund eines jungen Republikaners zu werden, berauscht Schillers nicht in Charakteren, sondern in Gebärden, Bewegungen und Übergängen denkende Phantasie. Wir können so etwas nicht glauben, für Schiller ist es denkbar, ja fast natürlich. Ob nicht hier das Drama lyrisch wird und etwas ausflüstert? Dieser Manngreis mit einer so schmerzhaft jugendlichen Anwandlung – der wissende Blick, der Blick voll Schwermut, den er auf Posa wirft, ist er etwa ein Abschied Schillers von seiner Jugend? Schiller selbst mißt einen Augenblick lang den Jüngling mit der neidenden Bitterkeit des Greisen, der in dem, was er vernichten muß, das Höhere ahnt. Dieser aufglimmende und wieder zertretene Eros eines harten Mannes ist das

Rührendste der Carlosdichtung. Unvergeßlich ist es, wie der König sein Vertrauen enttäuscht glaubt, und Graf Lerma den Höflingen verkündet: „Der König hat geweint!" Unvergeßlich ist das Gespräch des Verwilderten, Übernächtigten mit der Vorsehung: „Gib diesen Toten mir heraus!" Auch dies ist eine Vorgeschichte des Tatmenschen und zwar eine schlimme! So wird Philipp reif – zur Gegenverschwörung. „Die Welt ist noch auf einen Abend mein."

Was liegt zwischen dem Don Carlos und dem Wallenstein? Nichts, was man im bündigen Sinn Erlebnis nennen könnte, entscheidet diese Entwicklung. Aber es muß einen tiefen geistigen Schmerz gegeben haben, den Schiller durchlitt und der ihn zum Mann machte. Er war die Einsicht in die Bedingtheit des Handelnden. Die Offenbarung der Idee, die er in sich trägt, wird durch diese Einsicht tragisch. Denn für Schiller ist Idee die Gestalt des zu Tuenden. Er erfährt sie als auf den Weltstoff bewegt. Ihre Unversöhnlichkeit mit diesem ist so groß wie die Notwendigkeit, daß sie ihn ergreife. Der Handelnde ist immer unrein.

Man kann, wenn man darin mehr als einen Bildungsvorgang sieht, diese Wendung Schillers auch durch sein Geschichtsstudium bezeichnen. Geschichte – dazu gehörte freilich auch die ihn erschütternde Gegenwart! Die Gesetze politischen Handelns werden ihm vertraut. Sie fügen sich nicht dem Plan des Jünglings, noch können sie mit dem Hochmut des Jünglings abgewehrt werden.

Weder Weltanklage noch innere Forderung helfen Geschichte deuten: sie ist sie selbst, irdisches Schicksal der Idee. Die Tat wird doppeldeutig: die Spur des Wissens um sie gräbt sich tiefer in Schillers Werk. Er wird ernst über der anfangs- und endlosen Folgerichtigkeit des Handelns, dem Gestoßenwerden und Weitermüssen, dem Anteil der Deutung und Geltung, des Scheins und der Lüge am geschichtlichen Verlauf, dem Abhängen auch des unerschrockensten Mannes von Wirklichem und Geglaubtem; über dem Aufruhr, den die große Person darstellt, und ihrem Gegensatz, der Autorität, über dem Verhältnis von sittlicher Reinheit und Faszination, über dem so fruchtbaren als verführerischen Moment anarchischer Zwischenzeiten, über deren Bereitschaft für den Einsatz des Geistes, über dem Gegensatz des Talents und des Staatsganzen.

Schiller konnte nie in die Lehre gehen bei der Natur, da sie ihm stets ein Gegenwurf bleibt, ein zu Meisterndes. Wohl aber bei der Geschichte, die auch dem Idealisten als Kampfrichterin des Weltkampfs unausweichlich ist.

Dazu trat Goethe, die Person der Personen, von keiner Idee abzuleiten, unabweisbarer Anwalt des Wirklichen.

Jetzt bekommt Schiller die geistige Freiheit, den Jüngling dem Mann gegenüberzustellen, und zwar im Blick auf die Tat. Das Lager zeigt den geschichtlichen Moment, die Schwäche der Herrschaft, die einem großen Talent die Selbsthilfe nahelegt. Wie es der Prolog deutlich angibt: ,,Denn seine Macht ist's, die sein Herz verführt;

Sein Lager nur erkläret sein Verbrechen." Die von Schiller ausgewählten Geschichtsmomente deuten alle auf einen Urmoment, in dem die Geschichte geistig wird: das Wanken der Ordnungen. Dieser Urmoment erscheint entschiedener und dringender als sonstwo in Schillers Gegenwart. Nicht undeutlich bezieht der Prolog den großen Krieg auf die Revolution, Condottierilaufbahnen gleichen sich. Die Piccolomini sind die Exposition, ein großer erster Akt, der alles offen läßt. Auch zwischen Oktavio und Max wird der Gegensatz Jüngling-Mann verhandelt, sie bereiten auf eine höhere Verhandlung vor. Man sieht, daß sich Max zwischen Vater und Freund wird entscheiden müssen. Aber das ist mehr das Äußerliche. Das geistige Mißverhältnis, das die Hingabe des heroischen Jünglings an den Feldherrn bedroht, ist noch verhüllt. Oktavio, der Vertreter des Gesetzlichen ohne Größe, will es, mit der Beweiskraft des gemeinen Weltverstandes, dem Jüngling aufdecken. Nie hat Schiller, wie etwa Grillparzer, einen großen Vertreter der gesetzlichen Macht gestaltet. Die Legalität sitzt immer auf der Anklagebank. So kann der Vater hier gegen den Sohn nicht recht behalten. Oktavio bemerkt das Überschreiten eines moralischen Rubikon, aber nicht die ragende Höhe des Überschreitenden. Noch sind für Max zwei Dinge eines, das Faszinierende und das Gute. Diese Einheit verteidigt er leidenschaftlich gegen den Vater, denn sie ist das innere Recht seiner Hingabe. Der Mensch, der Geschichte schafft, vertritt ihm auch die Idee. Beides auseinanderzuhalten hat

er noch nicht gelernt. Der es ihn lehren würde, müßte ihn zugleich zerstören. Nur Wallenstein ist groß und furchtbar genug, es ihn zu lehren. Und auch Wallensteins Wesen ist noch nicht entschieden. Er hat noch die Möglichkeit, dem Begriff des Jünglings zu entsprechen.
Viel hat man über das Wallensteinische Zaudern gesprochen. Man hat den Zaudernden ungeschickt gefunden, Held einer so riesig-bewegten dramatischen Fabel zu sein. Aber vielleicht ist dies zu sehr in der Weise des Charakterdrama gedacht, das eine plastische Person als Mitte verlangt. — Fast alles läßt sich am Zaudern Wallensteins klarmachen. Es ist ein anderes Zaudern als das Zaudern Hamlets, dem alles Handeln schal und willkürlich wird, weil ihn das Sein, das Rätsel des Seins anstarrt. Wallenstein zaudert, weil das Wesen der Tat ihn anrührt, von ihm Besitz ergreift. Er zaudert als Mann der Tat. Das ist der Sinn seines Monologes. Die Tat kommt auf ihn zu, tritt in ihn über, nun ist er die Tat. Grund genug, zu zaudern! Eine ganz andere Einsicht, als die Shakespearische oder Goethische, eine ganz andere Lehre vom Menschen hat diesen Monolog geschaffen. Folgt hier etwa die Tat aus dem Charakter, knospenartig aus ihm vorbrechend? Nein. Die Tat ist das Erste, der Charakter das Zweite. Vor der Tat ist der Mensch noch unbestimmt, eine mehrfache Möglichkeit, die Tat bestimmt ihn. Von der Tat empfängt er seinen Charakter, wie der Siegellack den Stempel. Etwas Schauriges hat dieser Monolog. Wesen entscheidet sich.

Schiller hat viel nachgedacht über die Wirkung des veränderten moralischen Bewußtseins auf das Handeln und sogar auf den Erfolg des Handelns. Als Max zu Wallenstein tritt, zum entschiedenen Wallenstein, verrät sich das andere Gewissen in voreiliger Verteidigung. Max hält sich an den früheren Wallenstein, der noch Möglichkeit ist. ,,Deine reinen edlen Züge wissen noch nichts von dieser unglückseligen Tat." Max ist unberührt von aller Tat. Und gibt dem Handelnden einen höchst jugendlichen Rat, rein wegzutreten vom Schauplatz. Wallenstein entgegnet ihm etwa dies: Dein Denken ist metaphysisch. Metaphysik ist Jugend des Verstands. Sie erstreckt sich nicht auf die Taten. Metaphysisch denken darf der Betrachter, frei von Macht und vom Trieb der Macht. Der Nichthandelnde ist für den Handelnden ein spielendes Kind, sich eitel freuend am Selbstgenuß des Wertesetzens und des Namengebens. Wer handelt, übt Macht. Wer Macht übt, verkauft sich an Mächte. Er zahlt mit dem Opfer der Idee. Der Handelnde ist unrein. Gutbleiben ist der Luxus des Nichthandelnden.

Max gewinnt ein Wissen über Wallenstein und ein Wissen über sich. Über sich dies, daß das Unbedingte keine Stätte im Weltlauf hat. Das Handeln des Unbedingten ist Sterben. Der Untergang erscheint als höchste Form der Tat, das Nichtleben als oberstes Sein.

Dies ist die zartere, die innere Tragik, daß Max und Wallenstein auseinandertreten müssen. Sie vernichtet Max, und wenn sie Wallenstein nicht unmittelbar vernichtet,

so stirbt doch mit Max etwas in ihm selber, und er weiß
und sagt es. Dies Sterben ist mehr als der äußere Tod.
Von der Tat aus gedeutet sind Max, Wallenstein, Gräfin
Terzky ihre Phasen: der reine Entwurf, das Tun der Tat,
die Entschiedenheit des Getanen. Zu jeder dieser Phasen
gehört eine eigene Moral. Die von der Gräfin vertretene
hat, sobald wir ihren Inhalt dem tragischen Rhythmus
entfremden, viel mit Nietzsche gemeinsam. Der sittliche
Wert oder Unwert einer Tat gehört ihr nicht an, sondern
wird ihr angesonnen. Einmal getan, untersteht sie dem
Gesetz der Fortwirkung, wie sie selbst durch früher Getanes bedingt ist. Höchstens das Entwerfen wäre bös,
nicht das Tun. Die Deutungen der Tat sind im Grund
Wirkungsgrade. Die nachhaltigste Wirkung behält recht,
wird ins Sittliche umgedeutet. Verbrechen wird genannt,
was im Verhältnis zur Kraft des Tuenden eine zu starke
Geltung gegen sich aufrief. Du willst das Verbrechen meiden? Dann tritt nur gleich ab von der Geschichte und
bescheide dich. Jede Tat ist Selbstbehauptung. Es gibt
nur Treue zu sich und Abfall von sich.

> Entworfen bloß, ist's ein gemeiner Frevel;
> Vollführt, ist's ein unsterblich Unternehmen,
> Und wenn es glückt so ist es auch verziehn:
> Denn aller Ausgang ist ein Gottesurteil.

Wie vielsinnig ist der Eros, der zwischen Max und Wallenstein wirkt! Er ist nicht nur etwas Menschliches, er hat
die Tragweite der Beziehung von Idee und Tat. Max

mußte lernen, daß auch die Hingabe an den Mann, der für ihn das Antlitz eines Gottes hatte, als etwas, das Person an Person bindet, vor der Idee Versuchung wird. So wurde schon für Posa die Freundschaft Versuchung. Schiller liebt es, das Wollen eines Menschen dadurch ins Übermenschliche zu denken, daß ihm nicht nur Allzumenschliches, sondern das höchste Menschliche geopfert wird. Lebt dieser Eros auch in Wallenstein? Zunächst scheint er nur den teuersten Gefolgsmann einzubüßen. Aber der Tod des Jünglings offenbart die Verbundenheit des Mannes mit ihm. Noch einmal und anders tritt er mit Wallenstein zusammen, als Genius, als Stern. Es ist vielleicht die schönste Erfindung Schillers, wie Wallenstein hier, im Gespräch mit der Schwägerin, das denn doch ein Selbstgespräch ist, den Jüngling mit dem Planeten Jupiter verwechselt. Ihn decken Gewitterwolken. Wallenstein meint, wenn er ihn sähe, wäre ihm wohl. Die halbverstehende Gräfin tröstet: Du wirst ihn wiedersehn. Er versinkt in sich und fährt auf und verneint es. Er ist dahin, ist Staub. Was erst ihm angehörte, was dann in ewiger, erkannter Unvereinbarkeit sich von ihm wandte, und das Leben verschmähte, dies ihm ganz Entgegengesetzte erscheint nun in einer grausigen Weise zu ihm gehörig: sein höheres, aber gegen ihn gerichtetes Selbst. Max ist der in Wallenstein gestorbene Gott. Er ist Stern auch in dem anderen Sinne: der von ihm weichende Glücksstern. Gewissen und Weltlauf – oft und tiefsinnig erwägt Schiller ihren dunklen Zusammenhang. Was meint eigentlich die überraschende Totenklage Wallensteins, die an dem von seiner Tat so endgültig Gezeichneten ein fast romantisches Sehnen entdeckt? Vielleicht dies: Damit mir meine Tatenwelt liebenswert war, bedurfte ich eines Interpreten, der sie mir als Auswirkung höherer Antriebe deutete. Solange er da war und noch etwas mit mir gemein hatte, konnte ich mich selbst noch schön sehn, konnte ich meine Tat so bejahen, daß ich sie trotz ihrer Furchtbarkeit tun konnte. Weil er nicht mehr ist, hat meine Tat nicht mehr an der Idee des Guten Anteil, oder: weil meine Tat nicht mehr an der Idee des Guten Anteil hat, ist er dahin.

Daß der Handelnde, sogar wo er der Idee absagt, sein Handeln immer noch auf sie bezieht, in jedem Fall die Unschuld des Handelnden entbehrt, und sogar als Böser von Gut und Böse weiß – dies könnte gegen den behaupteten Naturalismus Schillers eingewandt werden. Die unbeirrbare Einfachheit des politischen Handelns, wie sie nur Menschen zuzutrauen ist, in denen das Staatsganze naiv als Antrieb wirkt, kennt Schiller nicht. Doch dürfte dieser Einwand eigentlich nur von fremden Völkern erhoben werden. Nicht nur war einem damaligen deutschen Dichter politisches Handeln in seiner Unmittelbarkeit schwer faßbar, weil es fast außerhalb aller Erfahrung lag, sondern ein Zusatz metaphysischer Bedenklichkeiten, ein zuversichtlicher, scheuer oder ingrimmiger Seitenblick nach dem Begriff hin, ist vielleicht für den Handelnden, wie er bei uns aufzutreten pflegt, bezeichnend, und Schiller hätte, wo er Gegensätzliches unwahr zu mischen scheint, eine Mischung der Natur nachgeahmt, die ihr Bedeutendes und ihr Bedenkliches hat.

Sollte Schiller den Sternenglauben seines Helden bloß als geschichtlichen Tatbestand mit der Überlegenheit des Aufklärers übernommen haben? Auch für Schiller gibt es den dunklen Zusammenhang zwischen Person und Weltlauf, gerade hier ist für ihn in der Geschichte das Bereich des Dämonischen. Nur sind ihm die Sterne nicht die mit der Andacht des Orients fraglos verehrten Führer, sondern Symbole des Gemischten, einer Zwischengewalt, die eine Weile lang gegen das höchste Richtende ausdauert. Das ängstliche Halbleben einer kosmischen Abhängigkeit in einem der extramundanen Gottheit verpflichteten Glauben, dies christlich-maurische Gemisch von Willensfreiheit und Willensgefangenschaft, wie es Calderon fühlt, hat auch Schiller angezogen und muß seinem Schicksalsbewußtsein fernher vertraut gewesen sein. Die Braut von Messina zeugt dafür. Im Wallenstein sind die Sterne Symbole der Person. Da aber die Person das Falsche ist, so sind sie die falschen Führer. Die Astrologie ist der verstockte Glaube eines Menschen, der sich an die Stelle des Ganzen setzt. Sie sind das Glück, das in den Weltlauf ausgestrahlte Vermögen der Person, das ihn solange zwingt, bis ihre Bannkraft erschöpft ist. Dann werden sie plötzlich treulos und beschreiben statt des irdischen Namenszugs den Buchstaben des Gerichts. Gleich neckend sind ihre charakterologischen Fingerzeige. Sie flößen ein Vertrauen ein, das schließlich kein Vertrauen zu einem andern Menschen, sondern nur wieder das Vertrauen der mit dem Magnetismus des Schicksals geladenen Person auf sich selber ist. Im Grunde der Sternenglaube Napoleons — Schiller hat nicht auf ihn geblickt, sondern nur den Handelnden richtig gedacht. Und so glich er einem Handelnden auf dem großen Welttheater.

Was ist das Tragische im Wallenstein? Es ist nötig, sich für Schillers Werk von seinen eigenen Grenzbestimmungen unabhängig zu machen. Herder und Jean Paul rügten die Gespaltenheit des tragischen Interesses. Allerdings ist es geteilt. Aber Schiller denkt überhaupt nicht in Personen. Die Wallensteindichtung hat etwas von der anziehenden Künstlichkeit alter astronomischer Uhren. Es ist der Reiz dieser erfundenen Lebenslagen, daß sie alle zusammen die verwickelte Beziehung von Gewalten verschiedenen Ranges beinah algebraisch ausdrücken. Wallenstein, Max, Oktavio werden auf ganz verschiedene Weise vernichtet. Oktavio nur durch ein inneres Gericht, durch die wortlose Scham, sich als Mann durchschnittlichen Maßes, der beides kann, dem Gesetz treu sein und seinen Vorteil wahrnehmen, sich als untragischer Mensch gegen den tragischen Helden im Weltlauf siegreich zu behaupten. Max tauscht das Leben für die Unüberwindlichkeit des frei Geopferten. Wallensteins Untergang bekommt verschiedenen Sinn je nach der Figur, der wir ihn gegenüber denken. Gegen Max gestellt wird er gerichtet von der den Weltlauf einholenden Idee, beladen mit dem Frevel des

Heraustretenden. Gegen Oktavio gestellt ist er das einer schlaffen Rechtmäßigkeit erliegende große Talent, der Mann der sich selbst gemacht hat, voll bestrickender Eigenschaften, fast zu gut dafür, als daß das gebrochene Recht an ihm gesühnt werde. Zugleich fällt er als Opfer seines grenzenlosen Vertrauens, sonst voll Args, einmal arglos. Aber auch dies ist nur bedingungsweise tragisch; denn einmal ist er selbst der, der jedes Vertrauen beleidigte, sodann nahm sein Vertrauen nicht den geraden Weg von Menschenaug zu Menschenaug, sondern den Umweg über einen Stern. Wahrhaft tragisch erscheint er vom Wesen der Tat aus: die Charakter gewordene Tat, oder ihr Symbol, an dem sie ihre furchtbare Folgerichtigkeit dartut – einer der sich mit ihr einließ und der Eigengewalt des Weltlaufs anheimfiel, noch ehe auf seinem Gesicht die Spur einer höheren Möglichkeit verwischt war.

Das tragisch Unfreie der Tat ist in seiner Person dargestellt. Die Haupttragik, der geistige Grund des Tragischen, ist, daß Wallenstein und Max auseinandertreten müssen, daß sie – obwohl einander unentrinnbar und durch einen geheimen Bezug verbunden – nicht ein Gemeinsames bilden können, ja sich ausschließen und vernichten. Daraus folgt alle übrige Tragik.

Als was erscheint der Weltlauf? Die Antwort darauf ist weit vielfacher, als das gemeine Schillerverständnis sie gibt. Gewiß gibt Schiller nicht die Geschichte selbst, sondern eine dichterisch geordnete Geschichte. Aber stilisiert er sie nur, ohne an ihrem Bescheid zu rütteln, oder wird

sie ihm Symbol einer unerbittlichen idealen Forderung?
Gegenfrage: Hat nicht auch für uns die Geschichte in
Rückblick und Erlebnis ein wechselndes Gesicht? Manchmal wie ein Gericht, vom tragischen Dichter entworfen?
Manchmal wie von einem aller Idee aufkündigenden
Widergeist tückisch beseelt? Schiller läßt dem Weltlauf
das Mehrdeutige. Darum behält seine Dichtung den Tiefsinn des Weltlaufs.

Einmal ist der Weltlauf, nicht als dichterischer Schein,
sondern als wirklich gedacht, die böse Macht der Erde,
die den göttlichen Sinn entweder verfälscht, oder für die
Welt vernichtet. Er ist nicht oberste Gewalt, sondern
wie ein schlimmer Richter, dem eine Weile lang der Tag
gehört. Die Reinheit der Zerbrochenen, sowie die innere
Zerbrochenheit der Siegenden machen seine Entscheidungen zu vorletzten. Vielleicht ist dies die Erscheinung
des Weltlaufs, sofern man ihn auf kurze Sicht überblickt.

Sodann ist der Weltlauf, ebenfalls als wirklich vorgestellt,
das Gericht, das jeden Frevel um so sicherer einholt, als
es ihm einen weiten Vorsprung ließ. Er stellt, wenn man
nur warten kann (man muß oft länger warten als man
lebt), die Rangordnung der Wesen in allen Verläufen unerbittlich wieder her. So erscheint vielleicht der Weltlauf,
wenn man ihn auf lange Strecken überblickt. In diesem
Tempo der Ewigkeit, die Zeit hat, weil sie nicht Zeit ist,
schreitet er neben dem andern, leichtfüßigeren Weltlauf
her, und macht mit drei Schritten was er mit dreißig –
ein leiser Grundbaß mit unheimlich lang ausgehaltenen

Noten. Bis am Ende beide Stimmen eine werden in dem unverrückbaren Grundton.

Drittens ist der Weltlauf dasselbe, aber nicht als wirklich vorgestellt, sondern der geforderte Weltlauf des dichterischen Weltbaumeisters, den er als anschauliche Metaphysik dem wirklichen Weltlauf bewußt gegenüberstellt. Eine Art Mysterienspiel in aufgeklärter Zeit. Dergestalt beherrscht er die Braut von Messina.

Daß Schillers Weltverläufe nicht monophon, sondern eine geistreiche Fuge aus diesen drei Stimmen sind, ist kein Vorwurf. Sein Schicksal behält das Unentwirrbare, das alles geschichtliche Leben hat: so anlockend, so verstrickend, so rächend wie die Tat selber.

In zweierlei Gestalt geht der handelnde Mensch über Schillers tragische Bühne: in einer cäsarischen und in einer Christus-ähnlichen. Die cäsarische ist, nach dem Sinn Schillers, erfolgreich, ja gebieterisch in der Welt, aber der Idee abtrünnig. Die andere siegt als Symbol, indem sie leidend untergeht.

Wallenstein sagt zu Terzky: „Und woher weißt du, daß ich ihn nicht wirklich Zum Besten habe? Daß ich nicht euch alle Zum Besten habe? Kennst du mich so gut? Ich wüßte nicht, daß ich mein Innerstes Dir aufgetan." Worauf Terzky: „So hast du stets Dein Spiel mit uns getrieben!" In solchen Momenten erinnert Wallenstein an einen Schauspieler. Freilich ist der Begriff Schauspieler für das hier Gemeinte fast zu leicht. Zum Handeln gehört auch die Berechnung des Scheins, des Wirkens auf andere

im Sinne falscher und wahrer, flacher und tiefer Deutung. Wie weit dies Scheinen sich vom Wesen entfernen will, dafür läßt das Leben des Handelnden einen schier unendlichen Spielraum. Schwer ist die Grenze zu ziehen, von wo ab diese Entfernung schädlich wird für den Erfolg des Handelnden, bedenklich wird für sein inneres Recht. Über beide Grenzen hat Schiller tief nachgedacht. Jedenfalls regiert über die Spieler dieser Art ein furchtbarer Ernst, denn ihr Spiel ist kein Scheinenwollen, sondern ein Scheinenmüssen. Durch Wallenstein kommt ein Zug des Falschen in die Miene des handelnden Menschen. Es hat Schiller gereizt, dies Falschwerdenmüssen als ein Schicksal seiner Tatmenschen vereinzelt und vergrößert herauszustellen in einem bezeichnenden Exempel der Geschichte. Begreiflich, daß es nicht in Goethe lag, den Demetriusplan seines verewigten Freundes auszuführen!
Der Übergang des Jünglings zum Mann hat hier eine wahrhaft schauerliche Form; der Jüngling handelt in gutem Glauben, der Mann ohne diesen. Drei Hauptbegebenheiten hat, geistig betrachtet, diese Fabel. Sie zu erfassen, sind wir auf Pläne und Skizzen angewiesen, die ohnehin mehr von der inneren Absicht des Dichters erraten lassen als ein fertiges Drama, und hier der Zeit seiner reifsten Bewußtheit angehören. Wie der Mensch, der handeln soll, in seine Tat hineingestoßen wird, ist der erste Abschnitt des Geschehens. Daß die Tat zu ihm kommt und ihm seinen Charakter anerschafft, sagt dieser Satz: „Er ist nichts, eh er das Höchste wird." Demetrius im Gefängnis

den Tod erwartend erfährt die vermeinte zaristische Abkunft. Die Berufung zur Tat erscheint hier so bedenklich, wie sie in der Jungfrau von Orlean großartig erscheint. Wie ist der Mensch dem Wesen entrückt, dem Schein zugeeignet, wenn er aus etwas Unbenanntem sogleich etwas wird, das den höchsten Namen trägt, und all dies nur durch das, was man von ihm glaubt! Schiller hätte in dieser Dichtung den überlegenen Scharfsinn seiner Seelenkunde entfaltet, um den Schein als Dämon der Geschichte vielgestaltig und vielgebärdig durch sein Spiel gehen zu lassen! „Man sieht die schnelle Wirkung des Fürstseins auf seinen Charakter." Was von ihm geglaubt wird, ist die eine Macht. Was er von sich glaubt, die andere. Beides zusammen wirkt den Weltlauf. Schiller erfindet das Äußerste, um dem erstaunlichen Hazardspiel einen gleich erstaunlichen Hazardeur als Unternehmer beizugeben. Er bezeichnet in Notizen „das Zwitterartige seiner Person, daß er, ein Mönch erzogen, und doch von ritterlicher Natur ist, daß er selbst an den Gelehrten von der einen Seite, von der andern an den Aventurier anstreift, kurz das Barocke, Rätselhafte, Wunderbare seines Wesens." So durchgreifend, wie ihn das verwandelt, wofür er sich hält und gehalten wird, verwandelt Marfa, die vermeinte Mutter des vermeinten Demetrius, ihr neuer Lebenssinn. Eine geistreich erfundene Variante zu jener ersten Berufung: „Sie wird nun ganz zur Zarin, und diese vorher wie versteinerte Natur belebt sich zu einer heftig passionierten Parteiführerin."

Der zweite Moment ist dieser: der Held erfährt, daß er nicht Demetrius ist. Er muß das begonnene Spiel weiterspielen. Der es ihm sagt, ist derselbe, der den echten Prinzen ermordet hat. Er weiß es also, und er ist der Einzige, der es weiß. Wenn er nicht mehr ist, weiß es nur noch der falsche Demetrius selbst und der wird schweigen können. Demetrius verstummt, dann tut er einige kurze Fragen „hohl und kalt". Dann tötet er den einzigen Mitwisser. Schiller notiert den Satz: „Ich und die Wahrheit sind geschieden auf ewig."
Der dritte Abschnitt der Fabel ist das Weiterhandelnmüssen im Bewußtsein der falschen Rolle. Die dafür symbolische Szene ist Demetrius vor Marfa, vielleicht der größte dramatische Gedanke Schillers. Mutter und Sohn erwarten sich, die Mutter im vollen Glauben an die Echtheit dieses Sohns, dieser im Wissen des Trugs. Die Natur, als Ahnung des Wesens, steht gegen den Willen, der den Schein sein heißt. Da geschieht etwas, was zuerst wie eine gewaltsame Erfindung anmutet, um schließlich eine schlagende Überzeugungskraft am Zuschauer zu beweisen; eine Ahnung steigt in Marfa auf, daß dieser Mann nicht ihr Sohn ist. „Ein Unbekanntes tritt zwischen beide, die Natur spricht nicht, sie sind ewig geschieden." Beide erfassen ihre Lage mit klarer Geistesschärfe. Sie bedarf seiner als des Täuschenden, durch dessen Trug sie allein noch geschichtliche Person ist. Er bedarf ihrer, damit die Legende seiner Rechtmäßigkeit fortgeglaubt werde. In dem Auftritt der wechselseitigen Anerkennung, der so-

gleich vor dem Volk gespielt werden muß, ist also eine Art von Wahrheit. „Ich fühle wirklich eine Ehrfurcht gegen dich, und das Gefühl, das meine Kniee vor dir beugt, es ist mein Ernst." In diesem Auftritt liegt eine Ursache zum Untergang des Demetrius. Er wird dann von Verschwörern getötet, weil Marfa nicht das Kreuz auf ihn küßt. Unter verschiedenen Schlüssen überlegt Schiller auch diesen, daß ein neuer Demetrius aufstehe und das alte Spiel von vorn beginne.

Schiller selbst sagt, was er hier behandeln wollte: „Den Effekt des Glaubens an sich selbst und des Glaubens Anderer." Er verwandelt sich so mimisch-poetisch in den Dämon des geschichtlichen Scheins, daß er mit dem Zuschauer zu spielen denkt, wie Demetrius mit der Welt. Er schwankt zwischen zwei Möglichkeiten: daß im Augenblick der Berufung der Zuschauer vollkommen an den Demetrius glaube, oder daß der Unglaube der Zuschauer durch den Glauben des Demetrius an sich wissentlich fortgerissen werde. Über den Zusammenhang von Gewissen und Weltlauf wird er in diesem Stück schlüssig. Er bedarf kaum der metaphysischen Erklärung, daß der Unglaube des Handelnden an sich selbst sich im Weltlauf strafe. Die psychologische Erklärung genügt. Einmal verändert der Unglaube des Handelnden an sich tatsächlich das Handeln, da es aus einer Unsicherheit des Gemütes hervorgehend, übermäßig und in der Gebärde gewaltsam wird. „Sein böses Gewissen zeigt sich gleich darin, das er mehr exigiert, daß er despotischer handelt." Zum

Zweiten ist der Glaube des Handelnden an sich eine auf die andern zuströmende Kraft, eine Macht der Seele, die zur Gefolgschaft zwingt. Schwächt sich dieser Glaube, so schwächt sich auch die Ausstrahlung. Der Unglaube des Handelnden an sich selbst wird zum Unglauben der andern an ihn, also auf dem natürlichsten Wege der Welt zum Mißerfolg.

Geschichte ist nicht der Stoff, sondern die Gesinnung dieser Dramen. Jeder geschichtliche Stoff ist nur ein Beispiel, ein Fall, in dem die Geschichte selbst anschaulich wird. Schiller sieht sie mit dem Auge des geborenen Tragikers: als den Leidensweg der Idee über die Erde. Die Idee muß sich in Tat verwirklichen, obschon sie mit ihr unversöhnlich entzweit ist. Das ist das tragische Urbeispiel, das in immer neuen Beispielen erscheint. Die Passion der Idee kann sein, daß sie verfälscht wird, oder daß ihr Träger für die Welt vernichtet wird. Die Erde selbst, als der Schauplatz der Geschichte ist die erste tragische Bühne, und Schillers Gefühl vor ihr ist Schauer.

Andere, strahlende Augenblicke der Geschichte deutet Schiller als Wunder. Gewirkt werden sie von den Engeln der Geschichte, die sich von der Magie der Erdkräfte loskaufen durch die Reinheit des Selbstopfers. Das Geschichtswunder in Schillers Drama ist keine dichterische Ausschmückung, sondern wird von ihm ebenso lebendig geglaubt, wie das Leiden der Idee. Ungeachtet der Änderungen, die Schiller am tatsächlichen Verlauf vornahm, ist es sehr möglich, daß er das Mädchen von Orleans als geschichtliche Erscheinung zutreffend gedeutet hat. Die völkerweckende Kraft eines großen Untergangs blitzt schon in den früheren Dramen auf. Zwar siegt im Don Carlos die Gegenverschwörung noch einmal über die geopferten Freunde „auf einen Abend". Aber Schiller rechnet mit dem geschichtlichen Wissen des Zuschauers. Die Freunde sind Vorläufer. Das von ihnen Gemeinte wird kommen müssen, denn es ist ja gekommen. Man könnte fragen, wie weit Schiller das dramatische Handeln in die Seele des Zuschauers verlegt, oder in dieser fortsetzt – und wie weit er den Zuschauer gelegentlich auf die Bühne stellt. Max ist das Vollkommene in der Gebärde des Todes. Es wird Vermächtnis, winkt im Scheiden. Der Vollstrecker des Vermächtnisses ist vielleicht das verwandelte Gemüt der Zuschauer.

Die Jungfrau von Orleans ist auf doppelte Art dichterisch bewältigt: einerseits als Legende, andererseits als Seelenstudie. Manche Verse und ganze Szenen sind die Schau eines einfachen vom Wunder erbauten Gemüts, andere haben die Reife des geschichtlichen Wissens um Vorgänge, die, ob ein Einzelner oder ein Volk von ihnen betroffen wird, unter Ausnahmegesetzen stehen. Am meisten von innen gesehen ist die Versuchung. Eine psychologische Darstellung, trotz des Pathos einer klassisch-romantischen Form, durchgeführt freilich mit einer barocken vorgoethischen Psychologie. Die gestellte Frage ist: wie lebt das Göttliche sein Leben in einem menschlichen Leib? An Wesen geschlechtslos, hat es das Los, Liebe zu erregen und zuletzt sie auch zu fühlen. Wiederum erlebt der Träger der Idee das höchste menschliche Gefühl als Verrat. Das Gefühl ist der Feind: die dramatische Anschaulichkeit dieser allgemeinsten Feindschaft ist es, daß die Jungfrau gerade ihren Feind lieben muß, den lieben muß, den sie töten soll. Das ist tragisch-bündig. Mit Bedacht ist die Versuchung derart in den Anfängen gebändigt, daß das Gelübde kaum in Gedanken gebrochen scheint. Die Versuchung soll nichts in sich sein, sondern über sich hinausdeuten auf das Mißverhältnis von Idee und Menschheit überhaupt. Und war die erste Aufgabe: die Ankunft des Göttlichen in einem dumpfen, einfachen Gemüt, das lichte, legendäre Gegenstück der Demetrius-Berufung, mehr aus der Ferne und sinnbildlich behandelt worden, so behandelt Schiller die Versuchung mit so strenger Innerlichkeit, daß sich alles in Lyrik verwandelt und wir Schiller in eigener Sache sprechen hören.

> Deine Geister sende aus,
> Die Unsterblichen, die Reinen,
> Die nicht fühlen, die nicht weinen.

So die Jungfrau; aber mit ganz ähnlichen Tönen klagt Schiller selbst den Widerspruch der übermenschlichen Sendung mit dem menschlich wünschenden Herzen.
Das Wunder ist gewirkt. Gott hat in der Gestalt eines einfachen Mädchens ein entmutigtes Heer zur äußersten Leistung ermächtigt. Der Übergang einer geistigen Kraft in Tausende – welches Thema für Schiller! Und wieder

fesselt ihn die Frage: Wie verändert das wankende innere Bewußtsein den Weltlauf? Gemäß der andern Natur dieses Helden zwar zum scheinbaren Mißlingen der Tat, aber zugleich zur inneren Wiederherstellung des Tuenden und schließlich zum irdischen und geistigen Sieg. In der heiligen Strenge ihrer Gewissensnot läßt sie sich verstoßen und verfluchen. Ihr Siegeszug, der als Schicksal des Reinsten schon fast ein Unreines war, wird unterbrochen. Die Idee hat sich an ihr, für das Ungeziemende jeder Verkörperung, gerächt. Nun beginnt ihre zweite, geistigere Bahn, auf der sie durch Tod siegt, in magischer, unzerstörbarer, der Idee gemäßer Fortwirkung.

Kein Widerspruch zu der Einsamkeit des Handelnden ist die Gemeinschaft der Schwörenden, in die er bisweilen gestellt ist. Sie ist eine Denkform Schillers. Seiner Jugend vielleicht gemäßer als seiner Reife, doch auch dieser nicht entfremdet. Sie findet sich da zum Handelnden, wo die Idee in unmittelbarem Aufruhr gegen das Bestehende verwirklicht werden soll. Sie ist Vorwegnahme der Welt, ungeduldig, esoterisch, und wird Schiller in dem Augenblick entbehrlich, wo ihn das Schicksal der Idee nicht mehr nur an einem geistigen Wendepunkt der Geschichte, sondern als Geschichte überhaupt erscheint.
Zur Idee des Handelns gehört die Verschwörung, sofern dieser Idee eine gedachte und geforderte Gemeinschaft der ihr gewidmeten Geister untersteht, und diese gedachte Gemeinschaft ihr Symbol in einer wirklichen Ge-

meinschaft hat. Zugleich ist für die Idee des Handelns die Verschwörung das trübe Medium, durch das sie wirken muß: Symbol des Herabziehenden. Schiller schreibt eine Geschichte der Verschwörungen und Bünde, auch als Dramatiker. Darin ist er unerreicht.
Mit dem Abstand des Dichters, aber doch wie ein Mann, der lang unter solchen Brüderschaften der beiseite Gehenden gelebt hat, und unbegreiflich wissend beschreibt er die Kräfte in einem solchen Bund, das Großartige sowie das Krankhafte, das durch Abschluß entsteht, die Skala der Gefühle von finsterer Verfallenheit an weltliche und göttliche Gerichte, bis hinauf zum Bewußtsein eines heroischen Paares; die Arten der Kameradschaft: solcher die zuviel voneinander wissen um voneinander loszukommen, und solcher, die sich als Verfrühte eines noch fernen Jahrhunderts begegnen; die Reinheit der Gemeinschaft als Begriff und die Arten seiner Gefährdung, die Stufen des Angehörigen und der verschiedene Abstand der Mitglieder zur Idee; die Begnadung des reinen, die Anziehungskraft des bedenklichen Führers.
Die Verschwörung ist ein verweltlichter Orden. Der Orden ist eine heilige Verschwörung. Der Bund ersetzt die Natur. Der Einzelne bezieht seine Kräftezufuhr nicht aus dem natürlichen, sippschaftlichen, geschlechtlichen, kosmischen Ausgleich, sondern aus dem künstlichen und gesteigerten der Bünde und ihren Begeisterungen und Leidenschaften. Schillers Urverwandtschaft mit dem Geist solcher Bündnisse wäre auch da, wo ihre Darstellung

unterlassen ist, zu ahnen, in seinen Frauengestalten. Wo sie irgend gelungen sind, widersprechen sie entschieden dem, was Schiller in Lyrik und Prosa über Würde der Frauen aussagt. Es sind Überfrauen, verwegene, ehrgeizige Männinnen, oder geschlechtslose höhere Naturen: die Jungfrau, Elisabeth, Gräfin Terzky, Marina.
Die Räuber erzählen die Rache des enttäuschten Idealisten, den Fluch der Mittel, die Verfallenheit an die Mithandelnden, die unentrinnbare Bindegewalt des hingegebenen Blutes, die Selbsterkenntnis und Selbstanklage des Nihilismus, die Begegnung des überheblichen Weltzuchtmeisters mit dem angetasteten Gesetz als Begegnung des Sohnes mit dem Vater, und zuletzt die selbstverhängte Sühne für die Verwechslung von Gesellschaft und Idee, von Mensch und Gott, von Privatrache und jüngstem Gericht. Die Gemeinschaft ist hier ein Gleichnis für die vielfache Verflochtenheit des Handelnden durch Tat.
Dann gewinnt sie dem Dichter, der sich dem Gesetzlichen nähert, einen umgekehrten Sinn. Im Tell zielt die Verschwörung nicht auf den Sieg des Neuen gegen das Hergebrachte, sondern auf Wiederkehr gediegener Urverhältnisse an Stelle eines schlechten Neuen.
Der reine Begriff des Bundes, wie er von keinen Zufällen seiner Entwicklung bedingt, unveräußerlich in Schillers Wesen ruht, als das Pfand dieser Seele, ist uns überliefert in dem Bruchstück: die Malteser. Vielleicht kann uns Schiller als Kraft nie vollständig in der Figur eines

einzelnen Menschen dichterisch entgegentreten. Ihm ist wesentlich ein Bezogensein, das in seiner Reinheit nur durch einen Plural ausgedrückt werden kann. Der Bund der Unzufriedenen genügt ihm längst nicht mehr. Es bedarf eines Besitzes und einer Sendung, um sich so geschlossen gegen die Welt zu stellen. Schiller fragt den Verschwörer: ,,Was ist dir heilig?"
Das treffendste, das innerste Gleichnis seines Wesens ist der Orden. ,,Die Tugend, welche in dem Stücke gelehrt wird, ist nicht die allgemein menschliche oder das rein Moralische, sondern die zum Moralischen hinaufgeläuterte spezifische Ordenstugend." Wir erraten die Tugendlehre eines, der die Welt verwandeln will.
Man hört auf, Person zu sein. Gelübde, Gehorsam, Opfer, rückhaltloser Einsatz, die Demut, sogar Demütigung niedriger Dienste, kein Fragen warum? Ehrfurcht vor dem Ordenshaupt, so wie sie nicht aus persönlichem Verhältnis, sondern aus der Körperschaft hervorgeht, und vollkommenster Verzicht: das sind in diesem Kreise die beharrenden Formen des Seins. Wenn sie zugleich vom freiesten Willen gewollt sind und ihnen in der Person des Oberhaupts eine ,,schöne Natur" begegnet, so ist das Wunder möglich. Schiller berechnet die im Orden wirksamen Kräfte nicht als Produkte, sondern als Potenzen. Dies Fragment ist ein politisches Mysterium. ,,Chevaliers erscheinen als eine höhere Menschenart unter der übrigen Welt, weil sie künstliche Naturen sind und durch ihre Gelübde sich ausgeschlossen. Wer sich entschließen kann

weniger zu bedürfen, sich selbst weniger nachzugeben, sich mehr zu versagen und mehr aufzulegen, der ist mehr als ein gewöhnlicher Mensch. In den Stamm schießt der Saft, der sich sonst in den Zweigen erschöpft, und der Mensch kann zum Heroen und Halbgott werden, wenn er gewissen Menschlichkeiten abstirbt."
Der geistige Vorgang gliedert sich in drei Stufen: die Verderbnis des Ordens, die Reform, seine Unüberwindlichkeit durch das Selbstopfer der reinsten Gestalt. Das zweite wird bewirkt durch den Großmeister La Valette „ein schöner Charakter im Fall, das Unerträgliche zu tun". Das dritte wird bewirkt durch den achtzehnjährigen Jüngling Saint Preux. Das zweite durch eine Handlung der Weisheit, das dritte durch eine Handlung des Göttlichen in Jugendgestalt. Beides bedingt sich wie die Idee und ihr sinnliches Substrat, und hängt im Drama so zusammen, daß Saint Preux, ohne daß die Ritter es wissen, der Sohn des Großmeisters ist.
Die Lage der Gefühle ist sehr hoch gedacht. Denn unter den Widerkräften ist manches, das sonst zum Höchsten gerechnet wird. Vaterliebe und Menschenliebe in La Valette, vor allem die Liebe eines Ritters, der zurückbleiben soll, zu Saint Preux, der sich unter denen befindet, die der Großmeister im Fort St. Elmo aufzuopfern denkt. Diese Leidenschaft, die höchste die Schiller kennt, wird mit dem Makel eines verzeihlichen Aufruhrs behaftet, und bezeichnet, durch den Rang des Opfers, den Rang des Gedankens, dem geopfert wird. Dieser Gedanke ist im

Grunde die unbedingte Verwirklichung des Ordensgeistes. Aber er spricht sich aus in einer dem gemeinen Verstand unfaßlichen Forderung. La Valette will dies Fort unter Aufopferung der Verteidiger möglichst lang gegen die Übermacht gehalten wissen, damit indessen die Ersatzflotte komme, die Kräfte des Feindes gebunden seien, ihnen ein höchster Begriff christlicher Tapferkeit beigebracht werde. Der Orden, der dafür nicht nur vollkommenen Gehorsam leisten müßte, sondern das Geforderte in reinster Freiwilligkeit überbieten, ist verderbt. La Valette macht sich verhaßt, denn niemand weiß, daß er seinen eigenen Sohn aufopfert. Es bildet sich eine Verschwörung gegen ihn. Er steht den einzelnen Aufgewiegelten gegenüber. Crequi, der Freund des St. Preux, läßt sich zu offener Auflehnung hinreißen. Es entsteht die Lage, daß er eine vielleicht anfechtbare Neigung zu dem selben Jüngling heftig bekennt, zu dem der Meister seine väterliche Neigung nur wortlos hegen darf. La Valette vergibt den Frevel leicht. Wie könnte ihn Liebe zu dem verletzen, der ihm selbst das Liebste ist. Dieser jüngste Ritter offenbart ihm den geplanten Verrat. Als der Großmeister allen Vorstellungen gegenüber festbleibt, lehnen sich die Ritter auf und werfen ihm vor, sein Eigensinn vernichte den Orden. Er sagt: der Orden ist vernichtet – durch Insubordination. Er entfernt sich. Nach einer Frist, in der die Ritter ihrer Bestürzung überlassen bleiben, „kommen die ganz alten Ritter in weißen Haaren, es kommen die ganz jungen Ritter, die noch halbe Knaben sind, und alle sind bewaffnet; endlich kommt der Chor in seiner geistlichen Tracht, mit Speeren bewaffnet." Der Großmeister hat, indem er richtig die bindende Wirkung eines so maßlosen Vertrauens berechnete, einen seiner Gegner als Nachfolger bezeichnet, verbietet jetzt den aufrührerischen Rittern die vorher befohlene Verteidigung des Forts, um sich selbst mit den Greisen und Knaben diesem Unternehmen tödlichen Ausgangs zu widmen. Die Strafbaren demütigen sich aufs tiefste, bis La Valette sie der Aufopferung wieder für wert befindet. „Schöne Stunde des Ordens, die an seinen Ursprung erinnert. Totalität der Geschichte des Ordens, werdend, blühend, verfallend. Einsegnung und Abschied der Todesopfer." Hier, nicht in der Braut von Messina, hat Schiller den echten Ansatz der Chorlyrik gefunden: Empfindung und Betrachtung eines gesteigerten Lebens, aus der Gegenwart des Göttlichen den Männern gleichen Geistes. Der Augenblick der noch nicht vom Stoff gekränkten Idee, der unwiederholbare Augenblick der Stiftung, wiederholt sich dennoch. Dies ist das Werk eines höchsten Menschen, der sich läuterte ohne irgendein Leben in sich zu ersticken, und der die Befehle der Gottheit mit dem Klang des Herzens sagt. Das Weitere gehört einer noch höheren Stufe des Ereignisses an.

Die Ritter, im Innersten verwandelt, fallen, nach Taten, die jedes Kalkül menschlicher Kräfte aufheben. Wie vorher der Chor tritt jetzt der Botenbericht in sein wahres und altes Recht. Der Leichnam des St. Preux wird aus den Wellen aufgefangen. Die Überlebenden wissen jetzt, wessen Sohn er ist. Durch seinen Tod wird die vorher in ihm verkörperte Kraft frei und beseelt nun die Ritter, so daß er die Urgestalt ist, der sich die andern zuformen. „Hier an der Leiche ... geloben ihm (dem Großmeister) die Ritter unbedingte Achtung gegen seine Befehle." Seine persönliche Trauer verwandelt sich in eine allgemeinere, die der Übergang zu einem gerüsteten Ernst ist. Eine Umarmung beschließt das Stück: „Ich habe hundert Söhne; ich soll keinem näher angehören." Den Eindruck, den er hervorrufen will, und das Gesetz dieses Ablaufs beschreibt Schiller so: „Der Kampf geht eigentlich erst an, wenn das Stück aus ist, aber da die Kraft des Ordens als unbedingt und unendlich dasteht, so ist er für den Zuschauer so gut als entschieden. Ein großes Opfer, der Tod einer auserlesenen Schar, erkauft ihn, ebenso war der persische Krieg so gut als geendigt durch den Tod des Leonidas."

Das Rätsel, woher Schiller die tiefe Einsicht in Wesen und Zustand des handelnden Menschen schöpft, und kraft welcher Ähnlichkeit er dessen innere Entscheidungen beinah wie ein eigenes Geschick durchlebt, löst sich zu einem Teil in den kunsterzieherischen Schriften auf. So wie er die Kunst auf das Leben bezieht, erscheint er als ein Bruder des handelnden Menschen. An das Jahr 1789 als an den gescheiterten Versuch, den physischen Staat durch den Vernunftstaat zu ersetzen, knüpft er unmittelbar seine Gedanken über die Sendung des Künstlers, der die Zeit eines langen Überganges beherrschen wird.

Zeitgenössische und frühere Denker haben nach dem Wesen des Schönen gefragt. Bei aller Lust am Allgemeinen, uneingeschränkt Gültigen geht Schillers Fragen durchweg vom Zeitpunkt aus. Wodurch kann der Mensch, so wie er heute beschaffen ist, in seiner Tiefe verändert werden? Als Wirkender fragt er, und als Seelenforscher antwortet er sich selbst: durch das Schöne! Den Weltverbesserern wird gesagt: Vor den Befehlen der Wahrheit und des Gewissens kann und darf der Mensch sich nie mit sich selbst versöhnen. Versöhnen soll er sich jedoch. Denn was ist er heute? Der mit sich selbst Entzweite! Die Kunst ist das Gute mit Charme. Eh der Mensch gebessert wird, muß er bezaubert werden.

Diese überraschende Antwort holt ihre Berechtigung aus der Gegenwart. Mit großem Scharfsinn hat Schiller, als er die Aufgabe der Kunst festlegte, die Frage nach der Modernität gestellt. Der Mensch steht schlecht mit sich selbst. Die großen Fortschritte des Kulturbewußtseins sind damit erkauft, daß das Verhältnis des Geistigen und des Natürlichen im Menschen falsch geworden ist. Nur die Kunst bringt dies ins Reine. Das Mittel muß nach der Krankheit gewählt werden. Für die Krankheit „Modernität" hat kein religiöses oder metaphysisches System der Erde, hat nur die Kunst das notwendige Heilmittel. Etwas geheimnisvoll Neues und Uraltes kann sie allein in ihm herstellen: die Einheit des Menschen mit sich selbst auf einer höheren Stufe.

Wenn heute mit ganz andern Mitteln der Seelenkunde, aber mit gleicher Leidenschaft und mit einer noch deutlicher therapeutischen Wendung die Notwendigkeit der Kunst für den Menschen erwogen wird, kehrt man, ohne es zu wissen, zu Schiller zurück, der zu allererst einmal richtig **gefragt** hat, geradezu erleuchtend richtig. Und auch die Antwort fällt vielleicht nicht gar zu verschieden aus, sobald man sich, des Abstandes der damaligen und der heutigen Begriffssprache bewußt, Mühe gibt, das Veralten der Zeichen von der Unverwelklichkeit des Sinnes zu unterscheiden.

Ein anderes ist die Wirkung der Kunst auf den Menschen, ein anderes die Lebensdeutung, die sie gibt. In dieser ist Schiller, der dort die Aussöhnung des Menschen mit sich selber lehrt, tragisch-unversöhnlich. Zwei Welten zerreißen den Menschen, sobald er handelt, mit ihrem Anspruch, so daß die Tragik des Menschseins hier als Tragik des Handelnmüssens erscheint. Beabsichtigt oder unbeabsichtigt sind Schillers Dramen die Exempel einer Metaphysik, die, weder antik noch auch durchaus christlich, sondern trotz aller geschichtlichen Anknüpfungen sein eigenes Welterlebnis, an Unerschrockenheit der Forderung keiner Religion nachgibt. Gedichte über den Handelnden, moraliter et metaphysice – ein Blick mehr der Meduse, als der Muse! Wunderbar sind in diesem Dichter die Anlagen gemischt. Man könnte glauben, sein

Dichten wäre ihm der erlösende Ausweg aus dem Widerstreit einer metaphysischen und einer handelnden Kraft. So wird es möglich, daß der Gegenspieler des Dichters, daß der Held den Augenblick, den der Dichter beschreibt, erleben muß.

Ist dieser Schiller etwa geringer als jener weltschmerzliche Sänger der Ideale? Dieser Schiller, der im Zwielicht des kämpfenden Zwischenreiches von Idee und Weltstoff heimisch, um die Unentrinnbarkeit des Frevels weiß, und wieder tragisch rein das Unbedingte gegen die Geschichte sichert? Vielleicht trägt er, härter, vollständiger wie er ist, die Jugend weiter, als der Schiller der erblassenden Legende. Denn er ist mit dabei, wo immer die Welt durch den Geist verwandelt wird, nicht er selbst, aber die Flamme, die in ihm war.

SCHILLER ALS PSYCHOLOGE

1. Der neuere Mensch und die Kunst

Der Dichter verhält sich zum Seelenforscher wie ein Minenbesitzer, der eines Edelmetalles wegen Schächte in die Erde bohrt, zu einem Geologen, der die von jenem aufgeschlossenen Schichten zu seinem ganz anderen Zweck prüft. Und wenn später der Bergbau vom Geologen lernt, so hat man doch die Erde Jahrtausende lang nach Schätzen durchgraben, ehe es eine Erdgeschichte gab. So haben auch die Dichter Jahrtausende lang das Abgründige und Kostbare der menschlichen Seele an den Tag gebracht, ehe die Wissenschaft der Seelenkunde nach den Schichten fragen lernte, die diese Kostbarkeiten in sich gehegt hatten. Nur darin geht der Vergleich fehl: die Erde ist in der Zeit unseres wachen Bewußtseins dieselbe geblieben, die menschliche Seele aber hat sich so verwandelt, daß schon über wenig Jahrhunderte weg Vorgänge zum Rätsel werden können, weil keine ähnliche Erfahrung sie uns deuten hilft.

In neuerer Zeit hat der Dichter die Aufgabe, das Leben der Seele darzustellen. So scheint er dem Psychologen benachbart – aber ein guter Nachbar hält Abstand. Die wesentliche Gefahr der Dichtung ist jetzt, Psychologie zu werden. Gemeinsam ist beiden höchstens der Gegenstand.

Darstellen heißt nicht erkennen, und ein Dichter kann recht wohl auch darstellen, was er nicht erkannt hat. Er ist, sobald er Inneres darstellt, auf das Zeichen angewiesen. Ein beseeltes Wort, eine Gebärde, eine leise Tat, die das Ganze einer Situation ausspricht, verständigt uns schnell und vollständig über einen inneren Vorgang; es ist wohl ein Erfolg des Dichters, wenn dieser Vorgang nicht mehr daneben auf eine unsinnliche Weise ausgesprochen werden braucht. Wenn Ottilie eine Abschrift für Eduard macht, an deren Ende ihre Hand von der seinen nicht mehr zu unterscheiden ist, so ist damit in der Sprache der Kunst alles gesagt. Für den Psychologen begänne hier erst die Arbeit. Wenn auch ihm das Leben wie die Kunst durch Zeichen spricht, eilt er ungeduldig vom Zeichen zum Bezeichneten. Goethe sagt in einer Maxime: ,,Auf ihrem höchsten Gipfel scheint die Poesie ganz äußerlich, je mehr sie sich ins Innere zurückzieht, ist sie auf dem Wege zu sinken." Beide – der Dichter und der Psychologe – verallgemeinern, aber verschieden. Der Dichter schildert eine Seele in einer Lage. Und wenn darin etwas Gesetzliches ist, so verkörpert er das Gesetz in einem anschaulichen, unvergleichbaren Fall; und spricht es nicht aus, indem er abstrakt die Merkmale und Bedingungen seines Wirkens darlegt.

Immerhin, wo wäre der Psychologe ohne den Dichter, ohne dessen Vorstoß in Ungebahntes, ohne dessen Kolumbusfahrten in die Unendlichkeit des inneren Menschen? Er verdankt ihm nichts Geringeres als die eigentliche Bewegung in seiner Wissenschaft, oder den neuen Stoff, der zur Umbesinnung nötigt. Zweierlei macht die Dichter zu Entdeckern: das Neue und das Alte in ihrer Seele im Gegensatz zum Denken und Gefühl eines Zeitalters. Denn einen durchgehenden Habitus der Seele in einer Zeit gibt es allerdings. Er bildet sich unbewußt aus, verfestigt sich und löst sich wieder auf. Wir erkennen ihn an der verschiedenen Art, wie jeweils Menschen von den ewig gleichen Urgeschehnissen des Daseins betroffen werden. Durch Vergleich etwa von Liebesbriefen des 18. und des 19. Jahrhunderts läßt sich leicht anschaulich machen, welchen Umfang des Bewußtseins beide Epochen haben, und zumal, was in jeder vermißt wird. Dieser Umfang des Bewußtseins setzt sich auch dann durch, wenn es sich forschend auf das Unbewußte richtet.

Das 19. Jahrhundert hat seinen Horizont folgenschwer erweitert, in dem es von dem dämonischen Herder überwältigt das Wissen der Seele über sich selber um die frühesten Menschheitsstufen bereicherte. Welche Dehnbarkeit, aber auch welche Unsicherheit des Gegenwartsbewußtseins! Selbst wenn der Psychologe die Rauschgifte eines Indianerstammes hartnäckig an sich erprobt, versetzt er sich damit noch nicht in den wahren Zustand des Medizinmannes. So sehr er den Habitus der eigenen Seele verleugnet und sich einen fremden Habitus ganz aus diesem selbst zu erklären sucht: wieviel er wirklich von ihm erfahren kann, dafür setzt ihm das Bewußtsein der Zeit und seine eigene Beschaffenheit die Grenze. Wenn der Begriff

dichterischer Originalität mehr ist als ein Kitzel für
Müßiggänger, so bedeutet er: hier ist eine neue Seele.
Oder bescheidener: der Dichter fügt den schon bekannten
Arten, in Gefühlen zu schwingen, Welt aufzufassen, auf
Eindrücke zurückzuhandeln, eine noch nie gewesene,
seine Art hinzu.

Sei es nun, daß die großen Veränderungen in der menschlichen Seele von einem Dichter hervorgebracht werden
oder daß sein Gesang sich nach diesen Veränderungen
bedingt, jedenfalls werden sie durch ihn ruchbar und teilen sich den Zeitgenossen bezwingend mit. Solche Veränderungen, weniger des Erlebnisses als des Erlebnisstils
sind dem hellhörigen Psychologen unersetzlich belehrend,
als Fälle außerhalb des ihm Geläufigen, ihm überliefert
zugleich mit dem Aufschluß des inneren Verstehens; und
wenn er sie nicht bucht, so versäumt er seine Pflicht.

Noch mehr bedeutet für den Psychologen eine andere
Eigenschaft des Dichters: daß Verschollenes in ihm wieder auflebt. Er hat das lange Gedächtnis einer zusammengesetzten, zurückreichenden, überpersönlichen Seele, in
der Ereignisse, deren das Zeitalter verlustig ging, fortspielen, ohne daß er selbst weiß, was er aus seinem wie im
Schlaf redenden Mund ausschwatzt. Sehr große Dichtungen, am deutlichsten Kleists Penthesilea, sind weder im
Leben der Zeit noch in des Dichters Leben vorbereitet,
selbst wenn der Dichter in einer schöpferischen Verwechslung dies meinen sollte. Er hat sie zusammenbuchstabiert aus smaragdenen Tafeln, die unter den Alter-

tümern seiner Seele aufbewahrt lagen und plötzlich für ihn lesbar wurden. Solche Wiederkehr bleibt nicht unbegreiflich und unwirksam wie dem Ethnologen seine Bräuche und Kulte, die er mit anderem Unbegriffenen vergleicht und schließlich „sich in sie hineindenkt". „Es" hat sich ja hier in den Dichter hineingedacht, ist ihm Gegenwart seines Herzens, und wie es ihm zuteil ward: fremdeigen spricht er es vor uns aus.

Der Dichter als neue Seele, der Dichter als alte Seele ist also der unentbehrliche Anreger der Psychologie, wenn auch nicht mit deren Mitteln und unabsichtlich, man kann sagen: aus einem schöpferischen Versehen. Er kann als Psychologe betrachtet werden, sofern sich aus seinem Werk ein Wissen um die Seele erfragen läßt. Und wenn er damit die Grenzen des Wissens gebieterisch bewegt und erweitert, so heißt dies doch nur, daß die Seele überhaupt um Unendliches weiter und tiefer ist als was die Zeit und der Mensch der Zeit von ihr wissen; und was den Dichter auszeichnet vor andern, ist, wenn man von der Vollkommenheit seiner Kunst absieht, die in ihm angedeutete Gegenwart des menschlichen Seins in seinem vollen Umfang.

*

Es gibt Dichter, die schon als Knaben eine naiv richtige Auffassung menschlicher Verhältnisse haben. Der höchste Fall ist Goethe. Das bleibt unerklärlich, wenn man nicht seine Zuflucht dazu nimmt, daß ganze Geschlechter heimlich einen begünstigten Abkömmling vorbereiten. Das

Angeborene beiseit: Ein erworbenes Wissen um die menschliche Seele hat jedenfalls zweierlei Herkunft: Selbstbeobachtung und Beobachtung anderer. Und daran, was er darstellt und wie er darstellt, kann man bei einem Dichter erkennen, ob Selbst- oder Weltbeobachtung vorwiegt. Balzac und Stendhal stehen sich als ziemlich reine Beispiele gegenüber. Eigentlich ist aber auch die Beobachtung anderer nur möglich durch Vergleich mit dem eigenen Ich. Denn der andere erscheint uns immer nur, er ist uns ein Zeichen aus vielen Zeichen. Nur an uns selbst kennen wir zugleich das Zeichen und die Bedeutung des Zeichens, kennen wir das wahre, falsche, oder bedingt wahre Verhältnis eines Wortes, einer Tat, einer Miene oder einer Gebärde, zu dem, was innen vorgeht, genauer — zumal wenn wir es kennen wollen. Geschult oder ungeschult erproben wir fernerhin den Schlüssel, den wir uns selbst verdanken, an der chiffrierten Schrift der fremden Charaktere. Im ganzen trügt die Entsprechung schwerlich, sehr leicht im einzelnen; wenn aber der fremde Charakter, gegen unsere Schlüssel sperrig, durch immer fraglichere Zeichen ihn als unzulänglich erweist, entsteht möglicherweise die wichtigste Erfahrung: die Erfahrung einer von uns abweichenden Innerlichkeit, und die Kunst, auch ihre Zeichensprache zu lesen. Wir finden dies seltener bei Dichtern als bei großen Geschäftsleuten oder Nervenärzten, denen jede Folge eines übereilten Vergleichs zur Kenntnis gebracht wird. Auch diese Erfahrung des entschieden Fremden wäre unmöglich ohne einen

heimlichen Überschuß, den jeder Mensch als sein Mögliches neben seinem Wirklichen in sich hegt. Er gleicht dem Überfließen der verdünnten Farbe über dem Umriß einer aufgezeichneten Figur, die ein Kind ungeschickt ausmalt. In anderem Gleichnis: gleich der Saite, die nicht nur ihren Ton, sondern in Stärkegraden, die sich nach Verwandtschaft abstufen, ihre Nebentöne, ja theoretisch alle übrigen Töne schwingen läßt, ist die Deutlichkeit jedes Charakters von der Halbdeutlichkeit angrenzender Charaktere umschlossen. Die Vielheit des Miterklingenden, und das Gehör dafür ist in jedem verschieden: man könnte das die psychologische Phantasie nennen. So erklärt sich manche Szene des Traumlebens, manche Eingebung eines Dichters, vor allem aber die große Kunst des Menschenerratens im persönlichen Leben, die namenlos bleibt und doch eine fast magische Fähigkeit des Beglückens und Verwünschens ist.
Schillers Seelenkunde stammt wesentlich aus ihm selbst. Was ist, wieviel faßt dieses Selbst als Ausschnitt der Menschheit, und wie verhält er sich als Selbstbeobachter? Goethe hat mit wachsender Bewußtheit, zuletzt beinahe wissenschaftlich, die Gestalt und die Bewegungen seines Gemüts als Natur in der Natur aufgefaßt und wurde sich mit Behagen zu einem prägnanten Fall. Damit verglichen verrät Schillers Selbstschilderung in dem Brief, der ihn Goethe eroberte, eine Art hohen Schmerzes: er mißt sich an dem fremden Sein, erkennt es über sich, lernt sich im Gegensatz zu ihm behaupten. Wenn er sich sieht, richtet

er sich schon, er hat die tragische Bescheidenheit. Auch
er ist sich Natur, aber Natur als Stoff, als zu bearbeitende
Aufgabe, nicht als gegebene Form. Statt daß das Bewußtsein die im eigenen Selbst gegebenen Befehle der
Natur dienend vollstreckte, schreibt es dieser Natur, die
unter dem Begriff des Widerstrebenden erfaßt wird, vor,
was sie werden soll. Obschon man Schiller mit dem Wort
,,Persönlichkeit", das ihm etwas ganz Anderes bezeichnet,
zu Goethe stellen wollte – als Person bleibt er unfaßbar,
nicht Form, sondern Kraft, dem Blick des Adlers, dem
Feuer verwandt: und die Beute, die jener sucht, der
Stoff, den dieses ergreift, ist wieder er selbst.

So verhängt er über sich Fortschritte und Verwandlungen,
nimmt den Druck seiner Jugend nicht hin, sondern stellt,
mit einer beinahe weltgeschichtlichen Betonung seiner
Tat, sein Leben unter die Voraussetzungslosigkeit des
Flüchtlings; er mutet sich Kant, er mutet sich Goethe zu;
er befiehlt sich, so oder so zu sein – unter selbstverhängter
Gewalt in despotischer Entzweiung lebend. Die Tragödie
ist seine Selbstentzweiung in Stimme und Gegenstimme;
die unvergeßliche Gebärde seines Willens in den reinen,
der Aufstand seiner Natur in den großartig bösen und der
Austrag beider in den gemischten Charakteren. Der Gegenbegriff zu ihm selbst, den er mit jener tragischen Bescheidenheit über sich setzt, ist die schöne, gegen sich großmütige Natur seiner theoretischen Schriften, so wie der
unerfüllte Wunsch seiner Künstlerschaft die Komödie
blieb.

Das Leben seines Gemüts denkt man sich kaum als Reihe von Stimmungen, Beobachtungen, Wünschen und leidenschaftlichen Antrieben, wie sonst bei künstlerischen Menschen; eher als eine Reihe von Entschlüssen. Es hat die Form der Gerichtsverhandlung und der Exekution. Er ist fortwährend dabei, sein inneres Paris mit seiner inneren Polizei zu bewältigen – wenn wir uns seiner dramatischen Skizze als einer Metapher bedienen dürfen. Bei einem Künstler ist dies unerwartet, so daß sein Künstlertum selbst erst erklärt werden muß. War Schiller eigentlich ein Mann der Tat? Aber er hatte dafür etwas zu wenig und etwas zu viel. Ihm fehlte zu einem Revolutionsführer nicht nur die zugehörige geschichtliche Stunde und die zugehörigen Lebensumstände; er war zu geistig dafür – das Beziehen allen Tuns auf ein Inwendiges und Letztes lenkte seine Tatkräfte ab; die tatlos mit sich entzweite Natur stieß sich an sich selber und wurde sich zum Leiden und zur Frage, bis sie im Geschäft des Künstlers als in der Einheit von Stoff und Form genoß und übte, was ihr in unmittelbarem Sein versagt war. Diesen harten Bedingungen verdankt die Welt das seltene Schauspiel, daß eine Anlage, die sich sonst nur halb und versteckt in Taten ausdrückt, hier zur vollständigen künstlerischen Spiegelung gelangt.

Die Folge von Entscheidungen, in der er sich selbst erlebt und das Menschsein überhaupt begreift, bezeichnet ihm den Verbrecher so gut wie den handelnden Schwärmer, sofern beide ihren Leib und ihr Herz einheitlich dem Ziel eines Willens unterwerfen. Auch der Verbrecher kann ein Virtuose der fakirartigen Selbstbehandlung sein, durch die Schiller seine Heldengestalten hebt. Zeugnis ist die Schrift über das Pathetische: ,,Offenbar kündigen Laster, welche von Willensstärke zeugen, eine größere Anlage zur wahrhaften moralischen Freiheit an, als Tugenden, die eine Stütze von der Neigung entlehnen, weil es dem konsequenten Bösewicht nur einen einzigen Sieg über sich selbst, eine einzige Umkehrung der Maximen kostet, um die ganze Konsequenz und Willensfertigkeit, die er an das Böse verschwendete, dem Guten zuzuwenden." Nicht daß Schiller den Unterschied zwischen Verbrechern und Idealisten, der für ihn nicht in der Anlage des Gemüts, sondern in der Idee des Handelns liegt, verwischte – aber er läßt den Übergang zwischen beiden zu, der denkmöglich und sogar leicht zu denken wird, sobald wir an Stelle des naturgegebenen Seins den Entschluß setzen, so oder so zu sein. Was einer ist, hängt von ihm ab, und ist beweglich bis zur Verwandlung in das Gegenteil je nach dem Gebrauch, den er von seiner Selbstbestimmung macht. Es gibt also strenggenommen für Schiller keinen Charakter, er ist der Dramatiker ohne Charaktere. Genauer: im Verlauf seiner Dramen erschafft sich jeweils ein Charakter, verhängt er, bis dahin noch unentschieden, in einem freien Moment über sich, was er sein will, und danach sein muß. Wo aber bei anderen der Charakter steht, steht bei Schiller ein erster Entschluß – die Freiheit dieses Entschlusses bleibt als Mysterium undarstell-

bar; wohl aber stellt Schiller die Ablenkbarkeit dieses
Entschlusses durch Umstände dar, und die Verführbarkeit des geschichtlichen Menschen durch Macht. Wir
haben uns an den Begriff des Charakters, als einer angeborenen, sich nach eigener Notwendigkeit entfaltenden
Form gewöhnt, ohne ihn mehr an der Erfahrung zu prüfen, und neigen dazu, die Auffassung Schillers als idealistisch, das heißt wünschbar und weltfremd anzusehen.
Vielleicht aber ist sie doch etwas wirklichkeitsgemäßer
und sehr viel weniger wünschbar, als man glauben sollte.
Vielleicht kommt die Wirklichkeit diesen zwei Arten, über
den Charakter zu denken, in etwa gleichem Grad entgegen, und wir erfahren den Charakter als etwas aus sich
selbst Festes, nicht häufiger, als wir es erfahren, daß aus
einer ersten, von innen freien, von außen unbedeutenden
Entscheidung eine Reihe fernerer Entscheidungen notgedrungen hervorgeht, und daß sich schließlich das Ganze
dieser Folge dem Menschen als seine Art zu handeln, ja
als seine Art, zu sein, auferlegt. Für die Deutenden und
für ihn selbst! Kürzer gesagt: daß die Tat den Charakter
schafft und nicht der Charakter die Tat. Genau dies ist
aber die Ansicht, die Schiller über den Charakter gehabt
haben muß; sie ergibt sich aus der Analyse seiner Dramen,
vor allem seiner Monologe, und schon allein durch diese
Ansicht ist er ein Wegbahner in der Psychologie, der bemerkt werden muß. Wie frei oder wie bedingt nun wieder
jene erste Entscheidung war, das ist als ewig unbeweisbar
dem Streit des Glaubens mit dem Glauben anheimgegeben.

Wie Schiller über das Verhältnis von großer Tat und Verbrechen und die Übergänge zwischen beiden denkt, das ist eine der tiefen Ähnlichkeiten, die ihn mit Seneca verbinden. Dazu gehört weiter die philosophisch-dichterisch-praktische Mischbegabung, der Widerspruch der philosophischen Lehre mit den tragischen Explosionen, die Auffassung von der Natur als eines bösen Zaubers, die wankende politische Umwelt, und die Pathetik der großen Willensbewegung im dichterischen Stil. Der Geist Senecas ist ihm keineswegs bloß durch die französische Überlieferung in Dichtung und Philosophie zugekommen; er ist ihm urverwandt – und ebenso ist Schiller mit Calderon, dem Dramatiker des christlichen Barock, näher verwandt als mit Shakespeare und Goethe, auf die er in einer Verwechslung von Einfluß mit Verwandtschaft beständig falsch bezogen wird.

Wenn also „Tat" das innere Leben Schillers und sein Begriff der Menschheit ist, so wäre es doch viel zu eng, zu sagen: Schiller ist zum Politiker geboren. Eher ist das politische Handeln der nach außen geworfene Widerschein dieses inneren Lebens. Der Mensch bedeutet für Schiller die lebenslange, unwiderrufliche Verdingung eines Ideenvermögens an das leibliche Dasein: durch zähe Willensmagie muß Herr werden, was von der Natur als Knecht gedacht war. Mensch sein ist sowohl ein Schmerz der Idee, wie ein Schmerz der Natur; es wird Tat als schmerzhafte Wiederherstellung der Idee im natürlichen gebundenen Leben; es wird Gewissen, weil es sich beständig zur Verantwortung zieht über den Abfall jeder Minute, auch der Minute der Bewährung. Denn keine Tat verwirklicht die Idee ohne sie zugleich zu verleugnen. Mensch sein ist nicht nur Handelnkönnen, sondern Handelnmüssen, Handelnmüssen im Stoff der Welt mit sinnlichen Mitteln, und also handelnde Untreue an der Idee. Menschsein ist die Tragödie der Mittel. Was aber ist Politik anders?

Der ganze Umkreis des natürlichen Menschen ist Schiller versagt. Dies scheint viel, beinahe alles. Aber wie selten zeigt sich auch nur im privaten, vollends im politischen Leben, dieser vielberufene natürliche Mensch – wo wäre er, wenn nicht in den idyllischen Landschaften der das Unwiederbringliche wiederbringenden Dichter? Was wir sehen im Hause und auf der Straße, ist der Mensch, der Gewalt leidet und Gewalt übt, er selbst von sich selber und an sich selber! Daß Schiller, wie man immer gesagt hat, den Menschen zeige, wie er sein soll – das ist noch nicht einmal falsch! Den Menschen, der als sittliches Wesen unablässig handelt, handelnd teilhat an der Entzweiung von Idee und Physis, in der Balance dieses Handelns zu zeigen – darin ist Schiller ein Meister der Menschendarstellung, und so erscheint er, mit Goethe verglichen, entschieden als Pessimist. Denn der handelnde Mensch ist der Mensch in seiner Blöße. Und wie streng ist die Bedingung des Erhabenen: handelnd die Einheit mit sich selbst zurückzuerlangen, das bezahlt sich mit dem Preis des Lebens!

Es ist nicht bloß eine Wirkung des dramatischen Organs, das nach Riesigem verlangt und alles ins Riesige zieht, wenn das Handeln in den Dramen Schillers als politisches Handeln erscheint – was Schiller beschäftigt, ist das Schicksal der Idee, und dieses Schicksal erfüllt sich im Weltlauf, und schränkt sich auf den Weltlauf ein. Das trennt ihn von der Metaphysik Calderons und des Christentums überhaupt, obwohl hier wie dort die Einmaligkeit des Willensentscheids mit derselben Tragweite belastet ist. Dem christlichen Dichter ist die Erde der Ort der Prüfungen der Seele, vollendet sich das Geschehen der Erde nicht in sich selbst, sondern im Jüngsten Tag, der ein seliges und unseliges Leben eröffnet, ohne alles Werden und ohne eine Gefahr des Göttlichen. Das Leben der Erde ist Beispiel und Vorspiel; ohne die Ewigkeit, auf die es deutet, ist es nichts. Ihm fehlt die Unausweichlichkeit der Geschichte, die in sich selbst Jüngster Tag, Zeit und Ewigkeit ist, und in der es wohl die Berufung auf noch ferne Jahrhunderte, aber nicht auf ein anderes Leben gibt.

Schillers Held ist der säkularisierte Heilige und Märtyrer, der sich statt des inwendigen oder überirdischen seligen Lebens den von ihm nicht mehr gesehenen Sieg einer Idee in den Einrichtungen oder Gemeinschaften der Menschheit erzielt. So blickt zumal der junge Schiller in die Geschichte – aber nicht nur der junge! Es ist der Blick des unermüdlich die Welt angreifenden und umgestaltenden Geistes, dem solche Augenblicke der Geschichte sprechend und fesselnd sind, wo um Gedanken sich erste Macht zusammenzieht, wo ein eigenwilliges sittliches Leben den Kampf mit dem Gewordenen aufnimmt, – also die Augenblicke der Revolutionen und Verschwörungen, die eine geistige Ursache und Wirkung haben oder doch haben konnten, jedenfalls beides erlangen in der Spiegelung durch diesen sich selbst bekämpfenden Geist. Karl Moor, Fiesko, Posa, Wallenstein, die Jungfrau, Tell, Demetrius greifen mit Machtverhältnissen zugleich Denkformen an; die Geistigkeit der geschichtlichen Verläufe ist diesem Deuter der Geschichte eigen.

Für den Wollenden im strengsten, ausschließenden Sinn, gibt es keine Tragik. Der Tragiker (und Schiller ist auch Tragiker!) blickt anders in die Geschichte! Da ist sie der hoffnungslos gleiche Austrag zwischen Idee und Macht, immer wieder gegen die Idee entschieden, die keinen Lohn in keiner Welt erhält, aber sich genug ist im Glanz der Untergehenden und im Jubel des menschlichen Herzens über die Schönheit solcher Untergänge. Dem Weltverbesserer ist Geschichte das wechselnde Gesicht der menschlichen Körperschaften, dem Tragiker ist sie die Daseinsbedingung der Idee, die entweder durch den unreinen Vollstrecker leiden oder den reinen Vollstrecker vernichten muß. Es sind dies zwei dichterische Personen in Schiller, die sich bekämpfen und verständigen in mancherlei Arten des Gegenspiels. Der Weltverbesserer bemächtigt sich des Tragikers durch den Begriff des Vorbilds, durch den der Untergang des reinen Menschen zur nachhaltigsten geschichtlichen Wirkung wird – der Leidende erscheint als wirkend! Der Tragiker bemächtigt sich des Weltverbesserers durch den Begriff des Mittels, durch den jede Verwirklichung der Idee im Handeln der Mächtigen und in der Zähigkeit der Einrichtungen die Idee schließlich aufhebt – der Wollende erscheint als leidend!

*

Als Wirkender, nicht als Schauender, und also geflissentlich untragisch prüft Schiller das Werden des Menschen von den Anfängen der Kultur in den ,,Ästhetischen Briefen". Das verwirklichte Gute, das heißt die Selbstbestimmung des Geistes im Staat der Menschheit – dies Gute, dessen Geburt im Umsturz der Zeit anzuerkennen er sich weigert, stellt er einer fernen Zukunft anheim, gibt aber der in sich furchtbaren Selbstentzweiung des neueren Menschen einen Platz und Sinn in den großen Fristen des Fortschreitens. Seine ästhetische Theorie beantwortet die Frage: was bedeutet für Schiller persönlich das Handeln; und wenn sein Handeln ein geistiger Zugriff auf den Menschen heißt – welche Einsicht hat er über den Menschen, der sein Stoff ist, nämlich den gegenwärtigen Menschen?

Der Gedanke einer Erziehung durch Kunst ist nicht Schillers Eigentum. Die verbreitete Ansicht, Schiller habe die Kunst von einer sittlichen Zweckbestimmung gereinigt und sei dadurch über Kant fortgeschritten, ist falsch; das freie Spiel der Gemütskräfte, in das Kant die Wirkung des Schönen setzt, ist sittlich unentschieden; und wenn es den „ästhetischen Zustand" Schillers vorbereitet, so ist dieser die Durchgangsstufe zur moralischen Freiheit; und so sehr die Dichtung von einem unmittelbaren Anspruch des Sittengesetzes freigehalten wird, ist sie das Gleichnis der sittlichen Genialität und eine Art Verführung zu ihr. Nicht weniger, sondern mehr als Kant bezieht Schiller das Schöne auf ein moralisches Ziel – nur daß bei ihm das Gute selbst dem Schönen angenähert, die Sittlichkeit auf ihrer höchsten Stufe als veredelte Neigung erscheint.

Schillers Originalität liegt anderswo. Am strengsten hat Plato die Kunst zur Rechenschaft gezogen und ihr in der gedachten Polis, wo die Seele zur Gerechtigkeit geführt wird, eine beschränkte und dienende Aufgabe immerhin zuerkannt. Er und alle, die seitdem über die Wirkung der Kunst auf den Menschen nachdachten, haben gesagt: auch durch Kunst kann der Mensch erzogen werden. Schillers überraschende Auskunft ist: nur durch Kunst kann der Mensch erzogen werden. Das wirkt nach bis zu Nietzsches „Geburt der Tragödie", wo der Künstler zum Arzt und Erneuerer der abendländischen Kultur berufen wird.

So metaphysisch Schillers Bestimmung des Schönen scheint, so psychologisch ist sie im Grunde: Schön ist, was diese oder jene Wirkung auf das Gemüt hervorbringt. Damals gab es eine scholastisch verfestigte Vermögenslehre, und Persönlichkeit hieß die in allen gleiche freie

Selbsttätigkeit des Erkennens und des Wollens. Was der Mensch ist, ganz einheitlich, glaubte man zu wissen. Auch Schiller – aber keinen brennt so wie ihn die Frage: wie kann der Mensch verändert werden? Und so durchdringt er Kant mit Herder, oder ersetzt die beruhigte Feststellung, was der Mensch sei, durch die sehr beunruhigende, was er jetzt gerade sei und auch, was er nicht sei – und entdeckt dabei eine Beziehung der Kunst nicht auf den Menschen an sich, sondern auf diesen jetzigen Menschen – die Beziehung des einzig heilenden Mittels auf den einzig durch dies Mittel zu Heilenden.

Es war ein Geschlecht, das sich unbedingte Bescheide zutraute, und auch Schillers Bescheide beanspruchen gern eine Art Zeitlosigkeit. Und doch ist er wie kein anderer die treibende Kraft des Zeitalters in Person, groß und bedingt wie wenige Deutsche – einer der säkularen Menschen, denen wir gerade nicht die ewigen Antworten zutrauen, wohl aber die Antworten mit den nachhaltigsten Wirkungen. Er gehört zur Familie von Luther, Rousseau, Nietzsche. Sie sind vielleicht noch seltener als die großen Schöpfer. Der Augenblick, der in ihnen handelnd geworden ist, ist weder vordergründig noch kurzfristig; und der Mensch eines solchen Augenblicks kann seiner Gegenwart unhörbar bleiben, weil sie, die groben Ohren mit Lärm gefüllt, noch nicht zu sich selbst, das heißt zu ihrem verborgenen Werden gekommen ist.

Der gegenwärtige Mensch, wie ihn Schiller einkreist, ist im Ansatz schon mit dem Christentum da, dessen Zwei-

heit hier als Stoff- und Formtrieb erscheint. Was dieser christliche Mensch, sich selbst überlassen, das heißt ohne den christlichen Gott werden muß, das konnte in dem herrlichen 18. Jahrhundert der großartigsten Liebesentfaltung und der reichsten Liebesarten, und der Gesellschaft als schöpferischer Form, die durch ihre vornehme Weltlichkeit eine Weile lang alles strenger Bindende ersetzte, nur eine so heroisch karge, unhöfliche, von der Musik des Lebens unverführbare Natur wie Schiller voraussehen. Er erriet im Menschen des 18. Jahrhunderts den des 19. und 20. Jahrhunderts, den Menschen der Technik. Denn dem großen Diagnostiker sind Symptome des Gegenwärtigen Vergangenheit, Symptome des Werdenden Gegenwart.
Der Vergleich, den Schiller öfter zwischen den Verfassungen des Staates und denen der Seele anstellt, erinnert an Plato. Dem war die Seele das schwerst-zu-Kennende, und er machte sich die gerechte Seele denkbarer durch die gewaltige Metapher eines entworfenen Staates. Schiller geht von dem ihm Bekannten und Deutbaren, der inneren Zweiheit des Menschen, zum Weltereignis. Wenn er die Revolution als einen verfrühten Versuch der Menschheit zur Autonomie ansieht, so deutet sich ihm als Schicksal des Staates aus der Verlegenheit der Seele, welche die Zweiheit von Trieb und Vernunft zum Austrag zu bringen hat. „Anmut und Würde" unterscheidet eine despotische und eine liberale Verfassung des Innern; die liberale, Kant entgegen, für die „Kinder des Hauses". Das ist

Metapher der Metapher. Wenn der große Augenblick der Revolution ein kleines Geschlecht findet und der umgebrochene Staat nicht zur Republik des sich selbst bestimmenden Menschen, sondern zur Ochlokratie der entsicherten Triebe wird, so ist dies von der Seele auf den Staat herübergenommen − Schillers Erfahrung der Seele, ihrer Verwilderung und Entzweiung, oder auch ihrer Bändigung und Aussöhnung mit sich selbst, hat an sich etwas Staaten-artiges und enträtselt ihm die Geschichte.
Schiller nimmt für die Entwicklung einer Schönheitslehre den französischen Umsturz zum Ausgangspunkt. Der hat die große Möglichkeit verscherzt, weil sie nicht erzieherisch vorbereitet war. Der geschichtliche Augenblick dieser Briefe ist derselbe, die Entscheidung vollzieht sich aber im innerlichen Werden des Menschen. Der Mensch wächst in eine andere Form. Alles kommt an auf das Verständnis zweier Begriffe, deren einer der Befund, deren anderer die Möglichkeit ist, ihn zu verändern: Modernität und ästhetischer Zustand!
Modernität ist die Entzweiung mit sich selbst. Der ästhetische Zustand ist die Aussöhnung des Menschen mit sich selbst. Es wäre einseitig, das Verhältnis rein pathologisch aufzufassen: so wenig Modernität einfach Krankheit ist, vielmehr, als Krise, Merkmal eines vielversprechenden Werdens in seinem bedrohtesten Punkt, so wenig ist der ästhetische Zustand lediglich Heilmittel, nur durch den Bezug auf jene bedeutend; er ist vielmehr vom Begriff des Menschen aus gedacht, dessen vollkommenster Zu-

stand, gleich tätig wie empfangend, Vorwegnahme der in ihm angelegten Gottheit. Sollte das griechische „Maximum" jemals überschritten werden, so war der Durchgang durch die Modernität die Bedingung dafür. Wie sich Schiller diese aus seiner eigenen, durch Selbstentzweiung ins Riesige strebenden Natur herstellt, so stellt er sich jenes Maximum, das er nicht unmittelbar berührt, nach Goethe her — großartig vereinfachend, aber nicht ohne Recht und jedenfalls fruchtbar; denn er hat es da mit zwei Menschen zu tun, die als Personen Beispiele sind, und hat sich immer von dem tragischen Leid seines Wesens an der durchschauten höheren Notwendigkeit dieses Leides wieder hergestellt. Der Fluch der Modernität ist das feindliche Auseinandertreten des Vielen in der Seele; nicht die Vielheit an sich, die ehemals in der Einfalt des Ungeschiedenen, dereinst vielleicht in einer besonnenen Zusammenstimmung die Totalität des Menschen bedeutet. Der neuere Mensch ist Märtyrer des Werdens, da durch Zerlegung die einzelnen Vermögen zu ungekannten Leistungen ermächtigt werden, er selbst aber nie in den Besitz des Ganzen gesetzt wird, nie sich selbst als Ganzheit genießen darf. Dieser neuere Mensch ähnelt nicht nur dem Deutschen wie ihn Hyperion schildert, sondern auch den „höheren Menschen" Zarathustras: „Was Wunders auch, daß ihr mißrietet und halb gerietet, ihr Halb-Zerbrochenen! Drängt und stößt sich nicht in euch — des Menschen Zukunft?" Nur daß der humanere Schiller uns nicht zumutet, nur Stufe zu sein — das Bild des Menschen, die

Totalität der Gattung, nach der man bei uns „von Individuum zu Individuum herumfragen muß", darf sich auch in uns wiederherstellen und zwar durch die Kunst.
Die griechischen Götter sind ihm ein psychologisches Symbol: sie sind nicht Bruchstücke, sondern veränderte Mischungen; in jedem ist die ganze Gottheit vorhanden. Göttlichkeit und Götterlos winkt aus der Ferne des Altertums als ein „bloß menschlicherer Name für das freieste und erhabenste Sein..." Vielfach ist die Zerstückelung ausgedrückt: psychologisch, ständisch-beruflich, politisch, ästhetisch. Geist und Sinne wirken getrennt, intuitiver Verstand arbeitet auf Kosten des spekulativen, der Staat fordert den Bürger als „umgekehrten Krüppel" (ein Ausdruck Zarathustras, der hierher paßt), der nur Memorie, tabellarischen Verstand, mechanische Fertigkeit betätigt; wie die Abstraktion ohne Herz ist, so ist der Geschäftsmann ohne Phantasie usw. Der moderne Mensch verhält sich zum Griechischen wie ein Uhrwerk zur Polypennatur. Aber es fehlt dieser Schrift Schillers alles Romantische: weder den abstrakten Verstand, noch die Technik, noch die kategorische Moral, noch irgendeine Errungenschaft des modernen Menschen denkt Schiller preiszugeben. Wir sind Verstümmelte — aber im Namen des Werdens!
Der Gegenbegriff zur Modernität, der **ästhetische Zustand**, ist zunächst als Pharmakon genau aus ihr hergeleitet und so wahr als wirksam; beschreibt er doch Schillers Verhältnis zur Kunst und seine persönliche Er-

lösbarkeit! Wenn alles nicht Gute gutzumachen allein dem ästhetischen Zustand aufgebürdet wird, so ist dies der erklärte Argwohn nicht bloß gegen noch bestehende religiöse Einrichtungen, sondern auch gegen die Möglichkeit einer neuen Epiphanie, und es wird gleich verständlich, warum Hölderlin bei Schiller beginnen, und wo er sich von Schiller trennen mußte.
Vieles ist nicht zu Ende gedacht. Zum Beispiel, wieweit die Entzweiung des Menschen mit sich selbst, die den Begriff des neueren Menschen ausmacht, zugleich zum unveränderlichen Wesen des Menschen gehört. Unveränderlich jedenfalls, weder aus der Vergangenheit noch aus der Zukunft des Menschen wegzudenken, ist eine weitere Form der menschlichen Zweiheit, der Stoff- und der Formtrieb, die Schiller aufbietet als Bedingung eines Dritten, der unter schlichtem Namen ein wahrer Wundertäter ist: des Spieltriebs.
Da das Verallgemeinern zu dieser altertümlichen Psychologie gehört, fällt alles, was wir Persönlichkeit nennen, dem Stofftrieb anheim. Dieser ist nicht etwa reiner Lebenstrieb, sondern ebenfalls eine Regung des Geistes; und zwar eine, bei der er sich verliert und vergißt: ähnlich dem, was wir Eindrucksfähigkeit nennen. „Eindruck" nennen wir einen Vorgang, durch den der Geist in gewisser Art Stoff wird und einem Fremden, einem Objekt ihn zu gestalten erlaubt. Schwerer ist der Formtrieb zu erklären, die Selbstbehauptung der reinen geistigen Energie gegen alles „Leiden", gegen die sinnliche

Bedingung der Existenz. Es fällt uns schwer, den Geist ohne Beziehung und Gegenstand, noch schwerer, ihn ohne Subjekt zu denken als reines Handeln. Zwei Arten des Verfalls, als Kennzeichen der Modernität, sind denkbar: der Geist erleidet auf moralischem Gebiet die Befehle der Sinnlichkeit, indem er sein freies Handeln an den ihn besitzenden Gegenstand verliert; oder er verliert, gegenstandslos auf sich selbst bezogen, mit der Existenz auch die Form. Nun sucht Schiller ein erleidendes Tun, ein tätiges Erleiden des Geistes, in dem der Mensch, so bestimmend wie bestimmbar, seinem reinen Begriff zufolge ganz eigentlich Mensch ist, und begründet damit die gestrige und heutige Psychologie des Spiels. Was das Kind tut, ist ungewiß; der Erwachsene aber „spielt", das wissen wir; und er legt das Kind nach sich aus als ob es spiele, das heißt denselben Unterschied zwischen Ernst und Spiel setze wie der Erwachsene. Erstaunlich: vor das Wort „Ernst" setzt Schiller ein „nur", das Spiel ist der eigentliche Adel des Menschen, und die Kunst ist darum über allem, weil Moral und Wissenschaft, so gut wie das gesamte Triebleben Bereiche des Ernstes sind, die Kunst allein „spielt". Vom Karten- und Kegelspiel unterscheidet sich ein höherer Begriff des Spiels durch den Gegenstand, mit dem gespielt wird, die Schönheit. So ist das Spiel Metapher, aber keineswegs für das Schaffen, sondern für die freie Betätigung aller Gemütskräfte überhaupt, für die unendliche Bestimmbarkeit bei freiester Selbsttätigkeit, und ferner für die Unendlichkeit des Wollens und

Tuns, in die dieses Spiel in leichtestem Übergang entläßt: gleichgültig, ob der Künstler oder das ideale Publikum „spielt". Und mehr als bloße Metapher ist dieser Begriff insoweit, als der Mensch nur als Spielender wahrhaft verändert werden kann. Denn jede Einwirkung, die ihn in den Fristen seines Ernstes trifft, verändert höchstens sein Bewußtsein und sein Wollen, nicht aber seine Natur, da das Auseinanderstrebende (Stoff- und Formtrieb) nicht durch ein Drittes aufgehoben wird. Wer auf sein Spiel wirkt, auf ihn wirkt, wo er sich „gehen läßt", der nimmt auch seine Sinnlichkeit in die Einwirkung mit auf, und zwar nicht als etwas Rohes neben dem Geistigen, sondern ununterscheidbar, als Geist, der Leben ist; als Leben, das Geist ist. Mehr in unserer Sprache ausgedrückt, würde dies heißen: die Kunst ist die einzige Möglichkeit, das Unbewußte zu verändern.

Wie ernst muß der Mensch gewesen sein, der dem Spiel so Ungeheures, eigentlich das Schicksal der ganzen kommenden Geschlechter anvertraute! Daß das Spiel, nicht irgendein Ernst die Bewährung des Menschseins ist, hängt mit einem doppelten Begriff der Freiheit zusammen: der Freiheit als unendlicher, nicht leerer Bestimmbarkeit (darin liegt das Gelöste, Vielseitige und Liebevolle des Geistes und seine Liberalität gegen den Stoff und den Reiz), und der Freiheit als Selbsttätigkeit im Bestimmtwerden (darin liegt die Verfügung des Geistes über sich selbst im Gegensatz zu einer sinnlichen oder sittlichen Gewalt, die ihm geschieht): im Ernst wird der Mensch besessen, sei es vom Grundsatz (Formtrieb), sei es vom Gegenstand (Stofftrieb). So spielt der Erwachsene: er verfährt zwar nach Gesetzen, aber nach solchen, die er selbst gibt und aufhebt, und die ihn in das Behagen der Herrschaft und nicht in die Furcht des Dienstes versetzen; er spielt um Gewinn und zu Zwecken, aber zu solchen, die er von den Zwecken des Geschäftes oder der Leidenschaft wohl zu sondern weiß; und er spielt so heftig und so lang, als es ihm beliebt. (An den ,,enragierten" Spieler denkt Schiller bezeichnenderweise nicht.) Dabei verhält sich der Spielende so vorschreibend wie hingebungsvoll: das Ding hat seinen Willen, der Ball fliegt wie er muß; aber, da der Mensch schnell und richtig den Aufschlag des Schlägers und den Winkel des Rückpralls berechnet, zugleich auch wie der Mensch es will: der Ball ist des Menschen und der Mensch ist des Balls, und beide bleiben sie selbst. Das Größte, was über diesen Zustand des spielenden Menschen, der mit der Schönheit spielt, gesagt werden kann, ist, daß für ihn nicht nur der Widerstreit von Sinnlichkeit und Form, sondern auch die Beziehung: Subjekt und Gegenstand aufgehoben ist. Durch Mitschaffen, sich Hingeben und Aneignen wird der Gegenstand Bild im Geiste, und fließt der Geist in den Gegenstand hinüber, und Schöpfung und Schöpfer sind für die Dauer dieses Zustandes eins. Das andere Gleichnis, das Schiller neben dem Spiel gebraucht, um den ästhetischen Zustand deutlich zu machen, ist die Liebe.

In diesem Zustand hat Schiller den Menschen gern. Und

wenn dieser Zustand, das Edle in einen Gegenstand unserer Neigung verwandelnd, im Erziehungsprogramm als ein notwendiger Durchgang zur Vollkommenheit des handelnden und erkennenden Menschen gedacht war, so verfängt sich Schiller selbst unterwegs in seinem Zauber; er wird ihm Sinn über allem Sinn, nicht mehr dienstbar, nicht mehr vergleichbar. ,,Ob er (der Mensch) nun gleich ein unendliches Wesen, eine Gottheit nicht werden kann, so muß man doch eine Tendenz göttlich nennen, die das eigentlichste Merkmal der Gottheit, absolute Verkündigung (Wirklichkeit alles Möglichen) und absolute Einheit des Erscheinens (Notwendigkeit alles Wirklichen) zu ihrer unendlichen Aufgabe hat" (11. Brief). Mit höchster Behutsamkeit, nichts Errungenes preiszugeben, und unbemüht von dem schlechten Gewissen der Kultur, das die Geschlechter nach ihm martert, gesteht Schiller doch zu, daß der Mensch einen Schritt zurückgehen müsse (20. Brief). Der Mensch, als Künstler, ist innerhalb der Modernität nicht nur prophetisch, sondern auch zurückschreitend, wiederholend. Indes ist dieser ästhetische Zustand viel nachbarlicher, der Treue des Geistes zu sich selbst hinnehmbarer, als der dionysische Taumel der romantischen Kunstphilosophie, die sich in dem jungen Nietzsche zu Ende dachte. Ist die Antwort Schillers, die er auf die Frage nach dem modernen Menschen und der Kunst gibt, für uns noch so zwingend wie die Frage selbst? Gelöstheit des Geistes im höchsten Besitze seiner selbst – das ist das entscheidende Merkmal des Zustandes, in dem der Mensch die wunderbarste Möglichkeit der Veränderung haben soll, und für dies Merkmal oder gegen es haben wir uns zu entscheiden.

Es mag scheinen, als verzichte die hier geübte Auslegung auf jedes gesicherte Verfahren, und mißbrauche ungeschichtlich und in voreiliger Anwendung auf die Gegenwart Schillers Worte zum Vortrag einer persönlichen Meinung. Eigentlich geht es darum: ist die Lehre Schillers nur ein bemerkenswerter Absatz in der Geschichte der Ästhetik? was für die Lebenswirkung eines Dichters vernichtend wäre; oder spricht er, mit dem Reiz des Gegenwärtigen und mit dem Anspruch des Kommenden, ein wichtiges Wort in die Krise unserer Zeit? Und da die Wissenschaft von der Seele, noch heute wie damals, im ersten Tasten befangen ist und jeder gediegenen Vereinbarung entbehrt, so kann diese Stimme von gestern überhaupt erst verstanden, als verstandene wirksam werden, wenn man die zeitgebundene Wendung durch eine andere, ebenfalls zeitgebundene Wendung ersetzt. Mag sein, daß unsere Art des Ausdrucks noch vorübergehender ist als die eines Kantianers, der es unternimmt, Psychologe des ästhetischen Zustandes zu sein. Dennoch muß übersetzt werden. Übersetzung heißt aber in der Sprache der gangbaren Philologie ,,unhistorische Subjektivität". Der Philologe sieht zwei Möglichkeiten: geschichtstreue Auslegung, die bei so simplen Sachen, die wir nicht mehr glauben, wie Stofftrieb, Formtrieb, Spieltrieb, unfruchtbar würde; oder gewaltsame Umdeutung ohne alle falsche

Scham – pecca fortiter! Er wendet sich ab ohne Menschenhaß und Reue: „Erbauungsliteratur, schön oder nicht schön – was geht es mich an?" Dennoch bekennt sich dieser Versuch zur Objektivität, und zwar zu der des Problems. Es hat seine eigene Mitte, in die wir uns setzen müssen, absehend soweit wir es können von Schillers Bedingtheit und von der unsrigen. Ist Schiller wirklich der säkulare Mensch, in dem die Unruhe eines anhebenden Zeitalters dichterisch fiebert, so besteht das von ihm gesehene Problem unabhängig von ihm fort, eine Turandot für viele Freier. Seine, unsre, fernere Versuche, es zu bewältigen, sind nicht Zentren, sondern Umkreisungen; die Versuche müssen vom Problem aus begriffen und bewertet werden. Auch der zulängliche Versuch ist vor diesem nur bedingt gültig, weil es sich mit den Jahrzehnten verändert; ja aus der wechselnden Begriffssprache können die Verwandlungen des Problems abgelesen werden. Dadurch wird die Herleitung der Schillerschen Gedanken aus Kant oder Shaftesbury weniger erheblich. Sie betrifft die philosophischen Schulbildungen. Im systematischen Denken ist Schiller unschöpferisch; er stellt um und verbraucht. Wenn nach dem Schönen überhaupt gefragt wird, führt Schiller auf Kant und dieser auf Plato. Wenn aber gefragt wird: wo steht jetzt der Mensch, und was vermag das Schöne über diesen Menschen? so hört Kant auf, der Lehrer Schillers zu sein, und Schiller berührt sich in der Sphäre dieser Frage mit ganz andern, meist späteren Denkern.

Ein Vergleich: gesetzt wir läsen bei Paracelsus Vorschriften, einer Seuche zu begegnen. Diese Seuche sei lange nicht mehr bei uns aufgetreten. Es handle sich darum, hierin die Leistung des Paracelsus zu beurteilen. Man kann nun, ohne Kenntnis der in Rede stehenden Krankheit jene Vorschriften auf seine Ansichten von Eingeweiden, Elementen, Gestirnen zurückführen, streng geschichtlich, ohne heutiges Wissen und heutige Denkformen einzumischen, ,,objektiv", das heißt ohne das Objekt. Das Objekt ist die Seuche. Nun komme ein Mann, der das Glück gehabt hat, durch den Vergleich der geschilderten mit jetzt beobachteten Symptomen herauszubringen, von welcher Seuche Paracelsus redet. Er erst kann jenen Versuch mit dem, was die Kunst heute aufbieten würde, vergleichen; beide Versuche sind ungleich, wohl auch in ihrem Werte; weitere nach und neben ihnen bleiben denkbar — alle aber haben Sinn, Gestalt und Verwandtschaft erst in bezug auf jenes mit sich selbst gleiche Übel.

Auf Schiller angewandt: Geistesgeschichte wäre in diesem Fall Leerlauf. Ein Erfassen dieser Gedanken, deren Genialität nicht irgendein Ewiges, sondern Zeitbewegtheit ist, muß von der Krise, die sie behandeln, ausgehen. Das heißt hier ,,objektiv". Es wäre unrühmlich, wenn wir von dem Objekt dieser Gedanken (der Krise) nur durch Schiller unterrichtet wären. Es ist uns Gegenwart. Gegenwart ist hier nicht eine Minute, sondern eine Epoche. Es war das Genie Schillers, die dauernden Sym-

ptome zu ergreifen, die nicht Übergänge innerhalb der Krise sind, sondern erst mit ihr selbst weichen werden.
Von dem Namen aus, den Schiller für die von ihm innerlich erfahrene, psychologisch untersuchte Zweiheit des neueren Menschen fand, mußte er auf das Spiel als auf den zur Kunst überleitenden Begriff des Ausgleichs verfallen. Der heutige Psychologe hat für eine ähnliche Zweiheit einen anderen, nicht minder tastenden Namen gefunden: Bewußtsein und Unbewußtes. Notgedrungen wird er den zur Kunst überleitenden Begriff nicht im Spiel suchen, sondern im Traum. Damit ist viel über die Gleichheit des Problems, aber auch über das verschiedene Begreifen des Menschen und das verschiedene Zeitbewußtsein gesagt. Traum statt Spiel: an beidem wird die Gelöstheit des überspannten Menschen begriffen, die ihm die Kunst bringt und in der er tiefer zu sich selbst geführt, inniger mit sich selbst versöhnt werden soll; aber der Vergleich des Traums mit dem Spiel lehrt auch, daß die Wirklichkeit der Kunst inzwischen geheimnisvoller, drohender, zuchtloser geworden ist.
Die Formel: daß der Mensch seine Totalität eingebüßt habe, und daß ihm die Kunst sie, wenn nicht gerade im Schlafe, so doch im Spiele wieder einhändigen werde, ist für uns noch so magisch wie je. Alte Wunden brennen, und das Blut wallt freudig auf: es sind unsere Freuden und unsere Leiden. Jedes Zeitalter verwirklicht nur einen Ausschnitt des Menschlichen im Leben. Der Ausschnitt, den wir Spätlinge, Sonderlinge und tüchtig-dürftige Spe-

zialisten verwirklichen, ist besonders eng. Aber alles ist auch noch da, rauscht als Unterstrom, je mehr aus dem Leben verbannt wird, um so beunruhigender in unsern Träumen auf, und straft unser Nicht-hinhören durch maßlose Verheerungen, deren Anlaß wir so wenig begreifen wie die Thebaner ihre Pest. Nicht nur, daß ein außer Verhältnis großer Teil des inneren Lebens ungeäußert bleibt: er bleibt auch unbewußt, ja, das Bewußtsein des Menschen von sich selbst benimmt sich harthörig, verstockt und bösartig dagegen. Modernität wäre für uns der Gift gewordene Gegensatz zwischen dem Umfang des Selbstbewußtseins und der vollen menschlichen Natur. Es ist folgerichtig, daß der „Kranke" (das heißt der Mensch, bei dem sich die Lebensstörung in den der Wissenschaft geläufigen Zeichen verrät) durch Eingriffe geheilt wird, die sein Traumleben vorschreibt: er wird durch den Psychiater mit seinen Träumen ausgesöhnt. Wenn schon dieser „Kranke" ein Symbol der Modernität sein könnte — wichtiger ist uns der „Gesunde". Auch er ist mit sich selbst entzweit: wie kann das Wenige, das er in seinem Leben gestaltet und verwirklicht, mit dem Vielen, ja Unendlichen, das er ist, ohne es zu besitzen — wie kann sein wirkliches Ich mit seinem möglichen Ich ausgesöhnt werden, nicht durch den ihm weder notwendigen noch genügenden Vorgang einer Heilung, sondern ein Dasein zweiten Grades, das nicht nur jede Möglichkeit seines Ich enthält, sondern es jedem möglichen Sein der Menschheit geisterhaft gesellt — ein entbundeneres Leben, in dem er als Element und als Gestalt die ganze in ihm gehegte Natur erschöpft, ohne daß dies zweite Leben störend in den Taglauf seiner bedingten Lebensführung einbräche? Ein solches zweites Dasein des Geistes lebt er in der Kunst. Sie ist die Ergänzerin des Menschen, die Ergänzerin des Zeitalters und die Ergänzerin der Lebensläufe: sei es, daß sie, von längerem Gedächtnis als alles was lebt, verschollene Daseinsstufen des Menschen in uns wiederholt; sei es, daß sie, beim eben noch Vertraulichen beginnend und sich verlierend im Ungeheuren, das Gehege der Bilder, des Begriffs und der Sitte um die Zone des „Anderen" erweitert und so die Dürftigkeit einer Lebensform erträglich macht; sei es, daß sie die Zufälle eines Lebenslaufs als Zeichen des Notwendigen liest und andere, verwischte Zeichen eines anderen Sinnes, der nicht Ereignis wurde, deutlich und tröstlich hervortreten läßt. Was innen da ist und nicht ins Leben darf, wird Gift; es würde zu Leben, wenn Mensch und Welt ihm gewachsen wären! Da hilft die Kunst — sie erlaubt ihm ein Sein, zu wunschlos um Leben zu heißen, zu dämonisch, um für Schein zu gelten; entbehrlich im gemeinen Sinn und doch vielleicht die allerletzte Bedingung für das Atmen der Seele.

Wenn der Mensch nicht mehr weiß, was er ist, und, um bürgerlich brauchbar zu bleiben, sich gegen die Wahrheit seines Innern wendet; wenn er durch die Schmalheit des Erlebnisses nicht nur verarmt, sondern durch dessen mörderische Gleichartigkeit entstellt wird, dann wird die gesamte Gebärde einer Zeit falsch, und Modernität heißt eine nicht mehr bewußte, aber um so unsittlichere Verstellung im weitesten Umfang. Kunst wäre dann alles andere als ein liebenswürdiger Schein — sie wäre ein umgekehrter Fasching, ein Rausch der Wahrheit.

II. Das Handeln und der Schein

Das wirkliche und eigentliche Tun ist etwas an Bedeutung Geringes, an Dauer Kurzes, mit den Zweifeln und Entscheidungen verglichen, die ihm vorausgehen, an den Wirkungen gemessen, die ihm folgen. Zumal für den Dramatiker. Nachdem er die Geheimgeschichte der entstehenden Tat geschrieben hat, schreibt Schiller die Geschichte der getanen Tat, die sowohl offen als geheim ist: offen, sofern sie die Lage der Dinge verändert; geheim, sofern sie zurückwirkend den Selbstbesitz des Handelnden selten steigert, meist schmälert; und vielleicht auch, sofern sie an dem Begriff, den sich die andern über den Handelnden bilden, weiterschafft. Die wichtigste dieser Wirkungen ist bei Schiller das Deuten. Es ist zusammengesetzt. Denn wie die Tat des Handelnden, wie der Handelnde als Persönlichkeit gedeutet wird, das ist kein freies Urteil, keine Bildschaffung eigenen Planes und Gesetzes — vielmehr prägt sich, da Geschichte niemals aus dem Stegreif gelebt wird, die eine Deutung nach zehntausend vorausgegangenen, und ist beschränkt durch die Fähigkeit und Gewohnheit des Deutens überhaupt, durch Überfluß und Lücke in der zeitgültigen Denkform. Vorstellbar wäre auch ein Held, der nicht den verzweifelten Kampf mit ausgebildeten Denkformen auf sich zu nehmen brauchte, weil er, zusammenfassend, erfüllend, den aufgesparten Willen der Geschlechter in seinem Handeln entlädt. Einen solchen aber hat Schiller nicht gestaltet.

So ist Schiller der scharf zergliederte, tiefsinnige, dem verborgensten Geschichtsrätsel gewachsene, bisweilen in seiner Hellsicht mystische Darsteller des Scheins in der Sphäre der Tat. Nicht des Scheins überhaupt. Es gibt wohl kaum einen Tragiker, der nicht den uralten, vom Leben gestellten Endreim von Schein auf Sein in neuen Zeilen neuen Sinnes ausklingen ließe. Der Schein, dem Schiller nachgeht als einem allerstärksten, geradezu magischen Prinzip des Geschehens, ist nicht nur von dem ontologischen, ist ebenso scharf zu trennen von dem ästhetischen Schein seiner eigenen Kunstlehre, dem er einen für den Wesenseiferer so anstößigen Rang zuerkennt. Aber dieser „politische Schein", wenn man ihn so nennen darf, stimmt darin zu dem ästhetischen Schein, daß beide an den zur Wahrheit überleitenden Begriff „Erscheinung" grenzen, bisweilen sich in diesen verlieren. Schein ist soviel an der Tat, als der Deutung, der Auslegung, dem Glauben anheimfällt — auch das, wodurch sie mitreißt, ob zu gutem oder bedenklichem Ende. Er ist weder gut noch böse, weder wahr noch falsch; vor allem hört er hier auf, in einem Gegensatz zum Sein zu stehen. Denn er selbst ist höchst seiend, ist die Wirkung des Tuns, sofern sie den Kreis des Stofflichen überschreitend geistig-sittlich wird. Wird da nicht die Tat selbst zum Schein? Man muß sie schon zu ihrem Ansatz in der Seele des Tuenden zurückverfolgen, um ihr Sein vor der Erscheinung, ihr Wesenhaftes vor der Verkörperung zu beschleichen. Aber auch in dieser inneren Zelle wird ein wenig, ein wenig viel Schein betroffen; nicht nur vor den andern, auch vor sich selbst führt der Handelnde etwas auf — was Schiller nicht entging. **Der Schein der Tat ist ihr Gesehenwerden.** Er wird verfänglich, wo er sich schlechthin mit dem Wesen des Handelnden entzweit. Warum aber und auf welche Weise — dafür findet jede dramatische Katastrophe Schillers eine neue Antwort.

Die Wallensteintrilogie überblickt das Machtbereich dieses Scheins vielleicht im weitesten Umfang, aber vielleicht mit der geringsten Schärfe: es ist der eigene Reiz dieser Dichtung, daß um die Scharfäugigkeit Schillers hier noch so viel Dämmerliches blieb. Noch einmal zurück zu dem vielberufenen Monolog! (Wallensteins Tod I. 4) ,,Er bleibt tiefsinnig stehen." Jawohl, er hat allen Grund dazu. Denn seine Frage nach dem Schein ist die bohrende Frage Schillers nach dem Wesen der geschichtlichen Wende, die er nicht im friedfertigen Abstand des beschaulichen Menschen stellt, sondern als einer, der sich ins Zentrum der Begebenheit hineinversetzt, dem Handelnden kongenial mit ihm handelt, sein getreuer Mime, bis in den feinsten Nerv vom Blitz und Wesen der Tat getroffen. Der ganze Begriffsvorrat dieser Sphäre wird ausgebreitet: ,,Strafbar erschein ich — mich verklagt der

Doppelsinn des Lebens — der frommen Quelle reine Tat wird der Verdacht schlimmdeutend mir vergiften — war ich, wofür ich gelte — den guten Schein gespart — Hülle dicht um mich gezogen — werden sie, was planlos geschehen, planvoll zusammenknüpfen — zu künstlichem Gewebe vereinen—". Gegen Ende finden sich einige Ausdrücke („Gewebe — zusammenknüpfen — vereinen — daraus bereiten"), die darauf deuten, daß aus dem vielfachen Scheinen ein Haupt- und Gesamtschein wird, den wir nicht so sehr eine Dichtung als eine Existenz zweiten Grades nennen möchten, neben der eigentlich vom Handelnden geführten, eine Existenz, die er erst kaum bemerkt, bis er hier einmal einen Schatten huschen, dort einmal einen Finger deuten, oder gar ein Haupt nicken sieht, bis dies furchtbar wesenhafte Schemen ihm frech ins Gesicht hinein sagt: „Nicht nur du bist du, auch ich bin du" und ihn zwingt, diese zweite Existenz neben seiner eigentlichen anzuerkennen und mitzuführen — bis das Schemen in ihn hineinschlüpft und selbst sein Eigentliches wird. Dies Schemen ist die Existenz, die der Handelnde im Denken der andern führt.

Das alles kann gar nicht tiefer gedacht werden, als Wallenstein es hier ausspricht. Er betritt, indem er durch seinen Entschluß bedenkliche Deutungen gegen sich heraufbeschwört, die Gefahrzone. Er begeht einen Treubruch; aber jede der handelnden Gestalten Schillers, auch die finsterste, hat einen fürstlichen Anteil an dieser alles wagenden Selbstbestimmung und Selbstberufung. Die

Deutungen hängen unter sich geistig, beinahe geisterhaft zusammen, sie folgen dem Gesetz der fortwirkenden Vergangenheit, sind im selben Grade, wie das Denken des Tatmenschen ein erstes Denken ist, ein zweites, zehntes, tausendstes, und lähmen den Zauber des Neuen mit dem stärkeren Gegenzauber des Alten. Dieser Gegenzauber heißt Denkgewohnheit. Das Wort findet sich bei Schiller nicht, deutlich aber die Sache. So ist sein Held zu dem völlig in der Art Nietzsches gedachten Oxymoron gedrängt:

Durch feige Furcht allein mir fürchterlich.

Wiederum ist diese Gefahrzone des feigen Denkens, das der allein unüberwindliche Gegner des auf sich gestellten Tatmenschen ist, mit einem reichen Vokabular umschrieben: „Sicher thronende Macht erschüttern — verjährt geheiligter Besitz — in der Gewohnheit fest gegründet ruht — der Völker frommer Kinderglaube — tausend zähe Wurzeln — unsichtbarer Feind in der Menschenbrust — das ganz Gemeine, das ewig Gestrige, das morgen gilt, weil's heute hat gegolten — Gewohnheit seine Amme — Hausrat — Erbstück seiner Ahnen — das Jahr übt eine heiligende Kraft — grau für Alter."

Wer Lust hat, erweise in solchen Stellen Vorwegnahmen — Nietzsche drängt sich auf: „Siehe die Guten und Gerechten! Wen hassen sie am meisten? Den, der zerbricht ihre Tafeln der Werte, den Brecher, den Verbrecher: — das aber ist der Schaffende." (Zarathustras Vorrede 9.) Nur eines sei hier gestreift. Die Art, wie ein Geist zum Begriff der Zeit steht, ist bezeichnend, in unserem Fall verräterisch. Goethe kennt keinen werteren Gedanken, als daß das Leben eine Folge habe. Wie die Erinnerung als Spiegelung und ,,wiederholte Spiegelung" ein festes Motiv seiner Lyrik ist, so lebt auch Sippe, Volk und Gesellschaft ein Leben der Erinnerung, wird edel und geistig durch sie und erhält eine Art profaner Weihe; das Sittenhafte ist ihm ein höheres Maß als das Sittliche, und beides verbindet sich zu den höchsten Symbolen. Daß im ganzen und einzelnen so gelebt wird und wie gelebt wurde, das stiftet Beispiel und Nachahmung, erlaubt Überlieferung des einmal gefundenen besten Gehaltes und der Unlösbares lösenden Form. Da ist das ewig Gestrige wahrlich nicht das ganz Gemeine! Goethe verhält sich zu dem Begriff der Zeit als ein Mensch, dessen ganzes Wesen auf Dauer zielt. Ehe Schiller in Goethe, diesem beharrendsten deutschen Geist, seinen Gegensatz erlebte, bereitet er sich sein inneres Schicksal aus der Nähe einer großen Umwälzung, die seine früheren Dramen beunruhigt, und als sie in Europa erscheint, tauft er sie mit dem Namen seiner Seele um, zu einem verfrühten Versuch der staatsgründenden Vernunft, und gibt seiner Schönheitslehre durch die magnetische Berührung mit diesem Schicksal der Welt eine erhöhte Gegenwart. Er ist ein Mensch, der geboren ist, die Welt zu ändern; Nietzsche aber, der anhebt und endet mit der Witterung einer großen periodischen Umkehr, hat alles, was sich aus dem Geist eines großen Umwenders gegen die Zeit als Vergangenheit, als den Begriff dessen, was nicht rückgängig zu machen ist, und worin die Zukunft festgelegt ist, gegen die Zeit als die entmutigende Reihe von Folge, die Ursache, von Ursache, die Folge ist, dem Kapitel von der Erlösung im Zarathustra anvertraut. „Es war —: also heißt des Willens Zähneknirschen und einsamste Trübsal." Der leisen und deutlichen Gegensätze in beider Zeitbegriff ungeachtet: Schiller und Nietzsche begreifen sie aus umwendendem Geiste.

Wie dieser Schein als Gesehenwerden wahr oder unwahr, böse oder gut, förderlich oder hemmend sein kann, so kann er von Wallenstein im Gegensinn der Tat, von der Gräfin Tertzky im Sinn der Tat betont werden. Die Gräfin, eines der Überweiber, nach Art der Jungfrau, Elisabeth, Marina, Margarete, in denen der Geist der Tat sich beinahe ungeschlechtlich verkörperte, und vor denen der handelnde Mann immer noch etwas Zweifelndes, der Anstachelung Bedürftiges behält, wenn er ihnen nicht gar als Werkzeug verfällt — sie weist der sittlichen Bewertung der Taten eine erniedrigende Abkunft vom Erfolg nach — weniger im Widerspruch zu Wallenstein als ihn ergänzend. Der starken Tat kommt, wenn sie getan ist, die heiligende Macht der Zeit zugut. Das Getane, das den Zustand, das Bewußtsein und das Behagen der Lebenden mächtig mitbedingt, wird bejaht: es ist wirksam, mithin ist es gut gewesen. Die Tat ist die Kraftprobe. Die schwache Tat erliegt den Denkformen, die starke besticht sie.

> Entworfen bloß ist's ein gemeiner Frevel,
> Vollführt ist's ein unsterblich Unternehmen;
> Und wenn es glückt, so ist es auch verziehn,
> Denn aller Ausgang ist ein Gottesurteil.

Die Anerkenntnis dieses Scheins, das heißt der zweiten Existenz des Handelnden in den Gedanken der Menschen, ist nichts, zu dem sich Wallenstein erst überreden müßte. Auch darin, daß er gegen niemand er selbst, gegen jeden in anderer Weise ein Scheinender ist, nie ganz wahr, aber auch selten entschieden unwahr, ist Wallenstein ein Symbol der Tat. Er spielt Rollen, aber anders als der Schauspieler: furchtbar sind sie ihm aufgedrungen, die freigewählten bedingen ihn, der einmal zum Zwecke angenommene Schein verfügt über ihn, bemächtigt sich weit über die Gelegenheit hinaus seines nicht mehr selbstbedingten Seins. Gegen jeden hat er einen anderen Ton. Das vertrauliche Herantreten an einen, den man zu bearbeiten denkt, mit einem andeutenden Wink, als ob man eigentlich nur ihm sich recht eröffne, war ein Trick Napoleons; aber Schiller hat ihm dies nicht für seinen Helden abgesehen, sondern verdankt ein umfängliches und treffendes Wissen über die Technik der Menschenbehandlung seiner eigenen Natur. Dahin gehört auch, daß Wallenstein, mit herablassender Herzlichkeit, sich des Namens einzelner Kürassiere erinnert; und das ganze, geschickte, nicht einmal durchaus unwahre, zuletzt mißlingende Spiel mit den Pappenheimern. Selbst das reinere Verhältnis mit Max ist durch einen solchen Zug verunstaltet: Wallenstein läßt eine Neigung entstehen, die den jungen Führer fester an ihn binden kann, und ist von Anfang entschlossen, ihm die Hand seiner Tochter zu versagen.

Schiller könnte den ungeheuren und grundsätzlichen Mißbrauch des menschlichen Vertrauens als politischen Zynismus sich selbst strafen lassen durch einen der Nemesis gehorsamen, also metaphysisch zurechtgemachten Geschichtsverlauf. Seine reifende Menschenkunde und seine mit dem Können wachsende Lust an der Zerlegung menschlicher Vorgänge, in denen sich Seele und Sache verstrickt, reizt ihn, die Nemesis geheimzuhalten, oder sie den ganz weltlichen und natürlichen Gesetzen, wonach Menschen aufeinander wirken, anzuvertrauen. Die Kraft, durch die Wallenstein groß ist und Gewalt hat über fremde Gemüter, grenzenlos zu mißbrauchen — dies braucht ihn selbst auf. Auch in den Verhältnissen, in denen sich ein politischer Führer bewegt, gibt es kein ganz einseitiges Vertrauen. Er kann nicht die, deren er sich bedient, als ein Festes, sich selbst aber als grenzenlos Bewegliches setzen, so groß auch der Abstand seiner eigenen Undurchdringlichkeit von der fremden Berechenbarkeit sein mag. Es gibt niemals einen, der nur vertraute, und einen, dem nur vertraut würde — Vertrauen stiftet Gleichheit, auch zwischen Ungleichsten, und zwar heißt diese Gleichheit: Notwendigkeit des Ich. Schiller lernt das verletzliche Gleichgewicht solcher Beziehungen, als Seele im Berechenbaren, als inwohnende Nemesis des politischen

Lebens, immer zarter beobachten. Das deutlichste Mißverhältnis ist dieses: einer der vertrauen darf, spielt mit dem, der ihm vertraut. Er pocht auf Recht und auf Macht des Überlegenen. Das Spiel kann ihm glücken. Oder es mißglückt: der Betrogene merkt den Betrug. Und rächt sich, indem er seinerseits das Vertrauen täuscht. Ein feineres Mißverhältnis betrifft verborgene Schichten des Bewußtseins: der Betrogene merkt nichts, aber die Unwahrheit des Verhältnisses teilt sich dennoch seinen Gefühlen mit und bewirkt, daß die ihn an den Führer bindende Kraft zu schwach ist für eine ernste Probe; so verrät er, ohne zu wissen warum und ohne sein heimliches Recht zu kennen. Anders gesagt: wer Vertrauen bloß benutzt ohne sich binden zu lassen, schwächt seine Ausstrahlung. Und endlich: vertraut eigentlich Wallenstein? Durchschaut er nicht zu sehr, um zu vertrauen? Wenn ich jemanden berechne und sein Handeln in bestimmten Lagen verbrieft zu haben glaube — ist dies noch Vertrauen? Ist Vertrauen nicht zu einem Teil Wagnis? Ich wage mich an den andern, ich begebe mich in die Gefahr des andern. Darf Wallenstein wirklich über Oktavio sagen: ,,Dein schlechtes Herz hat über mein gerades den schändlichen Triumph darvongetragen?" Vielleicht wird man ihm die tragische Klage des Allberechnenden, der einmal blindlings vertraute, nicht ganz glauben. Denn wie vertraute er? Auf Zeugnis des Traumorakels und des Horoskops — das für ihn verläßlichste Gutachten! — Dies ,,Vertrauen" ist eher ein Beweis der vollkommensten Vertrauensunfähigkeit. Schiller vertraut den Sternen durchaus das Düstere, zwar magisch Zwingende aber verfänglich Mißleitende an, die Ungeistigkeit und Unzuverlässigkeit der kosmischen und menschlichen Natur, die ihm, dem stoisch aufgeklärten Bruder der christlichen Schicksalsdichter, Abgrund geworden ist. Wohl sind sie Notwendigkeit, aber als widergöttliche Fallkraft des Geschehens — wohl lügen sie nicht, aber sie haben zu schlimmem Ende des ihnen Gehorchenden recht. Wohl sind sie in der Brust des Menschen, aber in dieser regiert Macht und nicht Gewissen. ,,Stern" heißt es überall im Wallenstein, wo Schillers Menschengestaltung und Seelenkunde sich an ein Unauflösbares noch nicht heranwagt und einstweilen dafür das Symbol walten läßt. Nur verfehlt man den Standpunkt für das Ganze, wenn man dieses Symbol falsch deutet: weder stammt es aus urweltlicher Sternverbundenheit, noch aus aufgeklärtem geschichtlichem Verständnis, sondern die Sterne sind verhängnisvolle Winke aus dem ungöttlichen Grund des Ich und bezeichnen seine, eine Weile lang magisch wirkende, zuletzt versagende Willensübermacht über das Geschehen. Stern ist das starke Ich als Schicksal, die scheinbar unaufhörliche und doch kurz befristete Einhelligkeit von Wille und Weltlauf. Die Dirnenhaftigkeit der Fortuna ist in dem erhabenen Zeichen mitbezeichnet. Nicht zuletzt steht es für Wallensteins Bewußtsein von sich selbst. Dessen Grund ist mystisch. Nicht nur anderen ist er unvertraulich, er ist es auch sich selbst. Sich zögernd anheimgegeben als einem Element: so zwingend als unverläßlich. Vielleicht hat Schiller unbewußt das Verbrecherische der horoskopstellenden Westmenschen des 20. Jahrhunderts gestreift. Sie müssen erst die Sterne fragen, was sie sind. Darin läge der Begriff des Linkischen und der Ohnmacht, wie er für Wallenstein in allen Vertrauenslagen bezeichnend ist und es auch wäre, wenn er dem Etwas fremden Vertrauens nicht mit einem sittlichen Nichts antworten würde: er selbst hat kein festes Sein, und ist nicht, wie ihn Base Terzky möchte: der Rechthabende eigene Charakter, der übereinstimmt mit sich selbst. Auch er für sich ist ein Ungewisses, mit dem sich einzulassen verfänglich bleibt. So blickt er verdunkelt nach oben: furchtsamer Sterndeuter seines gegen ihn selbst heimtückischen Wesens. — Schiller hat der Nemesis ihre Paradoxie abgesehen. Zwar rächt sich das mißbrauchte Vertrauen an Wallenstein, aber nicht immer und nicht hauptsächlich durch dieselben Menschen, in denen und gegen die er es mißbraucht hat. Wallenstein lebt schließlich nicht nur in vielen einzelnen unreinen Verhältnissen, sondern diese bringen wieder aus sich ein Ganzes, ein ungreifbar Umgebendes hervor, ein Fluidum des Verrats, ein gespenstisches Gebärdenspiel des Auflauerns, Beiseiteziehens, Bestechens, des Bietens und Überbietens, eine vergiftete Luft des hemmungslosen Kalküls, wie sie nur der langen Erfahrung eines bewanderten Geheimagenten oder eben der verblüffenden Erratungsgabe dieses seltsam begabten Dichters vertraut sein kann.

Der Übergang vom Wallenstein zu den beiden Betrügerdramen Warbeck und Demetrius ist dieser: die Vielheit und Ganzheit der Wirkungen, die dem Schein als vermittelndem Prinzip zwischen dem Handelnden und der von ihm aufgeregten Welt angehören, verdinglicht sich in einer falschen Rolle. Der Handelnde muß scheinen: was er scheinen will, steht ein Stück weit in seinem Belieben, vielleicht auch nicht, aber wenn er es einmal zu scheinen begann, wird es ihm unentrinnbarer als was er eigentlich ist. Gibt es dafür ein genaueres Gleichnis als das eines geschichtlichen Helden, der wollend oder genötigt, arglos oder bewußt, einen spielte, der er nicht war? Gibt es ein genaueres Gleichnis für das Scheinenmüssen des Handelnden, als diese Unentrinnbarkeit des einmal angenommenen Namens? Ein Gleichnis, das so ausschweifend sinnreich und so zerlegend genau die Verbautheit der Horizonte durch Getanes, die Gespensterverfolgung der Seele durch ihr vor der Welt angenommenes Scheinbild darzustellen gestattet? Alles, was der Held scheint und scheinen muß, faßt sich unter dem Begriff einer gespielten Person zusammen: vor der Welt ist er Y, in Wahrheit ist er X, die Geschichte wird ihn „den falschen Y" nennen. Natürlich ist der Vorgang nicht dieser, daß Schiller zu der Algebra dieser genau ermessenen Verhältnisse passende geschichtliche Größen ausgesucht hätte, um eine dramatische Gleichung zu erzielen. Vielmehr zeigt der Wallenstein gerade in seinem reizvollen Schwanken zwischen symbolischer Zeichensprache und durchgeführter Seelenstudie, daß Schiller seine Charakterlehre des handelnden Menschen zu einem Teil schon in der Deutung, zu einem andern erst im Sinnbild besaß. Nein, dies alles war in ihm als geahnte Vielfalt des Tatenlebens, und erkannte sich selbst stufenweise in geschichtlichen Spiegelungen wieder — der Begriff verdeutlichte den Stoff und sich am Stoff; in der Reife des Wissens, die der Wallensteindichter erreicht hatte, zogen ihn Gegenstände an, die in dem nächsten Augenblick, wo dies Wissen noch um einen Grad schärfer wurde, das Symbol seines Wissens werden konnten. Eine Art Vorausnahme war schon ,,Wallensteins Lager", Darstellung des Wallensteinischen Scheinens, und der Wesenhaftigkeit dieses Scheinens als Popularität und Faszination — dies Vorspiel, dessen Haupt- und handelnde Person, wenn man so will, Wallensteins von ihm losgelöstes Scheinbild ist. Darum ist es der bewußteste Teil der Trilogie und hat einen eigenen Ton der Überlegenheit. — Die Geschichte ist eine Beispielsammlung. Aber wofür? Einige Beispiele stehen in vorbestimmter Entsprechung zu der Verabredung von Ideen, Mächten, Gesetzen in Schillers Geist. Diese Beispiele wählt er: aber sie erinnern aneinander, weil ein Urbeispiel sich in ihnen vervielfacht — bestimmte, in bestimmtem Verhältnis gegeneinander bewegte geistige Potenzen.

Keineswegs hätten sich die beiden Werkpläne Warbeck und Demetrius in der Durchführung stören müssen, da sie das Thema der gespielten Person nicht ähnlich, sondern entgegengesetzt durchführen. Inhaltlich betrachtet

hat jeder einen großen Vorzug für sich: im Warbeck ist das Bewußtsein des Handelnden von sich selbst in Spaltung und Vielfalt begriffen und in der ganzen Perspektive seines Abgrundes durchschaut, ja in Valeurs, in Graden der Aufhellung modern abgestuft. Demetrius aber hat für sich den größeren politischen Zug. Er wiegt die fesselnde Inwendigkeit des Warbeck damit auf, daß er das an sich ganz einfache und eindeutige Selbstbewußtsein des Handelnden da überrascht, wo es sich in eine Reihe äußerer Wirkungen umsetzt; Demetrius lehrt den Zusammenhang von Gewissen und Faszination. In beiden ist Schiller als Psychologe weit über den Wallenstein fortgeschritten — ein Fortschritt der Kunst konnte dies, mußte es jedoch nicht werden.
Warbeck ist von vornherein als edler Betrüger gedacht, das heißt der Betrug ist als sittlicher Begriff mehrdeutig. Nicht nur, damit der Zuschauer sich eine Weile mittäuschen lasse, — sondern damit die Liebenswürdigkeit des Helden nicht schon am Anfang durch etwas Fragwürdiges entstellt würde, ist die bewußte Übernahme einer falschen Rolle vor den Beginn des Dramas gelegt. Es wird ferner ein Teil der Verantwortung abgewälzt auf das Un- und Überweib, dessen Beispiel in diesem Plan Margareta von Burgund ist. Der Andrang der Umstände an den noch zarten Willen dieses Politikers wird groß und glaublich durch sie — ein stärkeres Wesen, in dessen Gewalt er sich begeben hat. Schiller quält sich, wie er die erste Lüge Warbecks und den Entschluß zu ihr als aufgedrungen ent-

schuldigen wird und wie die im Lauf des Dramas nachgetragene Vorgeschichte Warbeck möglichst entlasten könnte. Und über das Ziel, für das Warbeck sein Leben unter so verfängliche Bedingungen gestellt hat, läßt Schiller keinen Zweifel. Der Betrug ist für ihn Mittel, das Reine zu verwirklichen. Er spielt den Thronanwärter, aber so, daß sein Wesen: der königliche Mensch, die vorgetäuschte Königlichkeit rechtfertigt. Schein und Wesen vertauschen sich: vorm echten Begriff des königlichen Handelns ist sein Königscheinen wesenhafter als das Königsein anderer. Das Wesenhafte dieses Betruges stellt sich dar in der Art, wie Warbeck sich selbst nimmt — aber auch in der Art, wie er genommen wird von denen, die über seine königliche Person getäuscht sich doch nicht täuschen über seine königliche Seele; das Unwesenhafte des Betrugs, der für ihn doch Betrug bleibt, wie die Herzogin als Macht und Übermacht für ihn fortbesteht, stellt sich dar in der Art, wie er von ihr genommen wird: als der Unechte, der bloß geschobene Figur ist und zu sein verdient. Sein Verhältnis zu ihr ist geradezu Symbol seines Betrugs im niedrigeren, zweiten Sinn.

Wenn also zwar der Entschluß zum Betrug hinter ihm liegt, er ihn als nicht widerruflich behandelt und ein für allemal begangen, so erweist doch das nie abgestumpfte Leid über manche Folgen dieses Entschlusses seine Natur als makellos. Die edle Materie seiner Seele ist von diesem Entschluß nicht angegriffen, so wie der Staub, der auf etwas Goldenem liegt, das Gold nicht auslöschen kann.

Und mit alldem ist nur das Gemeindeutliche seines Bewußtseins bezeichnet! Denn in einer höheren Weise hat er sich allerdings an diesen Betrug gewöhnt, dem etwas in seiner Seele zustimmt, sofern er ihn im gemeinen Weltverstand erscheinen heißt, was er vor Gott und Geistern ist! Dies macht ihm die Grenze von Lüge und Wesen undeutlich, aber in einem viel höheren Sinne als in dem der Tartüfferie. Seine Rolle wird ihm, durch den Gehalt, den er ihr gibt, Natur. Die Eigenart des Gegenstandes macht Schiller auf die verschiedene Helligkeit des Bewußtseins aufmerksam; er entdeckt für sich die unerwarteten Hilfeleistungen oder die unabweisbaren Verneinungen, die das wollende Ich aus dem Unbewußten her erfährt. Nirgendwo, weder in den theoretischen Schriften, noch in vollendeter oder unvollendeter Dichtung, hat Schiller die Grenze von Bewußtem und Unbewußtem so treffend festgestellt, die Übergänge so zart erwogen. „Er flieht die Klarheit über seinen Zustand, in den meisten Fällen ist ihm das Yorksein schon so zur Natur geworden, daß er sich des Betrugs nicht mehr bewußt ist." (XXII, 135 Horen-Ausgabe.) Nur in zwei Fällen wird ihm seine wahre Lage ganz deutlich. Wenn man an ihm zweifelt — dies ist sehr einfach; und — dies ist sonderbarer und zeichnet ihn aus — wenn man fest an ihn glaubt. Daß ihm aber seine Rolle „habituell" wird, dies ist scharf zu trennen von sittlicher oder geistiger Stumpfheit. Er ist sich durch sein Gefühl als höhere Natur beglaubigt. Noch mehr: er fühlt für sich selbst was man sonst für ein fremdes, nicht ganz faßliches, unerschöpfliches Wesen fühlt. Eine von Schiller entdeckte Urtatsache des handelnden Menschen: er ist sich als Grund seiner selbst mystisch. Dergleichen sprach aus Wallensteins Sternglauben. Für Warbeck bedarf es dieses Symbols nicht: „Eine gewisse poetische Dunkelheit, die er über sich selbst und seine Rolle hat, ein Aberglaube, eine Art von Wahnwitz hilft seine Moralität retten." (XXII, 134.) „Glück" ist bloß ein anderer Name, ein anderes Versteck dieses zweiten, umfänglicheren Ichs. Schiller plant einen Monolog, worin Warbeck sich über seine Glücksritterschaft aussprechen soll. „Man sieht ... daß er sich selbst geheimnisvoll vorkommt." (XXII, 136.)

Nun bleibt aber diese mystische Gewißheit nicht eine Tatsache des Innern, sondern wird von der Geschichte beurkundet. Warbeck ist nicht so sehr Betrüger als er meint: ihm wie dem Zuschauer des Dramas bleibt es lange geheim, daß er wirklich ein natürlicher Sohn des Königs ist. Wäre Schiller als Psychologe aufklärerisch, so fände diese Tatsache keinen Zugang zu Warbecks Herz, ehe sie von ihm gewußt wird. So aber ist sie in seiner Seele wirksam, von Anfang an. Zunächst in einer faßlichen Weise „ein anderes, aber begreiflicheres Motiv seines Betragens ist seine Ähnlichkeit mit König Eduard, welche etwa Göttliches und Wunderbares hat. Er selbst ist die Dupe derselben, und nach außen ist sie äußerst wirksam." (XXII, 135/36.) Was sich also ganz natürlich erklären wird, vorwegnehmendes Zeichen der spät entdeckten Wahrheit, das wirkt vorerst wie ein bezaubernder Betrug auf den bezaubernden Betrüger. Gewagter und weniger faßlich ist das doppelte Selbstgefühl Warbecks. Das Bewußtsein sagt ihm: du betrügst. Das Unbewußte weiß es besser. Die Wirklichkeit des königlichen Blutes kündigt sich an in Neigungen und Handlungen, kündigt sich sogar im Gefühl des Helden von sich selber an als ein Schatz des Innern, den er beim Überschlagen seiner Habe noch nicht mit einzurechnen weiß, ja, als das geheime Recht seines Unrechts. „Sein deutliches Bewußtsein verdammt ihn, ein dunkles Gefühl rechtfertigt ihn. Er antizipiert nur seine wahre Person, und vieles Widersprechende in seinem Betragen und Empfinden wird aufgelöst durch die Entdeckung seiner Geburt. Das Yorkische Blut hat in ihm gehandelt" (XXII, 143). Schein und Wesen ist also hier nicht bloß bis zur Verwechslung übergänglich gedacht, sondern spielt sein Spiel im Handelnden selbst, der halb ein mit Schein Zaubernder, halb ein vom Schein Verzauberter ist. Der schon an sich verwickelte Vorgang, daß das Bewußtsein eine angemaßte Rolle von dem wirklichen Selbst zu trennen verlernt, wird noch um zwei Grade verwickelter: dem Schein kommt vom Sittlichen her die angeborene Königlichkeit des Gemüts, vom Natürlichen her die nicht gewußte Königlichkeit des Blutes zu Hilfe.

Gegenüber dieser Vielfalt von Verstrickungen ist der Kampf von Wesen und Schein um die Seele des Demetrius einfach, und den Stand dieses Kampfes kann man in jedem Augenblick genau angeben. Der Schein in seiner

Wirkung auf andere dagegen, der im Warbeckfragment zwar ausgiebig, aber ohne alle Fraglichkeit dargestellt wurde, hat im Demetriusfragment etwas Hintergründiges, dämonisch Gerechtes, weil er vom Selbstbewußtsein des Handelnden abhängig gemacht wird. Ob Demetrius ein unbedingbares sittliches Dasein hat, das bleibt, nach den beiden Verwandlungen, die an ihm geschehen, zweifelhaft, während wir bei Warbeck an ein letztes aus sich gemußtes Müssen glauben. Die Exposition (oder Vorgeschichte) bringt eine Art Berufung, die Peripetie eine Probe; des Demetrius' Bewußtsein von sich bis zu dieser Probe ist als bona fides, nach dieser als mala fides sehr klar beschrieben. Die spätere Veränderung, daß die „Berufung" nicht mehr in den ersten Akt fallen, sondern als vor diesem liegend erschlossen werden soll, ist meisterhaft. Der erste Akt hätte Demetrius, ehe der dem Tod Verfallene seine zaristische Abkunft erfährt, in der unbedingtesten tragischen Würde gezeigt, als einen der zu sich selber die unvergeßlichen Worte sagt:

> Geh schweigend unter und trage zu den Toten
> Dein unentdecktes, unbegriffnes Herz.

Das ist ein Gipfel im Anfang und gibt dem Demetrius einen unabänderlichen Rang, mit dem die spätere Verführbarkeit, ja Verfallenheit seines Wesens stritte. Die Vorgeschichte, episch gesehen, nicht dramatisch erlebt, prägt dies ein: ein noch nicht festgestellter, noch mehrdeutiger Mensch erhält durch Zwang der Umstände eine siegreiche, aber furchtbare Bestimmtheit im Dasein. Er wird in die Geschichte hineingestoßen und indem er vor der Welt den Namen einer Wirkung und die Wirkung eines Namens zuerteilt bekommt, wird auch seiner Seele das Zeichen dieses Auftrags aufgebrannt: sie ist hörig. Sein Charakter ist ihm von der Geschichte gegeben. Der für den dramatischen Verlauf nicht benutzte Moment im Leben des Demetrius wird aber ersetzt durch einen ähnlichen: Marfas Berufung zur Geschichte. „Sie wird nun ganz zur Zarin, und diese vorher wie versteinerte Natur belebt sich zu einer heftig passionierten Parteiführerin." (XXI, 227.) Es ist wohl der einzige Fall, daß Schiller diesen unheimlichen Vorgang, der dem Wunsch des Menschen, sich als seine eigene Bedingung zu verstehen, so unbequem ist — den Vorgang, wie man gemacht wird, von Augenblick zu Augenblick zerlegt und abgeschildert hat. Die ausgeführte erste Szene des zweiten Aufzugs zeigt Marfa als Zarenwitwe, die mit dem Leben als Geschichte bewußt abgeschlossen hat. („Was draußen lebt im Säkulum, erzähle", fragt eine ihrer Begleiterinnen.) Sie ist als Mensch Denkmal. Kaum aber tritt der Bote auf, fällt das Wort „Prinz Dimitri lebt", da sticht sie nicht mehr durch unbedingte Abgeschiedenheit gegen die bedingte, noch neugierige der anderen ab. Da ist sie schon Beute des Worts. Es war also etwas in ihr, das den Abschied von der Welt nicht genommen hat. Und sogleich ist sie ganz dies andere. Und als gar der Archijerei eintritt, da ist sie schon so sehr Weltperson geworden, daß

sie sich, seiner Absicht entgegenkommend, verstellt.
Nennt er den neuen Mann einen dreisten Gaukler, so
schilt sie ihn einen kecken Abenteurer. Und kann sie das
Rot ihrer Wangen nicht bemeistern, so erreicht sie doch,
daß es als Farbe des edlen Zorns gedeutet wird. Dann
siegt innere Haltung über Spiel, und wird selber Spiel. In
dem Augenblick, wo es ihr zustößt, daß das Schicksal den
Aufstieg des Sohnes ihr anheimstellt; daß sie wieder
zur Geschichte berufen wird: da wird das gleiche
Blut so sehr Nebensache wie bona fides.

> Doch wär er auch nicht meines Herzens Sohn,
> Er soll der Sohn doch meiner Rache sein.

Fast calderonisch ist dies. Man denkt an die verstellte
Gebärde der Semiramis, mit der sie sich in ein unzugängliches Gemach des Riesenpalastes zurückzieht, und ihre
scheintote Gier den Moment heranwartet, wo sie auferstehend dies Grab von tausend Gewölben sprengen wird.
Die dramatischen Wenden des Demetrius und des Warbeck sind, gemäß den verschiedenen Ansprüchen von
Sein und Schein auf die Helden, ziemlich genaue Umkehrungen voneinander. Demetrius, durch die „Berufung"
schuldlos hineingerissen in die geschichtliche Laufbahn
unbewußten Scheines, ist gar zu unvorbereitet auf die
große Probe: den Zusammenstoß mit der Wahrheit, mit
dem tatsächlichen Sein des Selbst. Er ist Rolle gewesen
und hat es nicht gewußt. Der Namen dieser Wahrheit im

Drama ist X: der Fremde, der an ihn herantritt und sagt: du bist nicht, der du scheinst. Indem er diesen X, den einzigen Mitwisser, tötet, tötet er die Wahrheit in sich selbst, und sagt es auch zu sich. Damit vergleichbar war die Rede Wallensteins von dem Stern, den er nicht mehr sieht: sein Glück und Max zugleich, mit dessen von ihm sich abkehrendem Leben zugleich sein innerer Gott erlosch. Aber die unheilbare Trauer dieses monologisierenden Dialogs hatte noch etwas jugendlich Glänzendes gegen den Monolog, den zu gestalten hier Schiller oblag — das Unversöhnlichste seiner Einsicht! In dem Augenblick, wo Demetrius sich auf die Seite des Unwesens schlägt, ruft Schiller die Natur auf: Demetrius, der Scheinende, muß mit seinem Finger frech ihren Sphinxmund zu einem Ja öffnen wollen. Die Mutter steht vor ihm und das innere Orakel sagt ihr: er ist nicht der Sohn. Die Natur als Sittlichkeit, das unverbrüchliche Eins-sein von Sohn und Mutter wird zur entschlossenen Gemeinschaft des politischen Scheins: daran wird Demetrius zerbrechen. Wie groß ist Schiller, wo er die klassischen Requisiten von sich tut und das Nemesismärchen der ,,Braut von Messina" durch seine Erfahrung der Nemesis ersetzt! Indem Demetrius weiß, daß er falsch ist, ist die Übertragung seiner Kraft auf andere gestört. Das Geheimnis der Faszination ist der Glaube an sich selber, der als fein verteiltes Wesenhaftes dem politischen Scheine seine Wirkung sichert. Dies ist der Anteil der Faszination an der Wahrheit: daß diese Wahrheit auch eine vom Handelnden bloß gewählte sein kann, das ist vielleicht der härteste Bescheid über den Geschichtsverlauf, den der Demetrius gibt.

Während Demetrius trotz aller glänzenden Fähigkeiten doch jederzeit Geschöpf der Lage ist, und daher auch im Moment der innersten Entscheidung statt vorwärts zu wollen bloß nicht mehr zurück kann, hat Warbeck zwischen Sein und Schein geteilt derselben Wesensprobe ein Eigenes, nicht von den Umständen sich Herschreibendes entgegenzusetzen. Wenn er den frechen Simnel durch einen gerichtlichen Zweikampf entlarven darf, darf er sich doch nicht der schlichten Echtheit des Eduard Plantagenet gleichsetzen, dessen reines Gebet, dessen reiner Schlaf ihn seine Zweideutigkeit fühlen läßt.
Der Botschafter reizt ihn auf, den echten Prätendenten aus der Welt zu schaffen. Er tut es nicht. Eine noch höhere Reinigung ist ihm gegönnt: sich selbst als Betrüger bewußt, in Wahrheit echt an Seele und Abkunft, betätigt er dies, indem er der Retter seines geborenen Gegners wird. Nicht nur wendet sich da der Schein gegen ihn, Warbeck selbst bietet ihn waghalsig gegen sich auf. Als er den schlafenden Plantagenet betrachtet, treten zwei Mörder auf... Warbeck eilt dem Schlafenden zu Hilfe. Er läßt den Knaben wegbringen, die Blutspuren deuten auf ihn als den Mörder des Prinzen. Die Probe verschärft sich: im Zorn des Verdachtes gibt Margarete das schlimme Geheimnis preis — die Lords treten mit Abscheu von dem Betrüger zurück. Der Erzieher Warbecks, Lord Kildare, kommt ihr gelegen, die Entlarvung zu vollenden. War-

beck glaubt in ihm seinen Vater — der Schein dieser Erkennung ist unfreiwillig und kommt aus der Unschuld des Gemüts. Demgemäß ist auch das Sein beschaffen, das ihn hier ablöst: Warbeck ist weder was er von sich glauben machte, noch was er selbst glaubte, sondern ein Drittes. Unter vier Augen belehrt ihn Kildare, er sei als natürlicher Sohn Edwards III. ein geborener York. Während Demetrius den Mitwisser tötet und die Wahrheit erstickt, wirft Warbeck „in einer unendlichen Freudigkeit die ganze Last seiner bisherigen Qualen ab". Wahr zu sein ist ihm Lust, er lebt im lang gemißten Element. Aber noch ist er den andern Mörder. Er verschwindet, erscheint wieder, mit dem Knaben an der Hand und huldigt ihm als seinem Herrn.

Beide Male wird die Entsprechung zwischen dem Ausgang und dem menschlichen Sein, das er trifft, erst nachträglich erwiesen: Demetrius hat sich seine Daseinslüge nicht gewählt und rührt uns als Opfer: ein von der Geschichte zum Bösen Verurteilter. Erst die Probe erweist nachträglich ein Element der Lüge in seiner Person, das zu dem Schicksal des Betrügers stimmt — eine Probe freilich, bei der die Freiheit des erprobten Menschen fast ganz durch den Zwang der Vorgeschichte aufgehoben wird. Man fragt sich: kann das Wesen eines Menschen hinterdrein vom Dichter mit einer schlimmen Rolle, zu der er unwissend genötigt war, zur Deckung gebracht werden — durch eine Möglichkeit des Schlechten, die sich spät aber grell herausstellt? Warbeck hingegen, erfolgreich und anziehend, nimmt durch entschlossenen Betrug moralisch gegen sich ein, bis uns die Probe ein Doppeltes lehrt: daß er unbewußt etwas Wahres gespielt hat, und daß seine Seele wahr geblieben ist. Beide Male scheint Schiller, der sonst ein ganzes Jenseits durch die Selbstbestimmung des Menschen ersetzt, eine letzte Frage statt einer letzten Antwort bereitzuhalten — als hätten wir darüber, ob wir aus der Lüge oder aus der Wahrheit leben, selbst nicht die letzte Verfügung. Es gibt freilich jene Momente, wo der Mensch vor zuviel Freiheit schauert (es sind die Momente des Monologs): da scheint alles Feste des Lebens: Geschehenes, Umgebendes luftartig und wie zum Hindurchschreiten, die Jahre schmiegen sich uns in die Hände, als hätten wir sie erst zu bilden, und unsere Vorgeschichte wird eine frei von uns zu setzende Bedingung. Aber ist die Freiheit, aus der heraus wir da eine Antwort zu formen meinen, nicht auch ein Schein, und antwortet nicht in uns dieselbe Notwendigkeit, die uns mit den Bedingungen dieser Stunde von außen umstellt hat? Schiller zeigt nicht ein Antlitz der Geschichte, sondern so viele als er Dramen schreibt, und nachdem er in Max Piccolomini und Wallenstein die beiden Möglichkeiten der Tat beinahe schematisch unterschieden hatte als das Unreine sich verstrickende Spiel um die Macht und als das tragische Handeln um den Preis der Existenz, beschreibt er den Widerspruch der Tat mit sich selbst in immer neuen Bildern. Welcher Gegensatz zwischen der Geschichtsdeutung des Demetrius, wo ein unbefleckter Prätendent nur in blasser Ferne sichtbar wird (Romanow), der Zar unberechtigt und der Usurpator ein Betrüger ist, wo die Geschichte den Menschen gleich Lehmklumpen ihre Charaktere aufprägt und sie, als eine sehr fragwürdige Nemesis, nach einer mit Scheinfreien angestellten Scheinprobe wieder zerdrückt, um schließlich das große Spiel mit neuem Spieler zu altem Trug wieder anzuheben, und zwischen der Geschichtsdeutung des Warbeck, wo der Held zwar nicht minder verstrickt und gedungen, doch aus einer geheimen Treue seines Wesens die Lüge wagen darf, weil ihm die Sicherheit, die ihm das Unbewußte gab, nachher durch eine strahlende Ahnenreihe beglaubigt wird: Kind des Glücks, sei es auch nur darum, weil ihm die Probe wirklich gestattet wird und ein freundlicher Zwang ihn zur Freiheit verurteilt hat!

Das politische Handeln und das private Handeln unterscheiden sich bei Schiller nicht nur durch ein Wieviel. Das Maß von gut und böse liegt im Menschen, die Geschichte richtet aber mit anderen als mit diesem bloß inwendigen Maß, sie ist das weite, unzuverlässige Zwischenreich des Mittelbaren und macht oft in der Auswirkung ein böse Begonnenes gut, ein rein Entworfenes schädlich, und entmächtigt in jedem Falle durch Gewalten und Verführung, denen kein Wille gewachsen ist, den Urheber ihrer Veränderungen zum Werkzeug, der denn auch ganz andere Rechtfertigungen für sich beanspruchen darf als der Privatmann. Selten, vielleicht ungern, holt Schiller (nach einem frühen Versuch) zu einem bürgerlichen

Drama aus: in den ,,Kindern des Hauses" ist uns ein sinn- und kunstreicher Plan dieser Art überliefert. Der geschichtliche Vorgang meint, obwohl ein Exempel des Leidens der Idee, sich selbst. Der Einsatz ist das Geschick ganzer Staaten, geistig und weltlich, und die Entscheidung keine sittliche Metapher. Der bürgerliche Vorgang meint nicht sich selbst, sondern etwas außer Raum und Zeit. Das kommt zusammen mit einer künstlerischen Neigung des späteren Schiller, der zugleich realistisch und allegorisch wird. Während die klassische Mustergültigkeit in der ,,Braut von Messina" gipfelt, versucht Schiller, in seiner Herzensphantasie durch die großen deutschen oder französischen Meister und durch die eigenen Jambendramen nicht ganz gesättigt, und vielleicht den ungeschriebenen großen Kriminalroman im Herzen, ein Doppeltes: Vorgänge und Mächte übersinnlicher Ordnung zu verdinglichen, und die Dinge einer bis ins Kleine getreuen Umwelt zum Spiel höherer Geister zurechtzurücken.
Im Narbonne und den angrenzenden, komischen oder tragischen Skizzen erscheint die Nemesis als Polizei, nicht mit kleinerer, sondern größerer Wucht als in der Braut von Messina, die an Stelle des nicht geglaubten antiken Schicksals nichts ähnlich Wesenhaftes zu setzen hat. Erst am Ende dieses archaisierenden Schicksalsdramas beginnt ein echtes Schillerdrama. Über sich und das Getane wissend werden, heißt hier wie im Demetrius die Probe. Don Cesar besteht sie. Weiterlebend würde er das unwissend Gefrevelte wissend bejahen. Dies nicht zu tun

ist seine Reinheit, wie es tun zu müssen die Verfallenheit des Demetrius war. In den Kindern des Hauses ist Schiller Allegoriker. Der Held, eine Art falscher Prätendent bürgerlicher Rechtschaffenheit, ist die Person gewordene Gegenunternehmung gegen die Nemesis. Er hat nichts zu tun als vortrefflich zu scheinen, und nicht aus bösem Gewissen, nur kraft der automatischen Gerechtigkeit des Geschehens, seinen idealen Gegenspieler gegen sich in Lauf zu setzen, nämlich die Polizei, die als Wahrheit eine Kollektivperson sein muß, wie Herr von Narbonne als Verlogenheit ein Individuum. Und zwar lügt er mit einer so vollkommenen Meisterschaft und Bändigung seiner selbst, daß der menschliche Hang zum Wahren und Guten bei ihm dem Triebleben angehört und man von der Durchhaltekraft seines Willens gefesselt wird. Das ist das ästhetische Interesse, das er erregt, denn Konflikte hat er keine. Sein Kunstgriff ist: das Verbrechen in seiner Verborgenheit zu lassen, d. h. die Durchführung des Scheins, dessen idealer Raum die Gesellschaft ist. Sie unterwirft sich, feil und berückbar, dem Bann seiner beinahe eleganten Willenskraft: wie er Aktivität des Scheines ist, ist sie Empfänglichkeit für Schein. Den bürgerlichen Schein könnte man diesen nennen im Gegensatz zum politischen Schein, worunter aber nicht die Reihe höherer Wirkungen eines Formzaubers zu verstehen wäre, sondern lediglich die Befangenheit der Vielen im Unwesen. Der Weltlauf scheint den Versuch eines so kräftigen Willens, ein Verbrechen zu tun ohne Folgen für den Verbrecher, zu begünstigen. Was aber, da es dem Herrn von Narbonne in seiner Haut wohl ist, bringt das Drama in Gang, und stachelt ihn, in einer gleichgültigen Sache die Gerichte auf ihn aufmerksam zu machen? Die Gewalt der Wahrheit! so metaphysisch als realistisch verstanden. Wenn eine Leiche im Schnee verscharrt ist und der Schnee im Frühjahr wegschmilzt, so sieht man die Leiche. Alles Geheim-Wirkliche, wie es ist oder war, hat einen Hang, irgendwann an den Tag zu kommen. Das ist Inhalt und Sinn der Zeit, wieder so metaphysisch als realistisch verstanden. Diese Zeit, die lang warten kann, hat ihre Diener: wenn es der Zeit an der Zeit scheint, sagt sie der Polizei etwas ins Ohr; dann geht es schneller als man glaubt. Die Menschen teilen sich in zwei Gruppen: entweder sie sind „Paris" (Unterwelt, Gesellschaft; unbewußt verschworen, daß das Sein verdeckt, daß der „Schein" gewahrt bleibe), oder sie sind „Polizei", ebenfalls verschworen, indiskret und in beleidigendem Tempo das tausendfältige nächtliche Rendez-vous aller menschlichen Verstohlenheiten zu überkommen. Tragisch ist ein solcher Wettstreit entweder in dem Sinne, daß man nicht Scherge der Wahrheit sein kann bis zu einem gewissen Grade, sondern jede Wahrheit, auch die nicht gesuchte, und selbst die ganz unerträgliche hervorziehen muß, oder in dem Sinne, daß ein verruchter, aber kühner und beinahe titanischer Wille, dem die Verhohlenheit der Dinge zur persönlichen Leidenschaft wurde, gebrochen wird. Komisch aber, wenn der Schein eines ungeheuren Besonderen sich zum Gewohnheitsmaß der allgemeinen Verderbtheit herabmindert, und die Schergen der Wahrheit ebenfalls kleine oder große Ausflüge nach Paris machen, woraus der Endeffekt einer heiteren menschlichen Duldung entspringt. So merkwürdig es klingt: neben der Braut von Messina sind diese Polizeidramen Schillers ein weiterer Versuch, Ödipus-Verläufe im modernen Drama nachzugestalten. Dort soll das mythische Bewußtsein und seine großen Daten durch einfachste Gestalt der erfundenen Begebenheit ersetzt werden. Hier verzichtet Schiller ganz auf den idealen Raum; er stellt für das alte Thema: Menschsein heißt ein gewagtes Gegenunternehmen gegen das Sein der Dinge und der Taten, Zeit aber heißt: der dem Wahren innewohnende Hang, sich zu manifestieren — kühn ein modernes Beispiel auf: der Verbrecher von glanzvollen Eigenschaften, der Mann comme il faut und der Virtuose des Scheines, die Polizei aber als Zeit und als die Schergen der Zeit. Der Unterschied zu dem alten Drama ist leicht anzugeben. Zwar ist von Schiller hier kein Schicksal aus modernem Unglauben gestaltet, sondern seine Allegorie der sittlich-rechtlichen Welt ist glaubhaft und wirklichkeitsgemäß. Aber das was verborgen ist und offenbar wird, ist Schuld, Schuld eines, der sich schuldig weiß. Was dem Ödipus Schicksal ist, ist dem Herrn von Narbonne Vergeltung. Es geschieht ihm recht — er könnte nie im Hain der Eumeniden entrückt werden! Ödipus hat, was er getan hat, unwissend getan. Das Schicksal, das ihn einholt, ist keine Verkettung von

Schuld und Strafe — Vorstellungen, die an dem modernen Begriff des Willens gebunden sind. Sein Schicksal ist nichts als Ödipus zu sein: die furchtbar vollendete Fabel, die als Orakel schon über seiner Geburt steht. Die Greuel, die er tun muß, sind nur ein Teil dieses Schicksals; das Land von der Sphinx zu erlösen, ist der andere Teil. Vielmehr: die ärgsten Greuel zu tun und allen der Erlöser zu werden, ja beides unentrinnbar tun zu müssen, das ist eben eins, ist Ödipus, und beides getan zu haben macht über der Erde verbannt und unter der Erde heilig. Heilig ist, worin das Schicksal ganz einging, was nur noch Schicksal ist und sonst nichts: als Mensch Schicksal. Und nicht irgendein Schicksal, sondern dies Ödipusschicksal. Ödipus ist kein Exempel. Dieser Glaube an die Weihe des Geschehens, diese Erfahrung von ungeheuren Individualitäten des Geschehens (wie wir von Individualitäten der Personen sprechen) ist uns vielleicht viel schwerer faßlich als der Glaube an Götter; und doch ist jeder Mythus eine solche Individualität. — Die allegorischen Bruchstücke zeigen, wieweit Schiller in einer von aller Überlieferung abweichenden, höchst modernen Anstrengung seines Geistes gelangt wäre in der Kunst, die Gerechtigkeit des Geschehens nicht mehr metaphysisch, sondern naturalistisch zu begründen, indem er für die nicht greifbare, an keinen Ort gebundene, in keiner Person verkörperte Macht der Zeit, das Verheimlichte an den Tag zu bringen, das selbsttätige Organ des modernen Polizeistaates setzt — etwas uns allen Wohlbekanntes, das durch die Tat des

Dichters plötzlich geheimnisvoll und in einer neuen Weise bedeutend wird.

*

Daß die aufschließende, anbrechende, bohrende und grabende Psychologie Schillers mit ihrer Entdeckerfrische und Unerschrockenheit kaum beachtet wurde, rührt einmal daher, daß man ihn im Umfang der gesamten Menschenschilderung mit anderen verglich, und nicht mehr fand, als von einem so sehr fordernden und vorwegnehmenden Menschen zu erwarten ist. Denn wie gleichgültig war ihm, was sonst einem Dichter alles ist: die Bewegungen der Seele für sich selbst! Sucht man ihn aber da auf, wo er Erfahrungen macht und Erfahrenes gibt, nämlich in der wirbelnden Nähe der beiden Fragen: wie wird eine Tat, und wie wirkt eine Tat, so ist dieser Dichter, der genau soweit Dichter ist, als ein ganz männlicher Mann Dichter sein kann, für das Wissen von der Seele so wegbahnend wie irgendeiner. Der andere Grund, warum der Begriff des Seelenkenners und Seelenzergliederers mit Schiller verbunden so befremdet ist: die klassische Gebärde seiner Dramen verhehlt, welchen Anteil Schiller an der großen psychologischen Wendung jener Jahrzehnte hat. Seit dem Wallenstein steigert sich sein Sinn für das Gemischte: gemischt ist die Natur der geschichtlichen Menschen, gemischt ihre Lage, ihre Antriebe, gemischt das Geschehen. Heimisch in jedem moralischen Zwischenreich beschreibt er nicht nur die Geburtsstunden der Ent-

schlüsse, sondern zerlegt den Vorgang der Wirkung, und am meisterhaftesten die wechselseitige Abhängigkeit des einen vom andern. „Schein" ist ein Name dafür — etwas in der Welt des Wirkens höchst Seiendes, eine eigene Sphäre, worin dieser dem Tatmenschen verwandteste Dichter ein Heimatrecht besitzt. In den Dramen erscheint das Menschliche gestufter und untergründiger als in den theoretischen Schriften Schillers.
Daß Schiller die klassische Erscheinungsform seines Geistes mit einer andern zu vertauschen im Begriff war, verdeutlichen die Fragmente. (Für Klassik zeugt nicht der jambische Vers, sondern die Wiedergabe des menschlichen Seins als Gestalt.) Außerdem belehren sie über einen Vorzustand seiner Werke vor der eigentlichen Formung. Sie drängen nicht immer aus innerem Willen in die klassische Form, die vielleicht oft eine Formverlegenheit war, und der eigentlich seelengewaltige Schiller erscheint dort kolossalischer und entschiedener als im fertigen Werk.
Die Wahlverwandtschaften und die Dramen Kleists waren, jenseits von klassisch und romantisch, auf lange die größten Umwälzungen im Gebiet der Seelenwissenschaft. Schiller, der Klassiker des Willens, scheint nicht auf der Seite dieser großen Künder des Unbewußten zu stehen. Was ihn aber doch aus der rationalen Psychologie herausnötigte, war das Begreifen folgender Erscheinungen: Popularität, Faszination, Verhältnis von Selbstsicherheit und Ausstrahlung, Blut als unbewußter Grund des Selbstbewußtseins (im Warbeck), die sich selbst mystische Per-

son, die Neigung des Geheimgeschehenen zum Sichtbarwerden, endlich die Steigerung, Umsetzung, Verwandlung und Kreisbewegung der Seelenkräfte in der abgeschlossenen männlichen Tatgemeinschaft. In seiner Charakterlehre überbietet sich der Idealismus bis zur Umkehrung: Charakter ist das erst im Entschluß sich selbst Setzende, und wird in dieser letzten Bedingungslosigkeit geheimnisvoll. Ihm antwortet etwas im Geschehen. Welcher Art ist dieses andere? In Schillers Dramen deutet der Wille die Welt. Auch das Hemmende ist eine Erfahrung des Willens, wie die Folgerichtigkeit der Tat und die ausgleichende Geschichte eine Willensbewegung nachahmt. Die Erfahrung des Leidenden – des Menschen, sofern er ein verhängtes Leben lebt; das eigentliche Schicksal schweigt in diesen Dramen. Die Politik ist das Schicksal. Aber dem Handelnden steht der Stoff gegenüber – der Begriff dessen, worauf, aber auch womit gewirkt wird. Daran wird der Handelnde zum Leidenden! Durch die feinsten Rückwirkungen des täuschenden Getäuschtwerdens, des glaubenden Geglaubtwerdens, des stärkenden Gestärktwerdens hängt die einsame Seele des Handelnden unprüfbar mit diesem Stoff, der wiederum nichts ist als Menschen-Inneres, zusammen. Dies ist bei Schiller der Ort des Geisterhaften: die Gefangenschaft des Willens in der Geschichte und die Gefangenschaft der Geschichte im Willen.

DIE SPRACHE
UND DAS UNAUSSPRECHLICHE

Eine Betrachtung über Heinrich von Kleist

Wie der Mensch unter den Tieren der Sprechende ist, so ist der Dichter unter den Menschen der Sprechende. Das Maß des Aussprechens scheint den Menschen eng gesetzt, dem Dichter unendlich. Und doch wächst mit dem Sagenkönnen das Unsagbare, die schönsten Gedichte gewinnen uns durch das, was in ihnen stumm bleiben will und dennoch in und zwischen den Worten da ist. Unter den Formen der Dichtung ist das Drama weitaus die gesprächigste. Das lyrische Sprechen, ohne Zeugen, ist ihr nicht versagt; sodann muß die Anlage der Menschen, die Vorgeschichte der Tat, der Hinterhalt und selbst die Miene des Hinterhalts im Drama heraus, sei es auch nur im Gespräch mit dem Vertrauten; und schon Sophokles macht den Monolog für die selbstmörderische Minute des Ajas zum Verräter. Das Drama schwelgt in der Unbegrenztheit des Aussprechens, und wenn es auch zugleich alle Sprachen des Scheins, der halben oder verstellten Aussage bemeistert, so hat es doch den Glauben an die Rede, den Glauben daran, daß sie heranreiche an das menschliche Sein, Tun und Leiden. Auch hat es die Lust an der Rede; und in Griechenland, Spanien und Frankreich, und weiter in unserer Klassik bis auf Hebbel, räsoniert das menschliche

Wesen noch in seiner letzten Bedrohtheit. Auch Shakespeare, der Unendliche, glaubt an den Charakter als Natur und an die Natur in allen Charakteren; sie ist, in aller Vielfalt, benennbar und hat ein Gesetz; und wenn das Wort den letzten unvergeßlichen Zug in eine Miene gegraben hat, so steht in unserer Phantasie die Gestalt: bündig, unverwechselbar. Beim Lesen einer Kleistischen Szene wird uns, als spräche man hier anders, als wäre das Sprechen Mühe, als ränge sich in ihm das Unaussprechliche herauf, und zwar vergeblich, obwohl der Stammelnde dem Stockenden, der Taube dem Stummen zu Hilfe kommt, und einer dem anderen mit aufgeregten und äußersten Gebärden abfragt, was doch nicht über die Lippen will. So daß uns, je mehr sich die Sprachen reizen und aneinander steigern, das Stumme überfällt, das sich keineswegs beruhigt in der Eindeutigkeit der Gestalt, sondern den andern und zuletzt sich selber Frage bleibt. ,,Denn jeder Busen ist, der fühlt, ein Rätsel" sagt Prothoë über Penthesilea, und Kleist schreibt an Ulrike: ,,Ich weiß nicht, was ich Dir über mich unaussprechlichen Menschen sagen soll." Hat sich je ein Dichter sonst so unmittelbar als einen unaussprechlichen Menschen bezeichnet? Hat Kleist je etwas anderes geschaffen als unaussprechliche Menschen?

Der Charakter als Rätsel und das rätselhafte Faktum

Daß ein Drama da abbricht, wo wir den Aufschluß über die innere Bewegung der Hauptfigur erwarten, abbricht etwa mit diesem vielberufenen „Ach" der Alkmene, einem Laut der Betroffenheit, von dem wir nicht wissen: bedeutet er Zerstörung oder neue Geburt — daß wir von einer so beherrschenden Figur, wie dem Großen Kurfürsten, nicht sagen können: wollte er den Prinzen erschießen lassen oder wollte er es nie?, ist er, den andern undurchsichtig, in sich selber fest von Beginn zum Ende oder geht er, mit gespielter Sicherheit nach außen, durch eine Schule der Verwandlungen? — daß wir all dies nicht sagen können, ist kein Mangel, ist die neue, aufregende Eigenheit dieses dramatischen Stils. Wir müssen Gelerntes verlernen für ihn. Gelernt haben wir den Charakter als organische Einheit eines Wesens, den Charakter, der vielleicht nicht immer im Begriff, wohl aber in der inneren Anschauung faßlich ist und dessen Gegenwart in der Sprache wir erfahren und glauben; vielleicht auch den Charakter, der falsch ausgelegt wird, sich selbst aber richtig auslegt. Kleists Personen sind Rätsel und aus dieser ursprünglichen Eigenschaft der Person ergibt sich alles neu: Exposition, Ver- und Entwicklung, Bezug der Menschen aufeinander in Verstehen und Nichtverstehen, Schicksal als Deuten, Gedeutet werden und Selbstdeutung, Dialog, Monolog, Bühnenanweisung, Gebärde und Symbol! Und wie sich die Art des Kleistischen Dramas aus dem Charakter als Rätsel ableitet, leitet sich seine Novelle ab aus dem rätselhaften Faktum.

So übernimmt der Eingang eines Kleistischen Dramas neben der gewohnten Aufgabe, in einen bestimmten Zusammenhang der Dinge einzuführen, die neue: das Rätsel eines Charakters, zu exponieren. Er kann Rätsel sein für sich, für einen Partner, für die Umwelt, für uns. Von da aus kann der dramatische Vorgang auf Verschiedenes zielen: eine Figur kann über sich selbst, eine andere kann über sie wissend werden, Stufen des Begreifens können an den vorher nicht Begreifenden erscheinen, zwei aufeinander bezogene rätselhafte Charaktere können sich aufhellen oder verwirren und endlich: jeder Betroffene kann sich für oder gegen das Rätsel entscheiden. Immer aber schreitet das Drama vom Vortrag des Rätsels zur Enträtselung. Zugleich aber bleibt etwas am Rätsel Rätsel; oder ein aufgelöstes verliert sich in den Abgrund eines neuen Rätsels; das geratene Rätsel eines anderen kann den, der rät, in sich zweideutig machen; und sein eigenes Rätsel zu raten führt bisweilen in jede Unseligkeit des Lebens, in jede Seligkeit des Todes. So zeigt das Rätsel, indem es sich zu lösen scheint, seine Unlösbarkeit, und das Drama bedeutet: Verrätselung. Diesen Verlauf nimmt in der Tat das „Lustspiel nach Molière": die tragische Lösung wäre, da sie Lösung ist, zu einfach.

Das Gemeinte wird deutlich am „Käthchen von Heilbronn", das nicht wegen des ritterlichen Klischees romantisch ist, sondern weil es sich mit den Mitteln des Dichters zum unterirdischen Seelenvorgang bekennt. Den Anfang bildet ein Verhör. Es fragt mit einer Art dialektischer Marter aus der verhörten Person einen versteckten Sachverhalt heraus. Kleist liebt die Verhöre. Sein Lustspiel ist ein einziges, langanhaltendes Verhör, das der Schuldige selbst vornimmt; Jupiter verhört Alkmene: „Was würdest du fühlen, wenn..."; das Gottesurteil im „Zweikampf" ist ein Verhör, in der „Marquise von O." verhört die Mutter die Tochter. Das Verhör des Femgerichts verhört zunächst den Grafen, den man geheimer Künste bezichtigt — was sich herausstellt, ist aber das Rätsel eines Charakters, nämlich Käthchens. So endet das Verhör bei Befremdung. Man kann verhören über das, was jemand tat, nicht über das, was jemand ist. Ihre Mädchenscheu und ihr Fest-Sein im Dämon, die Ratlosigkeit der vermummten Richter, das derbe Mißverständnis des Vaters, der ihr an Weltkunde überlegene, als Natur sie nicht von fern erreichende Graf, der sich nicht versteht, geschweige sie: das ist ein überdeutlich geträumtes Traumbild der Kleistischen Art, Seele zu sein und unter den Menschen zu stehen. Was ein Geheimnis hat, hat Scham; so weiß dieses Kind wohl, wo es schweigt und wo es sich eröffnet. Aber ihr Wille, sich zu eröffnen, kann nicht was er will. Sie lebt im Geheimnis, sie weiß es nicht. Gefragt, was sie an den Grafen fesselte, erwidert sie ihm mit einer schrecklich heiligen Formel der Aufrichtigkeit: „So spräche jeglicher Gedanke noch, Auf das was du gefragt: ich weiß es nicht."

Das rätselhafte Faktum: daß Käthchen dem Grafen folgen muß, ist zugleich das Rätsel eines Charakters und eines unaufgehellten Bezugs zwischen zwei Menschen. Es erklärt sich aus einer Vorgeschichte, die, eine Kleistische Novelle im Drama, in drei Ansätzen erfragt wird. Der erste Auftritt des Ganzen bringt das spätere, der neunte Auftritt des zweiten Aktes das frühere Bruchstück: hier erzählt Brigitte, die alte Haushälterin, dem Fräulein Kunigunde von Turneck eine Geschichte. In einer Silvesternacht habe der Graf, auf den Tod krank und ohne Bewußtsein, im Traum die Schlafkammer eines Mädchens besucht. Der Engel, der ihn geleitete, habe ihm anvertraut, sie sei eine Kaisertochter. Darauf sei der Graf genesen. Dies Traumorakel wird auf die böse Kunigunde bezogen. Theobald aber erzählt in jener ersten Szene eine Begebenheit, die in sich unerklärlich, auch durch den späteren Auftritt noch nicht erklärt wird: Käthchen sieht den Grafen zum erstenmal, als er sich bei ihrem Vater eine Armschiene zusammenfügen läßt, zu einem Zeitpunkt, der nach jener Silvesternacht liegt. Das Niederfallen mit Geschirr und Imbiß, sowie nachher der Sturz aus dem Fenster wird, je nach dem Geist des Erklärers, als magische oder erotische Besessenheit erklärt. Spät kommt der Aufschluß: aus dem Mund einer Schlafenden! Und zwar weiß die Schlafende, was die Wachende nicht wußte! Als, nach Käthchens merkwürdigem Ausdruck, ihr Ich vor ihrem eigenen Bewußtsein dalag in der Szene des Verhörs, konnte sie das Wahre über sich selbst nicht finden und nicht aussprechen. Nun, da sie schläft und der Mann, dem sie auf eine so dunkle Weise zugeeignet ist, sich über sie beugt, weiß sie sich selbst und kann sich sagen. Auch ein Verhör — das seltsamste aller Kleistischen Verhöre, für den ungenauen Kleistverehrer gemildert durch den Anflug märchenhafter Kindlichkeit. Er fragt aus ihr die Vorgeschichte heraus, die jene beiden Vorgeschichten erst zur Deutlichkeit und Deutbarkeit ergänzt. Käthchen hat im selben Augenblick denselben Traum gehabt wie er, wodurch die Traumbegegnung Tatsache wird — nicht mehr der wunschgefällige Wahn eines Schlafenden, sondern die in zwei Schlafenden gleiche, somit verbürgte Wirklichkeit zwischen Ich und Du! Darum also war Käthchen mit dem Geschirr hingestürzt, weil sie diesen Mann, den sie jetzt zum erstenmal sieht, von ihrem Traum her kennt, ihm blindlings anzugehören von ihrem Traum beauftragt ist! Soweit schließt die Szene des Holunderbusches auf; zugleich ist sie Ereignis. Beide haben als Wachende ihr Rätsel nicht gewußt, aber Käthchen hat im Gehorsam dieses Rätsels gelebt, der Graf nicht. Indem er das Rätsel aus Käthchen herausfragt, fragt er sich selbst in sein Rätsel hinein. Er begreift sie, ihren Hang zu ihm, und wird dabei, spät und endlich, seines Hanges zu ihr gewiß: so daß er vor dieser inneren Wendung ein Mensch war, der gegen sich und sein Geheimnis lebte, und fortan einer sein wird, in dem das Helle Diener des Dunkeln ist. Er vertraut ihr, sich selber und der Traumbürgschaft und wagt die Probe auf die Welt, indem er vor dem

Kaiser erhärtet, was ihm der Traum eingeflüstert hat. „Wissenschaft entschöpft dem Himmelsbrunnen." Die Probe glückt. Der aus der Seele steigende Wunsch, wehrlos und unbesiegbar, schreibt der Weltbegebenheit ihren Lauf vor; das ist das wahre Lächeln des Märchens über diesem sonderbaren Gedicht.

Hier wird ein Mann stufenweise in das Geheimnis eines Mädchens eingeweiht und entdeckt sich selbst darüber. Anders Achill: der nie ganz Einzuweihende, der als Lebender von dem Grimm der mißverstandenen zentaurischen Seele zerfleischt wird, als Toter die Zeichen ihrer überschwänglichen, zum Tode reifen Hingabe empfängt. Und anders als Käthchen lebt Penthesilea zu Beginn im Nichtwissen und, als sie über sich wissend wird, noch in der Selbstbehauptung gegen dies Wissen. Das Denken der Welt, nach dem sie sich selbst auslegt, heißt hier Amazonentum. Sie erfüllt es, wie es bekräftigt ist durch vormythische Weihen, zugleich mit dem unbezwinglichen Stolz der Person. So muß die neue Wahrheit, ehe sie dies Amazonentum durchbricht, die zerstörende Heftigkeit des Elements annehmen. Das festgewurzelte Staunen, die unbegriffene Fremdheit ist ein Zustand, den Penthesilea vorlebt, und der, unvollkommener und weniger ergriffen, von Achill nachgelebt wird. Das Denken, das ihm die Wahrheit des eigenen Seins und des wechselseitigen Seins verlegt, ist zunächst der Begriff vom Mann als vom Krieger, und dann die geschlechtliche Übermacht des Mannes. In der neunten Szene weiß Penthesilea, wer und wessen sie ist: im Unterschied zu Achill, dem das Liebesspiel ein Gleichnis des Krieges ist — „die Küsse heiß von Erz", ist ihr die Kampfbegegnung ein Gleichnis der Liebe: „Ich will ihn ja, ihr ew'gen Götter, nur — An diese Brust will ich ihn niederziehn!" Sie ist Achilles voraus, weil sie auch sich selber unbegreiflich wird; Achill ist es nur den andern. Aber auch sie gibt dem Wahren nur unter einer Bedingung Raum: Prothoë und Achill müssen ihr den Wahn ihres Sieges einflößen. Die Katastrophe des Mißverständnisses folgt dem Gesetz, daß das unvollkommene Wissen um den andern anfängt im unvollkommenen Wissen um sich selbst. Der wahre Bezug, der aus drei Dingen besteht: der Wahrheit des Ich, der Wahrheit des Du und dem Erkennen, ist im „Käthchen" Augenblick des Lebens, in der „Penthesilea" Augenblick des Todes. Noch als sie den Greuel an Achill verübte, ist sie die, die sich selber auslegte: sie biß, und sie wollte küssen.

Auf eine verwickeltere Weise eröffnet der „Prinz von Homburg" das Rätsel der Person. Statt des schlafenden Käthchens, das mehr von sich weiß als ein Wacher, ein Prinz, der sich nachtwandlerisch den Lobeer flicht, ein paar Stunden, ehe er eine weltgeschichtliche Schlacht zu lenken hat; er wird belauscht und in ein neckendes Spiel verwickelt durch den Großen Kurfürsten und sein Gefolge: seltsame Zauberei in dieser nüchternsten Landschaft der Geschichte, so daß der Kurfürst mit Recht fragen darf, wie der Träumende die fremdländische Pflanze in seinem märkischen Sand gefunden habe. Was weiß er in seinem Schlafe? Wie ihm auf einen Wink des Fürsten Natalie den Kranz reicht, flüstert er: „Mein Mädchen, meine Braut." Als Bürgschaft für die Wirklichkeit dieses Gesichts bleibt ihm ein Handschuh. Man denkt, er weiche schamhaft vor dem forschenden Freunde aus, wenn er die Eignerin nicht zu wissen vorgibt. Aber er ist sich selber geheim. Sonst könnte er nicht, als im fünften Auftritt die Schlachtordnung diktiert wird und Natalie ihren Handschuh vermißt, aus der Schlaftrunkenheit seines Wesens so erschrocken auffahren: „Herr meines Lebens! Hab ich recht gehört?" Nicht nur und nicht zuvörderst diese liebende Beziehung, noch ganz anderes denkt der nächtliche Vorgang ins Wahre! Die Gleichheit des Anfangsbilds und des Endbildes spricht das Ganze aus. Man sollte nicht sagen: das opernartige Ende des Stücks nimmt den Anfang wieder auf; sondern: der Anfang nimmt das Ende vorweg. Und zwar in einer Pantomime, obschon gesprochen wird. Die Pantomime des Schlusses bedeutet, daß alles erfüllt ist, was die Zeichen des Anfangs verhießen. Das Geisterhafte hat sich mit der Wahrheit eines Menschen gesättigt, der vor dem Tod sich selber begriff. Und was ist es, das dieser pantomimische Anfang vorwegnimmt?

Zwei Wirklichkeiten streiten, welche wirklicher ist. Was sich zuträgt zwischen Rampe und Garten, besteht doppelt: einmal in der Deutung des Kurfürsten und noch einmal in der Deutung des Prinzen. Die Deutungen sind unvereinbar. Sicher ist nur: der hier befremdlich hingedehnt ist in der Wollust der Selbstversunkenheit, entspricht nicht dem geforderten Helden des märkischen Raumes. Er ist da, ein Fremdestes in diesem Kreis, mit der Wehrlosigkeit des Unbewußten dem Versuch des Verstandes preisgegeben; in seiner Scham und Verstecktheit angeleuchtet von den Fackeln der Hinzudringenden. Gebärden des Staunens, des Nicht- und Mißverstehens, des Herumratens, das die magische Abgeschlossenheit des Prinzen nur vertieft: so ist der Schlaf die Verschlossenheit des Sinnes für das Wirkliche, beantwortet mit barscher Rüge: „Im Traum erringt man solche Dinge nicht." Aber der dem Wirklichen verschlossene Sinn geht einem inneren Raume auf, der auf eine schwer auszusprechende Weise dem wirklichen Raum gleich und ungleich ist, ihn in liebender Gewalt einschließt und seine Figuren mit eigenen Hoffnungen benennt. Alles, wovon man denkt, es ist nicht und wird nie sein, das ist. Der Schwärmer fand den Lorbeer, er bestand die Schlacht, er empfängt das doppelte Symbol der höchsten fürstlichen und weiblichen Gunst – nicht nur dies: er ist mit allem eins, was ihn so fremd anherrscht, er denkt den fast zärtlichen Segen des Gebieters auf sich herab, so wie er mit reinster Demut zu ihm aufsieht; nichts von Abstand und Anderssein ist ihm bewußt; die Gebärden sind so, daß alles sich Fliehende wunderbar grüßt und aufs innigste erkennt. Und das Drama gibt diesem schmeichelhaften Wahn recht. Am Ende ist die Welt und ist der Träumer so, wie sein Schlaf beide erschaffen hat. Denn er ist ärmer und reicher, wahrer und falscher in dieser Pantomime als sonst; zugleich Gebrechen und Allmacht. Während er für sich selbst schon fertig ist in seinem Ruhm, stellt er sich den andern dar in schlaffem Unvermögen. Und doch ist sein Einigen, Versöhnen, Werben, Gewinnen — seine weite Vollständigkeit im Fühlen und Tun so zwingend, daß sie wahr werden muß: die Bewegungen dieses Schlafenden sind das Mächtigste, was es in diesem Raum gibt! So wäre denn der Kurfürst ganz in der Blöße des Nichtverstehens gezeigt, ein karger märkischer Mann, der nur Mann ist; sein selbstgefälliger Eingriff wäre nichts als eine rohe Gewalt an dem ihm preisgegebenen fremden Innern, wenn dieser Eingriff nur nicht so seltsam treffend wäre. Indem er die unbewußte Richtung des Liebeswunsches im Prinzen richtig voraussetzt. Indem er alle die Handlungen möglich macht, die der Traum des Prinzen sind, die die innerste Szene seiner Seele sichtbar nachahmen. Beinahe scheint die Wahrheit des Selbst, die dem Prinzen träumt, vom Finger dieses Mannes heraufbeschworen! Der Kurfürst also ist die andere rätselhafte Person — vielleicht die rätselhaftere, gerade weil ihr Rätsel viel weniger auf uns andringt. Das Rätsel des Prinzen ist ausgestellt; aber der Verlauf des Stückes zeigt, daß auch das Rätsel des Kurfürsten in dieser Pantomime ausgestellt war. Und, der Selbstbewußtheit seines Willens zum Trotz, ungewollt und unbewußt. Als Eingreifender die verborgene Bereitschaft des Prinzen richtig zu treffen: das ist nachher, im vierten Akt, seine eigentümliche Leistung, als er den Prinzen entscheiden läßt, ob er ungerecht verurteilt sei. Daß er als Eingreifender das Geheimnis des Prinzen trifft, also im Grunde ihn weiß; daß er zugleich der ihn Segnende, auf ihn Stolze ist, das sagt die Pantomime vom Kurfürsten wider sein Wissen und sein Wollen aus — dieselbe Pantomime, die bewußt und gewollt den kalten, ja verwerfenden Abstand des märkischen Helden von diesem entarteten Weichling betont.

Das „Guiskard"-Fragment drückt gemäß seiner antiken Beschaffenheit das Rätsel der Person in Form eines Faktums aus. Nicht wie Guiskard ist, sondern ob er die Pest hat, ist sein Rätsel. Der stufenweise Aufschluß ist der Inhalt der Exposition; ob er ihm selbst früher zuteil wird als den andern, wissen wir nicht genau; doch wird der Mann, der seiner Tochter sagt: „Dem Ätna wedelst du" über sich schon klar gewesen sein, ehe die Kaiserin vor allem Volk hinter den Wankenden die Heerpauke schieben muß. Wahrscheinlich wäre das Drama nach dieser antikischen Exposition in der Durchführung modern geworden. Guiskard, sich pestkrank wissend, hätte den Tod in seinen Knochen niederzukämpfen versucht. Dies ist unantik. Guiskard hätte gegen seine Todverfallenheit gelebt. Das ist Kleistisch.

Zwei rätselhafte Fakta ganz verschiedener Art, enträtselt in zwei voneinander getrennten Durchführungen, enthält die größte der Novellen Kleists, die „Marquise von O.". Das erste rätselhafte Faktum eröffnet die Novelle. Eine Zeitungsnotiz, wie sie nie durch die Blätter ging. Eine

Frau hohen Standes und reinen Rufes teilt der Öffentlichkeit mit, daß sie schwanger geworden ist, ohne zu wissen wie, und den ihr unbekannten Vater des noch ungeborenen Kindes sich zu melden bittet. Die allmähliche Enträtselung, der die Ahnung des Lesers vorgreift, endet in dem Augenblick, der das zweite rätselhafte Faktum heraufführt. Wie der Leser längst voraus weiß, zeigt sich der Graf — aber die Frau, die sich schon an den Gedanken gewöhnt hatte, einen Kammerjäger zu heiraten, ruft, in einer Ekstase des Abscheus, aus: ,,Diesem Mann kann ich mich nicht vermählen." Ein inneres Rätsel nach dem äußeren Rätsel. Blitzschnell durchschaut sie, welchen Moment ihrer Bewußtlosigkeit der Graf mißbraucht hatte — er, in dem sie den ritterlichsten aller Männer zu sehen gewohnt war! Kleist wartet mit der Enträtselung dieses Motivs bis zum letzten Satz.

Das rätselhafte Faktum des ,,Findlings" ist: Elvire, die Gattin Piachis, sieht dessen Pflegesohn Nicolo in der Maske eines Genueser Ritters vom Karneval heimkehren und stürzt, dem Käthchen gleich, beim Anblick des Grafen ,,mit Flaschen und Gläsern, die sie in der Hand hielt, wie durch einen unsichtbaren Blitz getroffen" nieder. Die Prämissen dazu werden von Nicolos ruchlosem Scharfsinn eingesammelt. Er belauscht sie, wie sie in ihrem Zimmer, auf den Knien liegend, zärtlich einen Namen stammelt, und entdeckt dort ein verhangenes Bild. Man macht ihn auf seine Ähnlichkeit mit dem Dargestellten aufmerksam. Es ist der Retter Elvirens, der ihr, als sie, ein Mädchen, während eines Brandes hilflos zwischen der Flamme und dem Meer stand, beisprang und nach wenigen Tagen, während derer sie ihn nicht verließ, an den erlittenen Verletzungen starb. Dies nutzt Nicolo zu einer List, die der List Jupiters im Amphitryon gleicht. Er stellt sich hinter den Vorhang. Elvire überlebt das ihr Angetane nicht. Sie war gegen die teuflische Berechnung ihrer Seele in dem Grade wehrlos, als sie sich, musterhaft in der Erfüllung ihrer Pflicht als Gattin, der Schwermut um den Toten als dem geheimen Besitz ihrer vollkommenen Seele ergeben hatte.

Dies ist etwa das Schema einer Kleistischen Exposition: eine Person scheidet sich plötzlich, durch eine Handlung oder einen Zustand, von ihrer Umgebung ab und wird in ihr einsam. Die Befremdung, das „ganz unerhört, ihr Danaer" hat viele Formen und füllt viele Szenen. Die Ritter der Feme, Griechen und Amazonen, die Germanenfürsten, die märkischen Offiziere bilden dann die Gemeinschaft der Nichtverstehenden um den Kleistischen Helden, der dadurch mittelbar als rätselhaft bezeichnet ist. Aus ihr heben sich halb oder ganz Verstehende heraus. Die Sphäre des Rätsels kann zwei Menschen umschließen; das Rätsel liegt dann in dem, was sie füreinander sind; aber immer so, daß der eine vorangeht ins Rätsel, der andere folgt. Ehe sie unbegreiflich wurde, hat die rätselhafte Person den Begriff ihrer Umgebung vorbildlich erfüllt. Dieser Begriff (Schablone, Kodex, Einrichtung, Sitte) wirkt manchmal in ihr nach; sie ist gewohnt, sich selbst nach ihm auszulegen, und beginnt also sich mit sich selbst zu entzweien. Ebenso beeinträchtigt dieser Begriff das Verstehen dessen, der sich ihr nähert. Ihr Rätsel erscheint auch unmittelbar, nicht nur in der Wirkung. Da es nicht Überzeugung, sondern Betroffenheit ist, findet es keine Worte. Viel sagt der Bericht anderer, mehr Gebärde und Symbol. Diese ,,rätselhafte Person" ist wehrlos und voll Scham. Damit ist ihr Rätsel zugleich dem zutappenden Verstand und der berechnenden List hingeliefert, zugleich aber im Rang darüber erhoben und gefeit durch Unentwegtheit in sich. Die Exposition endet, wo das weltliche Denken und das Wohnen im Rätsel miteinander kämpfen, und die rätselhafte Person selbst oder ihr Sein mit einem andern sich der Wahrheit zubewegt.

Das Drama als Probe

Ein Begriff des Göttlichen läßt sich schwer auffinden in der Schöpfung Kleists, und gerade wo der Gott erscheint: im Amphitryon, ist er blasphemischer Komödiengott, stechend scharfe Maske der dichterischen Not. Aber eines ist in dieser Schöpfung, das sein Licht und seine Härte unter jeder Probe bewahrt wie der Diamant: das Ich. Die Ehrfurcht, die sonst dem höchsten Sein gezollt wird, gilt ihm. Es ist unter den Deutungen das Wahre, unter den Verdächten das Arglose, unter den Verwirrungen das Einfache. Es wird nicht befragt und braucht sich nicht auszuweisen, weder als Gewissen, noch als entwickelte

Grundform, noch als Abbild des Schöpfers, noch als Verkleinerung des Weltalls. Es ist ein Pfand. Selig leben heißt: sein Leben blindlings dieser Bürgschaft anvertrauen. Daher die seltsame Heiterkeit des tragischen Bewußtseins, daher die Erbärmlichkeit der komischen Haltung: nur ein Kleist konnte das Lächerliche darin finden, daß der Mensch sich im Schein des Menschlichen versichert, statt sich in der Wahrheit des Menschlichen zu gefährden. Der „Kohlhaas" ist das Einfachste von allem, was Kleist gemacht hat: er handelt nur davon, daß der Gehorsam gegen das Ich in einen Widerspruch zur Welt verwickelt, und daß dieser Widerspruch zu Ende getan und zu Ende gelitten wird. Sonst entlehnen die Novellen und die Dramen ihre Bewegung einem inneren Dualismus. Über dies diamantene Ich legen sich verdeckende Schichten: das Meinen der anderen, das eigene Meinen, die Verständigkeit, die für die Wahrheit ist was der Tag für den Blitz, und zuletzt: das gemeine Lebenwollen. Es zeigt sich, daß dies Kleistische Ich zwar das Eigenste eines Menschen, zugleich aber der Mittelpunkt des Alls im Gefühl ist. Es liegt nicht am Tag. Es muß etwas geschehen, und man muß etwas sein, damit sich die Wahrheit eines Menschen entdeckt. Dieses Geschehen heißt Schicksal, dieses Sein heißt tragische Qualität. Held ist bei Kleist der zu sich selbst Verurteilte. Die Nicht-Helden leben in Unwissenheit: sie mögen immer den Willen Gottes, der Natur und des Staates erfüllen, Kleist würdigt sie keines Blicks. Das Meinen über den Menschen, die Bürgschaft der Sicherheit, der Schonung und Verständigung ist zunächst gegenwärtig im Meinen des Menschen über sich selbst. Das Bewußtsein ist dem untertan, erst in der Schule der Entscheidungen wird es dem Meinen abtrünnig und kann der Majestät des Unbewußten eine dienende Fackel vorantragen. In den tragischen Menschen Kleists ist die Möglichkeit, sich so zu finden, da. Daß sie es wirklich tun, dazu bedarf es einer äußersten Bedingung. Denn alles, was lebt, sträubt sich gegen die Wahrheit, die es selber ist. Der Zufall der Novelle und das Schicksal des Dramas stellen die äußerste Bedingung her, unter der ein Wesen bereit wird, von sich selbst wahrzuträumen und wahrzusagen und in den Abgrund seines Müssens hinabzufallen und an der eigenen Überschönheit zu sterben. Wie die Folter aus einem Menschen die schlimme Wahrheit hervornötigt, so foltert das Kleistische Schicksal eine Seele, bis sie ihre Wahrheit preisgibt; aber diese Wahrheit heißt: daß die Seele schöner ist, als sie sich selbst gedacht hat. So furchtbar schön, daß die andern sich vor Schreck versteinern. Denn das ursprüngliche Sein der Seele stört die Vereinbarungen und willigt nicht in den gedeihlichen Anbau.

Der „Amphitryon" wahrt insofern die Eigenschaft des Lustspiels, als alles diesen Moment der Selbstentdeckung gefährlich umspielt, sie aber doch für den Schluß gespart ist und nicht mehr zur Drohung werden kann. Das Thema ist die Liebe eines Gottes zu einer Menschenfrau. Darin nimmt Kleist den Mythos wörtlich und läßt ihn fern; zu-

gleich rückt er ihn durch das genaue Deuten der inneren Bewegung dicht an uns heran. Er deutet ihn vom Gott aus; der ist Kleist, der wirkliche Kleist. Und von der Frau aus, dem Kleistischen Symbol. Dieser Frau ist es auferlegt, die Beiwohnung des Gottes, der die Gestalt des menschlichen Gatten annahm, von der Beiwohnung des Menschen zu unterscheiden. Sie nicht zu unterscheiden, war ihre Möglichkeit des Weiterlebens. Darum sagt sie: „Ach."
Daß Alkmene, die nichts von sich Wissende und darum so gewinnende Frau, einen Augenblick in der ganzen Majestät des unbewußten Ich erstrahle, dazu läßt Kleist seinen Gott ein listiges und linkisches Verhör mit ihr anstellen. Wenn hier kein Gott ist und doch die Sphäre des Gottes und der Menschenfrau so scharf unterschieden wird, was stiftet dann den Unterschied? Das Gefühl Alkmenens. Derjenige von den beiden Amphitryonen ist Gott, der sie berührend sie zu einem geheimnistragenden Wesen macht, sie für sich selber aufschließt, sie zu sich selber verurteilt. Der andere, der sie ungestört in der Erkenntnis ihrer selbst fortleben läßt, ist bloß Mensch. In dieser „Göttlichkeit" hat Kleist einen Wink gegeben über seinen Beruf als Dichter und als Liebender. Was geht in der Szene vor, die Kleist einlegte in seine Umdichtung Molières, um ein Lustspiel zu einem Mysterium zu machen? Ein Gespräch des wahren Gatten mit Alkmene hatte ihn vor eine furchtbare Gewißheit, sie vor eine furchtbare Ungewißheit gestellt. Hier dichtet Kleist weiter aus der Seele Alkmenens.

Hat Alkmene in jener Nacht einen andern empfangen, so ist ihre Einheit mit sich selber gestört — diese Einheit, die die Marquise von O. bewahrt, und die Littegarde verliert. Denn von jener heißt es, als sie ihre Schwangerschaft entdeckt, ohne von einer Empfängnis zu wissen: „Ihr Verstand, stark genug, in ihrer sonderbaren Lage nicht zu reißen, gab sich ganz unter der großen, heiligen und unerklärlichen Einrichtung der Welt gefangen". Diese aber zwingt der Ausgang eines Gottesurteils, ihr Bewußtsein Lügen zu strafen: „Gott ist wahrhaftig und untrüglich; geh, meine Sinne reißen und meine Kraft bricht." Auch, wenn man will, ein Heranrücken des Mythos! Aber die Erschütterung Alkmenens ist weiblicher, voller und süßer. Unkeusch zu sein — das war ihr gar nicht möglich. Daß sie sich täuschen ließ, die Person des Geliebten mit einem anderen verwechseln konnte, das verzeiht sie sich nicht. Denn wie der Rang anderer Kleistischer Helden die Ich-Gewißheit ist, so ist der ihrige, die keinen Sinn hat als: zu lieben, die Du-Gewißheit. „Nimm Aug und Ohr, Gefühl mir und Geruch, Mir alle Sinn' und gönne mir das Herz: so läßt du mir die Glocke, die ich brauche; Aus einer Welt noch find' ich ihn heraus." Das in das Diadem gegrabene I statt des A, ein von Kleist erfundenes Symbol, ist der Augenschein dafür, daß ihr diese Gewißheit log. Vorher fühlte sie sich durch das Mißtrauen des Gatten angetastet, jetzt ist sie durch diese Wahrzeichen so vernichtet, daß sie nur Wahrheit sucht. Sie kniet vor dem eintretenden Scheinamphitryon und bittet ihn um das vernichtende oder rettende Wort. Dieser fünfte Auftritt des zweiten Aktes ist dreigeteilt, nach den drei Versuchen, die Jupiter mit ihr anstellt. Er muß sie versöhnen. Zuerst sagt er ihr: Du bist keusch geblieben, denn als du einen andern empfingst, glaubtest du den Gatten zu empfangen. Dieser Versuch scheitert. Denn was hilft Alkmene die Reinheit durch das Meinen, wenn ihr Gefühl, ihre Witterung des Du sie betrog! Sie überliefert sich dem inneren Gericht. Und Jupiter — ist dies Göttlichkeit, sich so zu verrechnen, einem so tragisch edlen Geschöpf so leichte Heilbarkeit zuzutrauen?

Schon hier wird die Jupiter-Tragik aufgerührt, daß die Zärtlichkeit, die er sich in der Maske des Gatten stahl, nicht dem Gott galt. Diesen Fluch könnte nur eines lindern: wenn das Gefühl Alkmenens in jenem Augenblick sich irgendwie und ohne daß sie es sich erklären könnte von ihren sonstigen Gefühlen unterschieden hätte. Und hat sie nicht Charis bekannt, daß er ihr mehr Amphitryon schien als sonst: „Dem Leben treu, ins Göttliche verzeichnet?" Wird Jupiter dies aus ihr heraus fragen können? Als sie mit einem fürchterlichen Eid jede fernere Umarmung verschwört, bleibt dem Gott keine List mehr als die Wahrheit. Er sagt: Es war Jupiter. Er sagt nicht: Ich war es. Denn jetzt soll sie ihn für Amphitryon halten, sonst wäre schon der Schluß des Stückes da. Ihr scheint dies, aus dem Munde des Menschen, eine verbrecherische Anklage; Jupiter ruft ihre Frömmigkeit zu Hilfe und gewöhnt sie durch mythische Parallelen an den ihr zuerst undenkbaren Gedanken, daß sie selbst Mitte des Mythos, und der Mythos ihre Gegenwart sein könnte. Als sie noch zweifelt, erinnert er sie an das I. Und, selber lernend an dem Verhör, das er anstellt, an die Untrüglichkeit ihres Du-Gefühls. Nur ein Gott konnte ihr, kraft göttlicher Verwandlungskünste, Amphitryon s e i n. Den menschlichen Betrug mußte sie erraten, dem Täuschungsversuch der göttlichen Allmacht durfte sie erliegen. Mit diesem Beweis gibt er ihr, als vermeintlicher Gatte, den Adel ihrer Seele zurück. Was jetzt in ihr geschieht, ist unaussprechlich; Kleist stellt es dar mit einem Laut und einer Gebärde: ,,Nun ja! (sie küßt ihn).'' Hiemit könnte sich der Gott begnügen; nichts hindert ihn, Amphitryon das Seinige zu lassen; nichts hindert ihn, in diesem Augenblick der Geliebte Alkmenens zu sein. Aber was Alkmenen mit sich selbst versöhnt: daß der Gott für sie Amphitryon war, das macht den Gott in Ohnmacht erknirschen. Die Jupitertragik stachelt ihn zu einem Verhör, dessen Zweck ist, Alkmene zu einer Unterscheidung des Gottes vom Menschen zu zwingen, nachträglich, im Gedanken und im Gefühl. Das Mittel dazu soll sein, daß sie sich den Gott jener Nacht und den Schauer seiner Nähe mit aller Deutlichkeit hervorruft, um zu wissen: dies war Jupiter und nicht Amphitryon. Er verwirrt sie hierdurch, denn gerade dieser Jupiter kam ihr ja amphitryonischer als Amphitryon vor! Um, als Amphitryon, eine solche Herrschgewalt über die heimlichsten Gedanken dieser frommen Frau auszuüben, muß er sie durch religiöse Vorstellungen fügsam machen. Kleist will zeigen, daß der listenreiche Gott, dem dies sich selbst nicht wissende Leben hingeliefert ist, sich fängt in seiner List. Warum kam Jupiter? Gekommen sei er, weil sie ihn vernachlässigt, vielmehr: weil sie ihn unter allzu bekannten, menschlichen Zügen gedacht habe! Der Gott begeht den Fehler, seinen nächtlichen Besuch, der doch im Gedächtnis Alkmenens die höchste Süßigkeit haben soll, als eine Strafunternehmung hinzustellen. Hierdurch wird er ihr ein Gegenstand der Pflicht und der Furcht: ,,Jedoch nachher vergeß ich Jupiter." Der verblendete Gott fährt fort in seinem Verhör. Was sagtest du, wenn dir Jupiter jetzt erschiene? Die Antwort ist so vernichtend, wie sie auf jenen Fehlgriff erfolgen mußte. Wenn sie einen Tag zurückleben und sich vor Göttern und Heroen riegelfest verschließen könnte – das wäre ihr hocherwünscht. Er hat verloren. Und holt von neuem aus, indem er, als Gatte im Namen des Gottes, ihr Mitleid mit dem leidenden Gott (mit dem leidenden Kleist) anruft. In dieser beinahe für sich bestehenden Dichtung, die die Liebesforderung des Geistes an das süßeste von ihm gedachte Wesen ausspricht, ist Gott weder heidnisch noch christlich gedacht, sondern Kleistisch: in der Einsamkeit des Schaffens. Seine Niederlage wäre vollkommen, da sich Alkmene zwar so hohem Ratschluß unterwirft, aus freiem Willen aber dem Gott nur Ehrfurcht, Liebe dem Gatten vorbehalten möchte: wäre nicht der Gatte, den sie so anredet – Jupiter! Denn, wenn er ihrem Verstand auch Amphitryon

ist, ihr Gefühl erlebt die Gegenwart unmittelbar, ohne Deutung — und etwas wie Jupiter berührt sie. Er hat also Mut, in seinem Verhör neu auszuholen bis an die Grenze der Wahrheitsenthüllung. „Wenn ich dieser Gott dir wäre..." Sie würde ihm in den Orkus folgen — aber wem? Nun legt sich die nächste Frage als eine strenge Klammer um ihren Sinn und sie antwortet mit dem Schönsten, was sie ist. Die gedachte Lage, die er ihr beschreibt, ähnelt der jetzigen wahren, die sie nicht durchschaut, und ist ganz genau die Lage des Schlusses, der ja wirklich über Alkmene die Wahl zwischen beiden Amphitryonen verhängt. Ihre Antwort und das Entzücken Jupiters über ihre Antwort ist nur verständlich, wenn man sich noch einmal sagt, daß sie zwar Jupiter für Amphitryon hält, im Gefühl aber doch eine umfassendere und höhere Gegenwart genießt. Der, der da ist, ist ihr schön, sie ist sein. Wenn jetzt Amphitryon käme, wie entsetzlich! Denn der, dem sie jetzt so hingegeben ist, wäre ja dann der Gott. O wäre er doch Amphitryon! Dies sagt sie dem vermeinten **Amphitryon**, beschreibt aber unwissend die Wahrheit. „Ja — dann so traurig würd' ich sein."
— Dies ist von dem „Ach" des Schlusses nur dadurch verschieden, daß sie mit dem Verstand noch in der Täuschung einheimisch ist, obwohl sie mit ihrer Antwort auf den verfänglichen Wennsatz die Entzweiung durch den Gott, der nicht ihr Gatte ist, schon voraus erleidet. Warum erhöht diese Antwort das Geschöpf über den Gott? Weil sie, indem sie das Gesetz ihrer Reinheit hält und sich nur in-

niger zum Gatten bekennt, durch dies Wort „traurig" zugleich der Gegenwart des Gottes gerecht wird, dem Gott genügt. Und sich selbst, denn wie er ihr ein Über-Amphitryon ist, hat er die Über-Alkmene in ihr erweckt. So löst sie die zweideutigste und fragwürdigste Gegenwart mit der Genialität ihres neuen, umfassenden Gefühls. Was jenseits der Grenze dieses Stücks geschieht, bleibt Rätsel. Heißt das nicht mehr, ist das nicht wissender, als es ein klarer Untergang oder eine klare Rettung wäre? Sie hat gelernt. Ein Schmerz wird für sie möglich: in Amphitryon den Gott zu vermissen.

Was sich enthüllt, ist eine wahre Rangstufe. Was zerstört wird, ist eine scheinbare Rangstufe, in diesem Fall: Schöpfer und Geschöpf. Daß die wahre Rangstufe als Rang des Weibes über dem Mann erscheint, hat eine Entsprechung in der Erhöhung Käthchens über den Grafen. Aber darauf kommt es nicht so sehr an, obwohl das Weib bei Kleist gerne der eingeweihte, also den Mann einweihende Partner ist. Die Mutter der Marquise, die die Tochter verworfen hat, lernt sie verehren wie ein höheres Wesen. Der Große Kurfürst, der sich im Trotz des Nichtverstehens und in erzieherischer Ironie über den Prinzen erhöht hatte, steigert im 7. Auftritt des 5. Akts seine Anreden seltsam „Mein junger Prinz" — Junger Held — Mein Sohn", während der Prinz gleichzeitig aus der vergötternden Liebe der Offiziere wie ein freier Dämon hervorgeht. Also nicht auf den Geschlechterunterschied kommt es an, sondern darauf, daß Wille und Wissen, durch Weltmeinung gestützt, dem reinen Leben der Seele gegenüber eine Übermacht haben, aber mit ihrer List zuschanden werden, wenn das Ich erstarkt zur Umfänglichkeit seines Abgrundes; und daß sie sich seiner Majestät beugen, wenigstens nach dem Recht der Dichtung. So ist der Gott hier gezeichnet: der Mann der Finte, der zuschanden wird. Er konnte aus seinem Opfer nur eine höhere Schönheit herausquälen, und ist Gott genug, nun zu beten statt sich anbeten zu lassen. Man denkt an die Anekdote vom fechtenden Bären. Der Aufsatz über das Marionettentheater, der überhaupt der Unfehlbarkeit des Unbewußten gewidmet ist, erzählt von diesem Fechter: „Auf Finten (was ihm kein Fechter der Welt nachmacht) ging er gar nicht einmal ein: Aug in Auge, als ob er meine Seele darin lesen könnte, stand er, die Tatze schlagfertig erhoben, und wenn meine Stöße nicht ernsthaft gemeint waren, so rührte er sich nicht."

Was heißt Mythos im „Amphitryon"? Kleist glaubt ihm, was er von sich weiß: die Zweiheit der Sphären und die Entzweiung des Menschen, der „besucht" wird. Indem er Alkmene zur mythischen Person macht, wird der Mythos ein innerer Verlauf. Er saugt sich voll mit Wahrheit; erst ferne Fabel, ist er plötzlich und drohend im Innern da, so unausweichlich, daß alles sonst noch Seiende verblaßt. Fromm unterscheidet diese Frau ihn als das Andere, das sie nicht ist: große Frauen, die in alter Zeit ein Gott besucht hat, — bis sie sich selbst als leidende und gegenwärtige Mitte dieses Mythos entdeckt. Sie wird vom Mythos eingeholt. Das heißt: die Wahrheit des eigenen Wesens erfahren und ihr gehorsam zu leben. Vor diesem Augenblick biegt ein Wesen aus. In Kleists Leben gibt es dasselbe: bis zur Kant-Krise biegt er aus, hält er ängstlich an seinem, von der Aufklärungsphilosophie gestützten, Lebensplan fest; als sträubte, im Vorauswittern ihrer tragischen Bedingungen, sich seine Natur gegen ihre eigene Wahrheit, und verharrte, so lange es angeht, in der Umkehrung ihres Selbst.

Die Tragik der Penthesilea-Dichtung ist das Wesen der Leidenschaft selbst, die von Kleist zu ihrer höchsten Möglichkeit gesteigert, keinen Gegenstand mehr haben kann, weil ihr kein Gegenstand gewachsen ist; so wie die Wildheit einer Tänzerin, die vom Gott des Tanzes besessen Tier und Dämon wird, die erlahmenden Mittänzer von sich schüttelt und mit jenem allein ihren Tanz zu Ende tanzt bis zum Sinken ihrer Knie. Das Versagen des Partners vor dieser Leidenschaft erscheint als sein Unvermögen zur Auslegung: es ist ebenso wahr, daß Achill in den Wirbel der Zentaurin hineingezogen wird, ja sich ihr in sonderbarer Umkehrung der Geschlechter anähnelt, wie daß er sie bis zum Ende mißversteht und dies Mißverstehen mit diesem Ende bezahlt. Seine Tragik ist: nicht für die Wahrheit dieses Wesens geboren zu sein und ihr dennoch zu erliegen. Freilich ist das Ende keine blinde Zerstörung. Das innere Gleichwerden, die Einweihung des Mannes in das Geheimnis des bisher unbegriffenen andern Wesens, die im „Käthchen" ein märchenhaftes Leben aus der Wahrheit der Seele eröffnet, ist hier der Tod: dem sterbenden Achill erst geht die Unberechenbarkeit dieser Seele auf und erst als Nachsterbende schenkt sich ihm Penthesilea maßlos.

Auch Penthesilea lebt doppelt, begreift sich doppelt. Ihr Amazonentum ist die Meinung der anderen über sie und so meint sie auch sich selbst — wie der Prinz von Homburg vor märkischen Kardinaltugenden besteht oder versagt, ehe seine Seele über ihn kommt. Der Amazonenstaat ist mehr als ein im Hederich aufgelesenes Faktum, dessen sich Kleist als einer zwar nicht geschmackvollen, aber aufregenden Kulisse bedient. Er hat ihn zu der überzeugenden Landschaft seiner Seele gewählt. Denn die Wahlheimat dieser weit zurückreichenden Seele ist nicht die Geschichte und nicht der Mythos, sondern dessen Vorbereitung, ein Mischkrug der Elemente und der menschlichen Seele. Ein Frauenstaat! Was ist sein Heiligtum anderes als das Kleistische Heiligtum der Frau, die als Schmerz der Schöpfung mehr ist als der listenreiche Mann und seine Hybris bricht, die ihn als Liebende bedarf, ihn wegwirft, wenn er gedient hat und kaum in Versuchung kommt, diesem ihr nicht gewachsenem Wesen untertan zu sein und anzugehören. Dieser Staat ist, sofern er als Satzung die Liebeswahl verbietet und dadurch uneinnehmbar bleibt, der Gegensatz Penthesileas, aber er bringt sie auch hervor. Seinen Führerinnen erlaubt er, in der Vertraulichkeit der Höhe, eine mittelbare Wahl: „Du wirst den Peleiden dir bekränzen", sagt Ortrere zu Penthe-

silea. Sie bricht das amazonische Gesetz nicht, wenn sie
ihn als Beute wählt, sondern wenn sie sich ihm gibt, ohne
ihn besiegt zu haben. Und: wenn er ihr mehr ist als
Beute ... Nun ist dieser Staat zwar für Penthesilea das
Verbot, durchaus sie selbst zu sein, doch lebt er auch in
ihr als das amazonische Gesetz ihres persönlichen Wesens. Nicht bloß als Amazone, auch als Penthesilea darf
sie dem Achill erst erliegen, nachdem er ihr erlegen ist. Es
geht hier nicht um Mann und Weib. Das Zwieschlächtige
der Leidenschaft, zu verzehren und verzehrt zu werden,
Gewalt zu üben und Gewalt zu leiden, hat Kleist zu Ende
gedacht nach dem Maß seiner eigenen Wildheit; den
Amazonen, die nicht so amazonisch sind wie die Königin,
droht auch nicht die Gefahr der Hingabe. Erst ihr beinah
wahnsinniger Wunsch, den lebendigen Mythos, den stärksten Kriegshelden, den, der am meisten auf der Welt
Mann ist, sich, dem Weib, im Kampf erliegen zu sehen,
kann umschlagen in das weichste Schmelzen. Beides ist
dasselbe. Nach der kaum tragbaren Stauung des Wesens
im Siegerwillen der kaum denkbare Erguß dieser Hingabe! Amazonische Denkart ist die „äußerste Bedingung",
unter die in diesem Fall Penthesileas Natur gestellt ist.
Und der Staat um sie her ist die zweite Bedingung, unter
der und gegen die sie Penthesilea sein muß.

„Hetzt alle Hunde auf ihn" beginnt der 9. Auftritt, und
nimmt so das Ende vorweg: der Grund ist Beleidigung.
Kann sie aber von Achill beleidigt sein, bloß weil sie ihn
nicht besiegt hat? Ihre Beleidigung setzt voraus, daß sie

in ihrem amazonischen Gefühl schon ein weibliches Gefühl ahnt, und daß vor diesem die Heldenschablone, bei der Achill verharrt, brutal wird. Er sollte nicht ganz Held sein, so wie sie nicht ganz Amazone ist. In der Tat enthielt schon der 5. Auftritt ihr Geständnis, daß er ihr „das kriegerische Hochgefühl" verwirrt habe. Dort forderte sie von sich noch Sieg und Gehorsam gegen die amazonische Vorschrift. Hier sollte er den Kampf nicht mehr mit Kampf erwidern, weil ihr Kampfangebot nicht mehr echt ist. Sie nennt sich Leier, die still im Zug des Nachtwinds seinen Namen geflüstert habe. Dann: als ihr Flucht angeraten wird, redet sie für sich weiter, schwelgend in einer ihr neuen Weiblichkeit, Verbrecherin an ihrem Gesetz. Dann: in seltsam verstelltem Ton, verzichtet sie auf den liebsten Wunsch, verspricht die Ihrigen zur Heimat zu führen. Dann: indem sie die Rosen erblickt, die dem nahen Siegesfest bereit sind, empfindet sie am scharfen Gegensatz zu diesen Symbolen des Festes das vergebliche Lechzen ihrer Seele; es lebt sich aus in dem Wunsch, das ganze Weltall so zu vernichten, wie sie es figürlich mit dem Kranz zwischen ihren Händen zerreißt. Dann: sie ist müde, weil sie müde sein will; bricht sie jetzt zusammen, so wird sie seiner Annäherung gegenwärtig sein. Dann: sie rast gegen sich selbst und will, daß er an ihr jeden Greuel übe; aber sie rast nicht, weil sie ihn nicht besiegen konnte, sondern weil er ihrem Reiz nicht erlag. Dann: ihr Weinen, und die List der Prothoë. Sie gewinnt Penthesilea, und indem sie Ehrfurcht vor ihrem

Müssen bezeugt, gibt sie ihr das Wollen zurück. Dann: im gewaltsamen Selbstaufgebot ein ernster Wille zur Flucht. Dann: nach dem gesteigerten Wollen das gesteigerte Müssen; statt dem Gedanken des Fliehens der Wahn des Fliegens, und immer neue Wenden, in denen Wegziel und Wunschziel verwechselt wird, bis sie, sich in ihn und seine Unerreichbarkeit willenlos verlierend, hinsinkt in einer jener Kleistischen Ohnmachten, in denen die Seele zu ihrem Urgrund zurücktaucht. So ist diese kurze, in der Bewegtheit überreiche Szene geteilt in zwei Sprachen: in eine erzwungene Sprache des vom Bewußtsein geforderten, aber nicht mehr zu leistenden Geltens und in eine fessellose Sprache des elementaren, nicht länger verhaltenen Seins. Diese Entzweiung gibt das Gesetz für den großen Dialog des 14. Auftritts: Penthesilea muß betrogen werden, damit sie sich frei gegen Achill ergießen kann. Die falsche Lage, in die sie aus ihrer Ohnmacht erwacht, heißt: sie hat Achill besiegt. So wird ihr von Prothoë gesagt, und Achill bequemt sich, ohne zu begreifen, diesem Spiel. Das heißt doch, daß die Einhaltung des amazonischen Gesetzes (sich nur dem Besiegten ergeben zu dürfen) noch immer die Bedingung ihrer Seele ist.
Und warum? Es enträtselt sich die Einsamkeit Kleists. Er ist einsam, weil niemand gleich ihm fühlt. So Penthesilea: sie ist der Verständigung entrückt durch die zerstörende Heftigkeit des Gefühls. Es ist ein Leben, das sich martert und mordet: denn zu dieser Gipfelhaftigkeit gehört es ebensosehr, keinen Partner haben zu können, wie

einen haben zu müssen. Ihr Gefühl will das Gefühl aller Gefühle sein, vergleichbar der Machtgier eines Alleinherrschers. Andere Menschen fühlen Gier nach etwas Bestimmten. Sie ist die Gier nach der letzten erschöpfenden Gefühlsstärke, in der ein Mensch als Fühlender unendlich wird. Daher die Wahl des Partners und die tyrannische Bedingung. Er muß der Stärkste sein (und wäre er der Held aller Helden, wenn er nicht stärker wäre als ein Weib?); der Glanz ihres Wunsches wäre befleckt, wenn sie hoffen dürfte ihm obsiegen zu können. Der Glanz ihres Wunsches wäre auch befleckt, wenn sie nicht Gewalt an ihm verübte, ehe sie ihm erläge — denn ihre Hingabe kann nur als freiwillige Umkehrung aus der herrischen Gebärde hervorgehen. So steigert sich in Kleist das eigentlich Unlösbare der Leidenschaft zu atemraubenden Bildern eines todfeindlichen Geschlechterkampfes: Achill stürzt und der Wagen über ihn; die Verfolgerin stürzt von der vergeblich erkletterten Felswand; er, eingeholt, biegt aus; sie stürzt wieder; sie sinkt von seiner Lanze. Dagegen die staunenden Gebärden der plötzlichen Betroffenheit, des unerwarteten Verschonens, die Entrücktheit Achills unter den Seinen wie eine schwächere Nachahmung der Unverstandenheit und Unheilbarkeit Penthesileas.

Der Inhalt dieses großen Dialogs ist also die Einweihung eines Nichteinzuweihenden. Und worein soll er sich einweihen lassen, der männlichste Mann? In Gründung und Brauch eines Staats, der beginnt mit der Selbsthilfe der beleidigten Frauennatur, besteht in der unbedingten Erhöhung des Weibes über den Mann, und darin gipfelt, daß dieser, ein Gerät des Ritus sozusagen, die Befruchtung der Frau durch ihren Gott vollziehe. Sie belehrt, läßt sich herab, gewährt und versagt, während sie in Wahrheit die Siegesbeute ihres sich geschickt verstellenden Schülers ist. Der 14. Auftritt beschenkt uns mit dem Begriff einer neuen Heiterkeit: fast drohend wie der nie gehörte Festklang dieser Sprache. ,,Zuerst den Stier, den feisten, kurzgehörnten..." Das ist die Sprache der tragischen Seele, wenn die Bedingung ihres Glücks erfüllt ist. Oder scheint: für den kurzen Moment einer verfälschten Wirklichkeit. Es gilt zwei Proben. Er will sie genießen, wie er sie besiegt hat, und bequemt sich aus List der verhängten Bedingung. Aber nie ist er ferner von ihrem Geheimnis, als indem er sich ihr so anbequemt. Ist seine Ergreifbarkeit ihrer Ergriffenheit gewachsen, so daß er ihre Seele fassen wird, sei es zu glücklichem, sei es zu furchtbarem Ende? Die andere Erprobung ist ihr bereitet. Wie wird sie sich erweisen nach Aufhebung des Trugs? Unmißkennbar versagt in diesem Dialog die Verständigung. Penthesilea liebt und Achill liebt: er bequemt sich ihrer Weise, ihn als Besiegten aufzurichten, in ihre Nähe zuzulassen, über ihn zu erstaunen und sich in seinem Erstaunen zu wiegen — aber er verliert sich nicht an sie, er ist List und Stärke des Mannes und lachender Übermut des Bewußtseins. Als die Mysterien seine Geduld übersteigen, da muß sein aufgeklärtes Lächeln für ein Lächeln des Entzückens ausgegeben werden, damit es nicht verletze und den Zauber dieser Mitteilung breche. Seine Worte haben alle denselben Ton: ,,Solch eine Tat der Weiber läßt sich denken." ,,Nun denn, beim Zeus, die brauchte keine Brüste." Es sind Stilmittel Kleists; sie deuten an, daß Achill nicht nur nicht versteht, sondern daß Glosse und Witz die ihm natürliche Antwort sind, — ihm, dem Nichteinzuweihenden. Sehr einfach ist der Griff, mit dem er sie bei der Auflösung des Betrugs zu meistern denkt. Sie hat ihm die Geschichte dieses Staates als Vorgeschichte ihrer selbst erzählt und er beantwortet diese urbestimmte Oberhoheit des Frauentums mit dem unentwegten männlichen Herrschaftsanspruch. Als sie ihn dennoch nach dem Tempel Themiscyras lockt, antwortet er galant: ,,Ich bau dir solchen Tempel bei mir auf."

Nicht wie sehr Penthesilea beim Erkennen ihrer wahren Lage erschüttert ist, sondern wie wenig und wie kurz sie es ist, verdient bemerkt zu werden. Obwohl sie Achill nicht besiegt hat, beschwört sie ihn, ihr nach Themiscyra zu folgen. Sie verflucht ihre Befreierinnen und will, nach dem Recht des Krieges, wie sie behauptet, als Gefangene zu dem Sieger zurück! Das ist der volle Bruch nicht nur des amazonischen Gesetzes überhaupt, sondern der Bedingung unter der sie bisher Person war und unter der sie allein zu lieben dachte. Dieser Staat und dieses Gesetz sind jetzt nur noch da, damit man das Ungeheuerliche ihrer Selbstaufgabe fühle. Der Fluch der Oberpriesterin trifft sie mit Recht. Sie ist so verwandelt, daß sie sich nicht

mehr als Einheit fassen kann. Ist dies Abfall von sich selbst? Ist es Erfüllung? Auf welche Weise könnte Achill ihr jetzt entsprechen, ohne daß ihr Rang in dieser Wehrlosigkeit verletzt würde?
Man versteht die Beleidigung, die zum Ende führt: in diesem Augenblick, wo sie die Unbeugsamkeit ihrer Seele fahren läßt und im Abfall von sich selbst in ein neues Dasein antritt, will Achill die schon erprobte Überlegenheit seiner Muskeln in einem zweiten Kampf an ihr beweisen. Sie tötet ihn – aus Mißverständnis; denn er wollte sich von ihr besiegen lassen. Sind die Rollen vertauscht, ist sie die Nichtbegreifende? Nein. Noch auch hätte er anders tun sollen – er wäre nicht Achill, wenn er nur ihr Gedanke wäre. Vielmehr ist er in seiner Weise stark, aber er läßt sich, seiner Berechnungen sicher, mit einem unberechenbaren Element ein. Als der Herold ihm von Hunden und Elefanten meldet, meint er: ,,die fressen aus der Hand." Sie seien zahm, wie sie selbst. Er begreift sie nicht, er bequemt sich ihr, um sie zu besitzen, er begegnet dem Geheimnis mit falscher Sicherheit. Und dann erfährt er sie.
In der amazonischen Selbstbehauptung war Hingabe versteckt. Indem sie hervortrat, erklärte sie den früheren Trotz. Und so geschieht es noch einmal; die mänadische Untat wird durch das Innige ausgelegt als eine Sprache der Innigkeit: indem sie die Leiche küßt, sagt sie: ,,Dies, du Geliebter, war's und weiter nichts."

Die Tat, mit welcher die wesentlichen Wendungen im Innern des Prinzen und rückwirkend auch im Innern des großen Kurfürsten beginnen, ist die Botschaft, die er dem Prinzen durch Natalie sendet: er solle frei sein, sobald er seine Verurteilung für ein Unrecht erkläre. Was ist die Vorgeschichte dieser Tat? Es geht um das Rätsel des Prinzen, das Rätsel des Kurfürsten, das Rätsel ihrer Beziehung. Die Anfangspantomime enthüllte, daß diese Beziehung vom Prinzen in einer genialen Vorwegnahme erfüllt wurde, daß der Kurfürst in sein Denken hereingenommen ist als ein lebendiges Heroenbild, während der Kurfürst ihn, soweit er ihm sichtbar wird, an dem Kanon preußischer Tugenden mißt und verwirft. Er berechnet ihn ohne ihn zu ehren. Darin ist ihm der Prinz voraus. In allem andern bleibt er zurück: die Szene, die seinen durch einen Sieg belohnten Ungehorsam vor uns entwickelt (II, 2), widerlegt die spätere Behauptung Kottwitzens, der Prinz habe in einer Art strategischer Hellsicht gehandelt; ja sie entblößt ihn beinahe schimpflich in seiner unbeherrschten Roheit, als er dem ersten Offizier zu nahe tritt. Weder begreift er den Kanon soldatischer und staatlicher Tugenden, noch erfüllt er ihn. Einige Szenen, die die Entscheidung verschieben (II, 3—9), beziehen sich auf diesen Kanon: im vermeinten Tod des Fürsten, in der Aufopferung des Stallmeisters Froben und in der Todesbereitschaft der siegenden Truppen formt sich die heroische preußische Legende, die hier weder gefährdet noch vertieft ist durch den Prinzen, und die sich erfüllt im undurchdringlichen Mannestum des Kurfürsten. Sie stellen den Prinzen insofern wieder her, als sie ihn wenigstens tapfer zeigen; die Person des Kurfürsten — das bezeugen viele Worte und zumal seine Trauer — bleibt ihm unantastbar. Bis er, nach erfolgter Verhaftung, in dem kleinen Monolog des zehnten Auftritts an ihm irre wird. Kleist ist bedacht, uns von Schritt zu Schritt zu zeigen, wie der Prinz den Kurfürsten jeweils sieht; das Umgekehrte aber uns nur erraten zu lassen. Der Prinz verliert den Begriff des seltenen und sonderbaren Mannes völlig zu Beginn des dritten Aktes, nachdem er sich auch gegen die bedenklichsten Einwände seines Freundes auf „sein Gefühl" vom Kurfürsten berufen hatte, ihm nicht zutrauen konnte, daß er seine eigene Schöpfung vernichten würde. „Bin ich nicht alles, was ich bin, durch ihn." Das Todesurteil, muß er hören, ist ihm bereits überreicht, und jetzt öffnet sich der Prinz dem Verdacht seines Freundes, der als eine gemeinere Seele den Kurfürsten gemein auslegt. Seine Strenge könnte ein Racheakt sein, weil die Annäherung des Prinzen an Natalie einen politischen Plan durchkreuzte! Zu diesem äußeren Anlaß, der den Prinzen zu seinem Bittgang bewegt, kommt die Erschütterung durch den Tod, die nicht dargestellt, sondern als ein rein transzendentes Ereignis bloß berichtet wird. Er sieht auf seinem Gang zu den hohen Frauen zufällig das für ihn bestimmte Grab offen. Um zu fassen, was hier vorgeht, muß man das sterbliche Ich und das tragische Ich im Prinzen unterscheiden. Der Wunsch des sterblichen Ich ist, unter

allen Umständen zu sein. Der Wunsch des tragischen
Ich ist, unter allen Umständen Es zu sein. Mit diesem
„es" ist hier nicht die Behauptung der angeborenen Eigenheit gemeint, sondern die mystische Selbstgewißheit und
das Leben aus der Wahrheit des eigenen Wesens, die statt
Gott und Unsterblichkeit steht. Denn hier wird weder die
Todesfurcht durch einen religiösen Grund gebannt, noch
die Todesbereitschaft durch einen religiösen Grund erklärt. Der Mensch besiegt den Tod durch die Bilder, die
er sich vom Tode macht. Der Tod für die Gemeinschaft,
die Selbstverewigung, der Übergang eines sterblichen
Wesens in die Dauer der Gestalt und des Gedächtnisses,
die Bewährung der Tugend und der Haltung, die Treue
zu den Gewesenen und den Ungeborenen, aber auch schon
der einfache Begriff des Heldenmuts: das sind Bilder, die
der Mensch zwischen sich und den Tod stellt und womit
er den Tod als Begriff einer reinen Vernichtung bannt.
Die vollkommene Todesverachtung des preußischen Mannes, die für den Kurfürst selbstverständlich ist und die
er auch beim Prinzen, obschon er ihn unter sich sieht, voraussetzt, gehört in den preußischen Kanon: vor ihm versagt auch der Prinz in diesem Fall. Der Prinz begegnet
dem Tod bildlos — nichts ist zwischen ihm und dem Tod.
Das ist innerhalb der Legende des Preußentums das Beispiel des unmittelbaren Lebens, das die Kleistischen
Menschen führen und das sie ihrer jeweiligen Umwelt unverständlich macht. Das tragische Ich ist heiter, der Tod
ist ihm eine Frucht unter andern Früchten; es greift nicht

immer nach ihr, aber wenn es nach ihr greift, ist sie ihm die reifste und süßeste. Denn in ihr genießt es ja sich selbst; Vernichtung ist i h m etwas ganz anderes: durch irgendein Tun oder Lassen aus sich selbst vertrieben zu werden. Nun ist an den Kleistischen Menschen a l l e s unmittelbar: daß auch das sterbliche Ich tierischer und habgieriger seine dürftige Habe umklammert, sich erbärmlicher der Erbärmlichkeit hinwirft, ist vielleicht eine Bedingung für das Reifen des tragischen Ich; denn es zeugt von der Unerbittlichkeit und Unverlogenheit, auf die eine menschliche Natur gestimmt ist. Der Prinz, zu Anfang außerhalb der Legende und als ,,unsrer tapfrer Vetter'' schablonenhaft auf sie bezogen, steht unter ihr, um später über ihr sein zu können, sie um die Zugehörigkeit seines dämonischen individuellen Geheimnisses zu vertiefen. Die Todesbilder dieser Legende beschirmen ihn nicht vor dem Grauen der Vernichtung, dem er hilflos und wehrlos, und unter Preisgabe jeder Würde erliegt. Er sagt Ja zu jeder Strafe, auch zu Kassation, er will nichts als leben; ich ,,frage nicht mehr ob es rühmlich sei''. Auch die Liebe verleugnet er, er will Bauer sein auf seinen Gütern und sich müde hetzen, und rät in sehr unritterlicher Weise Natalie, Jungfrau zu bleiben und in ein Stift zu gehen. Kleist erspart es seinem Helden nicht, daß er in dieser Szene alles verwirft, was ihn im Sinne der anderen zum Manne macht. Natalie erzählt dem Kurfürsten, daß der Tod sie, eine Frau, niemals so ohne Fassung anträfe. So muß es sein: das sterbliche Ich stirbt den Tod der

Todesfurcht. Auf die Nachricht von dieser unwürdigen Haltung, die den Kurfürsten überrascht und verwirrt, entschließt er sich zur bedingten Begnadigung. Wie trifft sie den Prinzen? Das eigentlich Undarstellbare, das geistige Begegnen des Prinzen mit dem Tod, deutet sich weiter an. Es ist wohl eine der schönsten Taten der Liebe, wenn eines der Liebenden sich ganz verlor und vom anderen zu sich selbst zurückgeführt wird. Die wenigen Worte Nataliens, die dem Prinzen befiehlt, noch einmal auf dem Rückweg sein Grab zu betrachten, wirken so auf ihn. Das wichtige Wort ,,Pause" ist von Kleist gesetzt, damit man mehr höre als den Dank des Prinzen für einen Rettungsversuch. Das Erblassen Nataliens und ein fragender Blick des Prinzen beantwortet in der schwierigsten Szene des Stücks (IV, 4) den Brief des Kurfürsten, den der Prinz laut verliest. Diese Gebärden greifen dem Bewußtsein vor, sie erfassen die Wahrheit. In der Ahnung einer Gefahr ist Natalie so dringend und will dem Prinzen die Antwort diktieren. Er verfügt noch nicht über die Fassung, die er in einer Minute haben wird; Beweis dafür sind die zerrissenen Entwürfe. Kleist will zeigen, daß die hier dargestellte Entscheidung eines Wesens zu sich selbst kein Willensakt ist. Dies trennt eine Kleistische Entscheidung von einer in Schillers Dramen. Der Prinz zaudert. Es begibt sich, daß Natalie ihn mit demselben Motiv zum Handeln stacheln muß, das sie erst, als seiner unwürdig, so schön in ihm bekämpfte: sie erinnert ihn an seine Todesfurcht vor dem offenen Grab. ,,Sitzt und schreibt." Jetzt lächelt er dieser Furcht, die sie in seinem Namen für ihn faßt. Das zeigt den verdeckten Vorgang an. Der Prinz schreibt und verwirft; in seine dunkeln und kämpfenden Empfindungen verdeutlicht sich der Stolz: er ist der Durchgang zum Selbstbesitz. „Eines Schuftes Fassung, keines Prinzen." Er liest schließlich, nach heftigem Widerstreiten Nataliens, noch einmal; schon weiß sie, was sie vorher nur ahnte, „jetzt ist's um ihn geschehn". Jetzt faßt der Prinz, worauf es ankommt, und läßt es sich selbst zum Selbstverständnis dienen. „Mich selber ruft er zur Entscheidung auf." Ob das folgende „recht wacker" ironisch gesprochen ist, läßt sich schwer sagen. Denn eine Minute darauf sagt der Prinz: „der so würdig vor mir steht", was sein Ernst ist. Schon hier wird es sein Ernst sein, nur mit dem Unterton der Erbitterung: was ist schon Gnade, wenn sie sich bedingt? Das Hin und Her zwischen den beiden Liebenden, die jetzt die vollkommenste Durchsichtigkeit füreinander haben, und des Prinzen Halbwissen und Wartenmüssen auf sich selbst wo sonst gäbe es so etwas? „Gleich werd' ich wissen, wie ich schreiben soll." Er taucht ein und schreibt, unfehlbar sicher, und, wie er weiß, sieh zum Tod. Er erkennt sich und erkennt den Kurfürsten. Er wird Held innerhalb des preußischen Wesens und Begriffes, in dem Augenblick, wo er allem entrückt ist und nur in sich selber haust. Er reicht sich so heiter dem als gerecht begriffenen Gesetz dar, weil es ihm Mittel ist zu seiner Selbsterfüllung jenseits dieses und jeden Gesetzes. Der ihm von außen gereichte Tod ist ihm Anlaß zu seiner einsamen inneren Todesfeier. Dies zeigen die beiden kleinen Monologe in ihrer berühmten Wortlosigkeit. Als er den Weg von Natalie zurückgelegt hat, ist er nicht mehr derselbe. Sehr schwer erklärt sich der erste (IV, 4). Seine Stimmung ist wichtiger als sein Inhalt. Er sieht sich noch immer ohne Trost der Vernichtung gegenüber; doch er schreit nicht auf, sondern ist gelassener Zuschauer seiner eigenen Vernichtung. Er sagt nicht, daß nach dem Tod nichts sei, sondern daß das Auge modere, daß dieses „Etwas" sehen könnte. Was heißt dies? Es gibt also ein Sein außer dem Leben, es fehlt nur das Organ dafür; das sterbliche Ich, das den Tod der Sinne stirbt, ist kein solches Organ. Das tragische Ich, das dieses Organ ist und zugleich auch dieses Sein, weiß sich selbst noch nicht, aber seine Heiterkeit kündigt sich an in der Dämpfung der Angst. Der zweite Monolog spricht diese Heiterkeit aus, die keinen anderen Grund hat, als daß das tragische Ich sich nicht mehr entrissen werden kann; die Bilder, die dafür gebraucht werden und deren Sinn unerheblich wird neben der wunderbaren Todesmusik, die sie begleitet, sind dieselben wie die, mit denen Kleist am 20. November 1811 von Sophie Haza-Müller Abschied nimmt: „In dieser Stunde, da unsere Seelen sich wie zwei fröhliche Luftschiffer über die Welt erheben."

Den Charakter des Kurfürsten gefunden zu haben, ist eine Aristie Kleists, wobei einzurechnen ist, daß er den andern und uns mindestens so undurchschaubar bleiben muß, wie er es für sich selber ist, und daß es zu solchem Mannes- und Führertum gehört, sich nie vor der Welt zu widersprechen, wie sehr man sich auch vor sich selbst widerspräche. Daraus entsteht ein Wechsel von betonten Gesten der Sicherheit und Überlegenheit, die manchmal durch einen Anflug des Erzwungenen verräterisch werden, und von Fehlern, Übereilungen, aber auch stillen Zurücknahmen in diesem Unerschütterlichen, — ein Wechsel, der ihn erst fragwürdig und dann fesselnd macht. Dies nicht eigentlich zu Wort kommen zu lassen, sondern nur bloß mit dem Fingerzeig darüber zu verständigen, ist der Naturalismus Kleists, der in diesem Falle gleich kühn ist, wie der schöpferische Entwurf.

Der Große Kurfürst erklärt (II, 9) den Übertreter seiner Anordnung des Todes für schuldig ohne Hinblick auf eine bestimmte Person. Szenische Bemerkungen und eine Folge verwirrter Fragen verraten seine Betroffenheit, als der Prinz, statt dem Gerücht zufolge an schweren Wunden niederzuliegen, gesund vor ihn tritt. Somit erwartete die Frage des vorigen Auftritts, ob der Prinz die Reiterei geführt habe, die Antwort Nein, und war getan, um eine jähe Besorgnis zu bannen: doch nicht etwa der Prinz? Die Gleichgültigkeit, mit der nun der Fürst Fahnen mustert und Depeschen erbricht, ist nicht nur empörend, sondern auch falsch und gespielt. Sein Wort ist gesprochen, und er wägt die Folgen, im Falle der Durchführung des Spruches nicht minder um seine Geltung besorgt wie im Falle der Zurücknahme. Die Frage, ob der Kurfürst den Prinzen ernstlich erschießen lassen will, erübrigt sich also. Kleist läßt sie offen. Natürlich will der Kurfürst, obschon er den Prinzen verwirft, dies Äußerste vermeiden, sowohl aus Staatsräson wie aus menschlicheren Gründen, aber die Verläufe, durch seine Übereilung zwingender geworden, können ihm es auferlegen. Man muß bedenken, daß Kleist, vielleicht in historisch richtigem Gefühl für die Prärogative altpreußischen Adels (vgl. hierüber Adam Müller und L. A. von der Marwitz) eine Art Stufengleichheit setzt zwischen dem Herrscher und den Heerführern. „Wenn ich der Dey von Tunis wäre." Die staatsrechtliche Auseinandersetzung hat man hier zu wörtlich genommen, ebenso wie im Kohlhaas. — Es ist kein Zweifel, daß die Generäle, die strategisch und moralisch die Eigenmächtigkeit des Prinzen verteidigen, im Unrecht sind, aber auch, daß die Erschießung eines Mitglieds des Herrscherhauses aus diesem Anlaß ein schwerer Mißgriff wäre, und daß die bloße Möglichkeit der Begnadigung zum Zwang wird. Es ist nur die Frage, ob der Kurfürst begnadigen **kann**: nach der Folgerichtigkeit seines Charakters und bei dem Widerstand der Führer. Diesem einfach zu weichen kann er sich nicht leisten. Er ist in der beklommensten Lage und weiß es auch; seine Geltung wankt und der Staat wankt in ihr. Ja, er ist in der hilflosesten Abhängigkeit vom Prinzen. Diese vom Schicksal über ihn verhängte Abhängigkeit heißt um so mehr, als er dem Prinzen zwischen dem Diktat des Schlachtenplans und der Verhaftung nie wieder begegnet war und nun seit dieser

Verhaftung der Abstand unendlich scheint. Von seiner Geltung aus braucht der Große Kurfürst die Einstimmung des Prinzen zum Todesurteil. Der hat das Leben, aber nicht die Ehre verwirkt: er wird auf den Kanzeln als Sieger gefeiert und bleibt, indem er erschossen wird, Partner. Das gehört mit zu diesem Ehrenkodex. Wenn er gerecht verurteilt ist und es anerkennt, dann kann der Kurfürst tun, was er muß: begnadigen; denn dann kann er mit dem Wort des Prinzen die Generäle zurückweisen und begnadigt frei, nicht unter einem Druck. So ist es aus der Lage des Kurfürsten zwingend begründet, daß er Hilfe suchen muß bei dem, den er als Mensch und als Richter verwirft. Aber die Form, in der er dies tut, — so bedrängt wie überlegen — wird durch die Haltung des Prinzen hervorgerufen; sie überrascht ihn aufs äußerste. Weil der Prinz zunächst noch unter dem Begriffe lebt, den der Kurfürst von ihm hat, wird der Kurfürst genötigt, sich mit dieser ihm so fremden und eigentlich abstoßenden Innerlichkeit aufs neue zu beschäftigen; er berechnet sie jetzt ebenso richtig wie in dem pantomimischen Eingang. Nicht nur bedarf der Kurfürst des Prinzen; sondern für diesen kommt der äußere Wink, der ihn auf die Bahn der Verwandlung zwingt, vom Kurfürsten. Während sie sich auszuschließen scheinen, sind sie zutiefst aufeinander angewiesen. Die Worte, mit denen der Kurfürst den Bericht Nataliens von der würdelosen Todesfurcht des Prinzen entgegennimmt, sind von szenischen Bemerkungen begleitet. Diese lauten: Be-

troffen, Im äußersten Erstaunen, Verwirrt. Das heißt viel bei diesem Mann. Darauf war er nicht gefaßt; denn was er auch vorhatte, immer rechnete er dabei mit dem Prinzen als Partner. Dies ist aufgehoben. Den Griff, der den Prinzen sich zu ermannen zwingt, muß er auch tun, wenn er ihn wirklich erschießen will; denn er kann ihn nur erschießen als ein würdiges Opfer des Rechts, nicht als einen vor Todesfurcht zuckenden Feigling. Begnadigung wäre in diesem Fall Verachtung. Der Prinz stellt sich mit diesem Wegwurf seiner selbst außerhalb des Ehrenkodex. Aber unabhängig von allen Rücksichten der Klugheit ist dem Denken des Kurfürsten ein sich so verhaltender Prinz, ob erschossen oder begnadigt, schlechthin unerträglich, und er ändert ihn, kaum daran zweifelnd, daß dies seiner Seelengewalt gelinge. Es darf nicht gefragt werden, was der Kurfürst täte, wenn der Prinz das Urteil für ungerecht erklärte. Der Kurfürst weiß, daß der Prinz das Urteil anerkennen wird, und baut darauf wie auf die Männlichkeit seiner eigenen Seele. Es geschieht auch genau, wie er berechnet: der Prinz schüttelt die Todesfurcht ab und bejaht den Spruch, die Geltung des Herrschers ist gerettet und der Weg zur Begnadigung frei.
Aber obschon sein Griff untrüglich ist und zum Ziel führt, rührt der staatsmännische Erzieher an eine Seele, deren Tiefräumigkeit ihm niemals aufdämmerte, und beschwört in ihr Wirkungen und Wirklichkeiten, die ihn ereilen und ihn verwandeln, wo er zu verwandeln dachte. Daß er den Prinzen achten lernt, indem dieser sich innerhalb des hier

geforderten und hier geltenden Mannestumes bewährt, ist nur ein Durchgang: das Ende wird sein, daß aus unerfindlichen Seelengründen eine Kraft quillt, die selbst unstaatlich als Element den Staat trägt und umzirkt, und die im Augenblick, da der Prinz Abschied nimmt, in alle übertritt und sie zu mehr macht als sie waren, ohne ihre Staatlichkeit zu brechen. So hat Kleist im heitersten Sieg seines Geistes das schwer deutbare Verhältnis seines Dichtertums zum preußischen Staat ins Reine und Ewige gedacht.

Das Drama hat eigentlich zwei Schlüsse. Was dem Gedanken unvereinbar ist, ist der dichterischen Erscheinung möglich; kein Wort ist anders zu denken, und obwohl auf den tragischen inneren Abschluß ein opernhaft pantomimischer folgt, und sich diese beiden Stile geistig und sinnlich aufzuheben scheinen, schließt kaum ein Drama der Welt bewegender als dieses. Der erste Schluß bekräftigt die Einweihung des Prinzen in das Todesmysterium mit den unvergeßlichen Tönen der Kleistischen Todesheiterkeit. Daß der Prinz sich in die Staatlichkeit zurückstellt, ist wieder ein Durchgang: der Staat spricht ihm das Urteil, das auf dem Weg des Mysteriums der Freispruch seiner Seele ist und sein Selbst ewig in sich befestigt. Wenn der Eingriff des Großen Kurfürsten zwar erforderlich war, aber Größeres heraufbeschwor als das Bezweckte, so bedeutet dies, daß der Kurfürst sich auf den Prinzen bezieht, aber auch, daß er sich anders auf ihn bezieht, als er selbst es weiß.

Der andere, pantomimische Schluß erklärt und vervollständigt die Anfangspantomime: die visionäre Vorwegnahme wird erfüllte Geschichte, und nach der Entrückung ins Todesmysterium wird mit der Fanfare des Schlußworts die preußische Legende wieder aufgenommen. Aber auch dieser Schluß hat sein Geheimnis: es ist die Erfüllung und unendlich zarte Bekräftigung all der Winke, die der Anfang gab, ohne daß sich die bedenklichen Vorzeichen eines unversöhnlichen Mißverhältnisses ebenfalls bewahrheiten. Damit die Weite des trennenden Abgrunds von vorher nun zu nichts anderem wird als zur Weite des wechselseitigen Ahnens und Begreifens und der zwischen beiden aufgeschlossenen Möglichkeiten, war der Weg des Prinzen durch den Tod nötig, der nur als ein Zurückkehrender seinen Herrscher so grüßen könnte; war nicht minder nötig, daß der innere Rang des Prinzen unwiderruflich über den des Kurfürsten erhöht wurde. Diese Deutung erzwingt der siebente Auftritt des 5. Aktes. Er enthält drei Dinge: die Anbetung des Prinzen durch die Führer des Heers, die vorher schon schwärmerisch an ihm hingen; die Steigerung seines Wesens ins Dämonische, dadurch, daß er sich selbst als tot denkt und als tot gedacht wird: ein Geist, der vor den Fahnen des Heeres schreitet; und die Wandlung der Gefühle des Kurfürsten gegen ihn, die, von Anerkennung über Neigung zu Verehrung wachsend, durch die sparsamen Kleistischen Zeichen dargestellt wird: durch Gebärden und Anreden. Er redet ihn an mit „Mein junger Prinz", dann mit

„Junger Held", dann küßt er ihn auf die Stirn und sagt zu ihm „Mein Sohn", worauf er die sein Wesen und seine Wirkung dämonisierenden Worte spricht. Das Schicksal dieses Staates, gehalten durch eine kaum tragbare Spannung und bereichert um etwas, das weniger und mehr ist als jeder Staat, wird wachsen an dem Einverständnis zwischen diesem geprüftesten Mann und diesem jugendlichsten Dämon.

„Auf ein tüchtiges Element in der Brust des Mordbrenners bauend" läßt der Dr. Luther im „Kohlhaas" sein Plakat für diesen anschlagen und bewirkt damit, was der Tod der geliebten Gattin nicht bewirkt hat: er entzweit Kohlhaas mit sich selbst. Wenn ein Mensch wie Kleist gerecht wird und dabei dämonisch bleibt, so hat er nach unserem Begriff die menschlichen Möglichkeiten durchlaufen: diese Gerechtigkeit ist ebenso im Prinzen von Homburg wie im Kohlhaas die Stimmung, in welcher der Dichter entwirft und sich die Charaktere wenden. Welt und Einrichtung sind als solche erfaßt; sie werden nicht mehr hypochondrisch verkleinert, und demselben Mann, der das Chaos der Seele heilig gesprochen hatte, gefiele ein Chaos der weltlichen Dinge nicht, sondern er leidet sie nur im Gefüge der strengsten Bindung. Damit wird dem sich selbst gehorchenden Ich sein Bezug zur Welt nur schwerer. Goethe hat die Auskunft, daß das Ich im Grunde eine angeborene Weltähnlichkeit hat, ein Talent, Welt zu sein, wodurch die Schule der Welt erst ein Recht auf dieses Ich bekommt. Für Kleist gibt es dies nicht, aber es wird eine reinere Tragik möglich, die Abschied nimmt ohne Schmähung. Denkbar ist ein zweites, und daraus erklären sich alle Einmengungen des Märchenhaften in seinem Werk. So wie in einzelnen befreundeten oder liebenden Menschen, ist auch in den weltlichen Verbänden und Institutionen, sobald sie rein gedacht sind und von Redlichen verwaltet werden, etwas, was der Forderung der Seele antwortet. Allerdings ist diese Antwort erst der Lohn einer fast übermenschlichen Anstrengung; das sterbliche Ich muß irgendeinen Tod gestorben sein, ehe das Vertrauen eines Menschen, das, indem es an ein Fremdes glaubt, zugleich an sich glaubt, zur Magie erstarkt. Novalis hat das Rätsel des Märchens ausgesprochen: das Märchen ist eine magische Begebenheit. Die Welt erscheint im Märchen als ein Geschehen, das dem Befehl der Seele gehorcht. Auch ihr Widerstand erscheint im Märchen und ist kenntlich an ganz bestimmten Zeichen und Benennungen; immer wird er besiegt. Dieser Gehorsam der weltlichen Dinge gegen die Gewalt der vertrauenden Seele zeigt sich im „Käthchen" so, daß die Probe auf die Einflüsterung zweier sich gleichender Träume gewagt wird und der Traum diese Probe besteht. Käthchen ist wirklich die Tochter des Kaisers. Der „Prinz von Homburg" und der „Kohlhaas" setzen dem Kleistischen Ich nicht den scheinbaren Widerstand des Märchens, sondern den Weltwiderstand entgegen. mit dem Unterschied, daß der Kohlhaas ein äußeres Wunder zu

Hilfe nimmt. Die Frau, die an Kohlhaas und für Kohlhaas starb, kehrt um aus dem Totenreich und hilft ihm in Gestalt der Zigeunerin beim Werk seiner Rache, die ihn für sich selber wieder herstellt. Man rechnet deswegen diese sonst realistische Novelle zur Romantik. In Wahrheit gebraucht Kleist romantische Mittel etwas barsch. Er läßt sich gern in der romantischen Gesellschaft eine schlechte Kinderstube vorwerfen und das romantische Klischee ist ihm oft gut genug, weil es nicht in den Verdacht kommt, sich selbst zu meinen, sondern sich hergibt zu dem, was Heinrich von Kleist will. In dem Augenblick, wo Kohlhaasens Gehorsam gegen sich selber die Stärke der Magie erreicht, tritt das geistige Reich, in dem er ein großer Regent ist, in das körperliche Reich über, durch einen Abgesandten, dem übermenschliche Mittel zu Gebote stehen. Der Kohlhaas ist kein Märchen: Kohlhaas bezahlt den Triumph seiner Seele mit dem Kopf.
Die Heiterkeit Kohlhaasens in seinem Tode ist erfülltes Vertrauen, der Zorn seiner Mandate ist enttäuschtes Vertrauen. Man hat, sowohl im „Zerbrochenen Krug" wie im „Prinzen von Homburg" wie hier das Rechtsproblem zu wichtig genommen. Kleist fragt nicht nach dem Recht innerhalb seiner eigenen Sphäre, für ihn ist das Recht die Erfüllung, mit der die Welt eine Bürgschaft der menschlichen Seele einlöst, es ist die Heiligkeit und Unverbrüchlichkeit der Seele außerhalb ihrer als Ordnung des Irdischen. Er fragt also nicht: was ist das Recht, sondern was ist das Schicksal des sich selbst gehorchenden Ich, wenn

sein Partner, etwa statt eines Menschen, das Recht ist. Man hat die Wichtigkeit des Vertrauens in der Dichtung Kleists öfter hervorgehoben, aber sie nicht auf den Kohlhaas ausgedehnt. Auch der Kohlhaas erzählt die Geschichte eines Vertrauens, und zwar eines gerechtfertigten Vertrauens. Der Gegenstand des Vertrauens ist ganz unpersönlich: der vom Staat gewährte Rechtsschutz. Desto persönlicher ist die Wendung, die Kleist der Rechtsfrage gegeben hat: er hat einen Helden der Einfalt gewählt, weil er diese Frage vereinfacht zum Gegenspiel der Institution und eines Menschen, der diese anspricht wie ein Ich ein Du: kann man sich auf Dich verlassen — nun gut, so zeige es! Daß der Vertrauende am Leben gestraft wird, ist eine zweite Sache. Und hängt damit zusammen, daß er um des Friedens willen mit sich selber als Einzelner der Welt den Krieg erklärt. Das Spiel, das er eigentlich spielte und an das er sein Leben setzte, hat er gewonnen. Um darüber keinen Zweifel zu lassen, greift Kleist am Ende das durch den Verlauf der Geschichte so bedeutend gewordene Symbol wieder auf, die Rappen: nicht nur kann er durch das Essen des Zettels seinen Feind vernichten, er kann, ehe er das Haupt auf den Block legt, an seine von den Leuten des Junkers dick gefütterten Pferde herantreten und ihnen auf den Hals klopfen. Der Kurfürst von Brandenburg entspricht in dieser Auseinandersetzung etwa dem Gerichtsrat Walter. Je höher die Macht ist, gegen die sich in der entscheidenden Wertprobe die Selbstgewißheit eines Menschen behauptet, um so höher steht er als Natur. Rang wird erprobt: das ist der Inhalt aller Kleistischen Dichtungen. An sich selbst glauben gegen eine Gewalt heißt weniger als an sich selbst glauben gegen ein Gesetz. Ein Mensch, der sich selbst heilig ist, kennt auch eine Gestalt des Heiligen außer sich in der Welt. Sich selbst heiliger zu sein als dies Heilige — das heißt auf Kleistisch: die Probe bestehen. Die Vertrauenden im „Zweikampf" sehen ihr Vertrauen durch ein Gottesurteil angefochten. Für Kohlhaas ist Luther der Mann, der ihm in der Welt das Heilige vertritt; darum hat er allein die Macht, ihn mit sich zu entzweien. Nur mit Gebärden ist beschrieben, wie Kohlhaasens Glaube an sich selbst beim Lesen dieses Plakates wankt. „Eine dunkle Röte stieg in sein Antlitz empor. Er las es, indem er den Helm abnahm, zweimal von Anfang bis zu Ende; wandte sich mit ungewissen Blicken mitten unter die Knechte zurück, als ob er etwas sagen wollte, und sagte nichts." Daß er, zu Luther hereintretend, ihm im Falle er klingle, nicht mit Mord, sondern mit Selbstmord droht, unterwirft sogleich die getauschten Worte dem Gesetz eines ebenbürtigen Umgangs. Luther ist schwächer; er vertritt auffallenderweise einem Kohlhaas gegenüber die Welt wie sie nun einmal ist, wird darauf aufmerksam und muß sich, als der unbestechliche Gottesmann, überwunden auf die Seite Kohlhaasens schlagen. Damit rechtfertigt er dessen Glauben an das Heilige außer ihm, so wie es der Brandenburger rechtfertigen wird. Aber das Heilige, das außerhalb von Kohlhaas in Luther vertreten ist, hat sein eigenes, nämlich das christliche Gesetz; dieses fordert, daß man seinen Feinden vergebe. Kohlhaas muß auf die Probe gestellt werden, ob er sich heiliger ist als dies Heilige. Er besteht sie im Kleistischen Sinne, und weist die Sakramente, die ihm nur unter dieser Bedingung verabreicht werden, zurück; wenn er seinem Feind vergebe, solle Gott ihm nie vergeben.

Die Mittel

So von innen erfaßt: als Inhalt des zu Sagenden, und als neuer Begriff des Sagens und Nichtsagens, werden die Kunstmittel Kleists in ihrer sicher ergriffenen Neuheit deutlich, obwohl er im gewohnten Blankvers fortfährt, und schon Shakespeare, weit über Goethe und Schiller hinaus, diesen ermächtigt hat, den besonderen Augenblick und den besonderen Charakter genau nachzuahmen. Es gibt Stellen von Umfang, wo Kleist in seiner Art klassisch ist und das Rollen der Sprache nicht aufhält: nur am jäheren Gefäll und der maßloseren Wortwahl erraten wir den Gegenklassiker. Botenberichte in der ,,Penthesilea", ihr Bericht von der Stiftung des Amazonenstaates, und ihr entfesselter Jubel im 14. Auftritt. Doch auch hier ist, vom Sinn der Klassik aus, der Vers mißbraucht. Er scheint nur Form, das innere Leben sticht mit flackerndem Blick durch die Löcher der Maske. Kleist benutzt den Rhythmus vorwiegend als Möglichkeit, verdeckende und täuschende Gebärden zu erfinden. Er muß da sein, um immer wieder Lügen gestraft zu werden. Das Wesen, da es seiner Natur nach geheim ist, sträubt sich zu erscheinen, sträubt sich zumal gegen die Sprache. Zum erstenmal dient eine abgestufte Verssprache zur Skala der Verstellungen. Maskierte Reden gibt es schon bei Sophokles. Sie würden sich nicht abheben vom übrigen, wenn sie nicht das Drama als eine Vielheit von Verständigungen und die Sprache selbst als die Möglichkeit der Verständigung voraussetzten. Es kommt nicht auf das einzelne an, sondern auf den geistigen Grund. Für Kleist ist das Drama eine Vielheit von Mißverständnissen und die Sprache das Hindernis der Verständigung. So wie es für die andern das sprachgewordene Nichtverstehen als Ausnahme gibt, gibt es für Kleist glückselige Inseln der Sprache, wo man sich versteht, seltene Liebesmomente des reinsten, schnell verstummenden Sprechens. Die Allzuverständlichen freilich tun leichter; Kleists Helden sind die Unverständlichen, für andere, auch für sich selbst; sie verhängen die Not und das Unvermögen über die Sprache und zwingen ihr auch die seltenen Winke und Blitze ab, die vorher kein Mensch erdacht hat: so daß zu allererst jeder Auftritt bedingt ist durch die besondere Grenze der Verständigung, die Kleist ihm zieht. Ein ausgedehnter Dialog wie der zwischen Alkmene und Jupiter (II, 5) oder zwischen Achill und Penthesilea (I, 5) belehrt uns, was hier Dialog heißt. Schon vor allem Sprechen ist es ausgemacht, daß die Sprechenden in einer falschen Lage gegeneinander sind. Die männlichen Partner verstricken die Frauen in einen falschen Anschein und reden aus ihrem

Wissen um die Wirklichkeit doppelzüngig; die Frauen reden, um die Wirklichkeit betrogen, wiederum aus einer dem anderen unerfaßlichen Innerlichkeit des Seins. Und wie wird geredet? Immer so, daß der Tausch der Worte zur Lüge wird durch ein Zwischenwort, durch eine entlarvende Gebärde, die uns zeigt: hier umkreist die Sprache vergebens die Undurchdringlichkeit des zu sich selbst verurteilten Menschen.

Man denke sich, manche Dichter, die den Blankvers verwenden, schrieben zunächst ein Konzept, wo die Sätze noch sich selber bauen; erst die Reinschrift berichtigt die Verlegenheiten des Moments mit der klaren Planung der Zusammenhänge. Einer aber könnte das Konzept als Reinschrift stehen lassen: denn — so sage er sich — ist nicht die lebendige Rede immer ein solches Konzept? Natürlich trifft dieser Vergleich nicht genau auf Kleist zu. Denn wenn ein Klassiker seine Figuren nicht aus dem Stegreif, sondern mit der Überlegtheit des formenden Dichters reden läßt, so gestaltet Kleist das „Drauflosreden" als Schein mit den Mitteln der rhythmischen Sprache in Umkehr ihrer klassischen Anwendung: die Sprache muß das augenblickliche Suchen nach dem Wort, das hastige sich Vergreifen, die Konstruktion, die nicht zu Ende gebracht werden kann, das nachträgliche Einkeilen und Zurechtrücken mit einer Künstlichkeit nachahmen, die nicht weniger gewitzt ist als die der anderen Meister. Es ist der Schein des Naturalismus als monumentaler Stil — aber wie wenig ist damit noch gesagt! Denn dies Drauflossprechen kommt ja nicht nur aus der Sprachnot des Augenblicks, die jeder Mensch kennt, sondern aus dem behinderten Selbstverständnis der Kleistischen Figuren, das der prüfenden Lage und des Gegenübers bedarf, um heller zu werden. So spricht, wer sich selbst verborgen ist — sich verborgen zu sein ist aber die Eigenschaft Kleistischen Charakters. „Es liegt ein sonderbarer Quell der Begeisterung für denjenigen, der spricht, in einem menschlichen Antlitz, das ihm gegenüber steht", sagt der Aufsatz über die allmähliche Verfertigung der Gedanken beim Reden. Er gibt das Gesetz an, nach dem Kleist seine Wechselreden baut. Wohl der erste Dichter, der das getan hat. Dabei ist zu unterscheiden: der verstehende Partner und der Partner überhaupt; ferner: ob der Sprechende sich andern verständlich macht oder für sich selbst verständlich wird. All dies kennt jeder Mensch von sich, und jedem sprachgewaltigen Dichter öffnet oder verschließt es die Lippe als Segen oder Verneinung der Sprache; Goethe hat im „Tasso", vor allem in der Verschlossenheit der Prinzessin, viel davon geübt. Aber nie ist es das Rezept des sprachlichen Gestaltens geworden. Als Beispiel des nichtverstehenden Partners locken die Amazonen im 19. Auftritt mit ihrem Triumphschrei aus Penthesilea etwas heraus, was sie selbst sonst vielleicht nicht so schnell wüßte: daß sie in ihre Gefangenschaft willigt und die Befreiung verflucht. „Nach einer Pause" hat Kleist davorgeschrieben. Jupiter, in der seltsamsten Mischung der Feindschaft und Liebe, des Durchschauens und der Blindheit, lockt aus Alkmene die unfehlbare Mitteilung ihres zwiespältigen, dem Gott geltenden und den Gatten meinenden, Gefühls hervor. Der wache Graf erfragt von dem schlafenden Käthchen den ihr unbewußten Grund ihrer Anhänglichkeit und lernt gleichzeitig, belehrt durch die Schlafende, sich selber verstehen. Im Kurfürst wird durch den Bericht der ihn keineswegs begreifenden Natalie plötzlich die Formel reif, mit der er so umwandelnd in den Prinzen greift. Die feinste, vielfachste und am schwersten zu durchschauende Durchführung dieses Rezepts ist die Szene „Prinz von Homburg" IV, 4: der Prinz, im verworrenen Schwanken dicht vor der hellsten Ahnung über sich selber, stammelt sich hier eigentlich vor zwei Partnern ins Sprechen hinein. Der eine ist die Prinzessin, der andere ist der nichtanwesende Absender der Botschaft. Auch antwortend wendet er sich eigentlich an beide. Und indem er sich selber versteht, enträtselt er sich der Mitunterrednerin, so daß einer jener reinsten Momente der Verständigung möglich wird. Natalie sagt: „Du gefällst mir" — Kleist kann sich diese Wendung in diesem Augenblick erlauben.

Heißt also für Kleist „Sprechen": daß man sich angesichts eines Partners in das Sprechen hineinspricht, so erlaubt dieser Begriff der Sprache kaum den Monolog. In der Tat meidet der Einsiedlerische unter den Dramatikern, dem man ein Schwelgen in Monologen zutrauen möchte, diesen ängstlich, und zwar aus Einsamkeit. Denn gerade der in sich Vergrabene bedarf des Andern um zu sprechen. Die Mittel, mit denen Kleist die großen seelischen Übergänge ausdrückt, sind zwar sehr abgestuft, aber nie ist der Monolog darunter. Durch Kargheit berühmt sind die Monologe des Prinzen. Wie wenig ist den zehn Zeilen von I, 6 anvertraut, nach den wechselnden und bedeutenden Aufschlüssen, die uns der 5. Auftritt mit dem Diktat des Schlachtenplans und mit dem Hinwerfen des Handschuhs gegeben hat. In der Begegnung des Prinzen mit dem Tod ist dem Monolog als Darstellungsmittel eine bescheidene Rolle gegönnt. Der erste, elf Zeilen, enträtselt sich erst durch den Zusammenhang. Der zweite ist kein Geschehen, sondern ein Ergebnis: in zehn Zeilen spricht sich am Ende, wo der Geist über die funkelnden Schätze des Unbewußten freudig erstaunt und ihm nichts mehr ungreifbar bleibt, die Todesreife aus. Das ist möglich, nachdem der Prozeß geschlossen ist, der Prozeß dieses Dramas — und der Prozeß Kleistischer Dramen überhaupt. Der Monolog, der als ein in der dramatischen Form von Anfang an mitgedachtes, aber ihr gefährliches Mittel der Verinnerlichung, im ,,Tasso" Goethes die eigentlichen tragischen Bewegungen enthält, wird von Kleist aus dem Drama verbannt, denn wenn der Qual des Inneren ein Gott die Sprache gab, so gab er dem Rätsel des Innern nur das Zeichen und den Wink.

Befragenswert ist die Prosa im ,,Käthchen". Was ist der Rhythmus für Kleist? Gestikulation. Mit diesem Gebärdenreichtum löst Kleist ein, was er an Mitteilung schuldig bleibt. So daß die Verse eine doppelte Virtuosität haben: sie können als Mitteilung oder als Gebärde sprechend sein. Da der Prosa, jedenfalls der Kleists, diese mimische Gelenkigkeit abgeht, er kein Jean Paul ist, ist sie für ihn das ärmere und ausdruckslosere Sprechen. Erleuchtungen werden auch hier im Vers gesagt. Der Vers ist das Im-Schlaf-Sprechen der Sprache. Als der Graf zu dem schlafenden Kind tritt, hält er eine lange Prosarede. Der dann folgende Dialog ist in Versen geschrieben. ,,Verliebt ja wie ein Käfer bist du mir." Die Femritter, unwissend wie sie sind, reden Prosa. Kaum steht das Käthchen mit verbundenen Augen da, redet alles in Versen. Kostüm und Kolorit sind schwer zu beurteilen. Wörtlich genommen sind sie peinlich, wie die Monologe des Grafen. Aber die Leichtfertigkeit dieser Farbgebung ist weise, und die Kindlichkeit des Geschmacks ist wohlerzogen für den Umgang mit solchen Heimlichkeiten. Vielleicht ist es Kleist mit diesen Monologen nicht ganz ernst: vielleicht soll dies viele Geräusch mit Worten die angemessene Rede eines Menschen sein, der noch nichts weiß von sich und vom andern, und der sich selbst noch nach ritterlicher Schablone denkt. Einfachste Erklärung dafür, daß das ganze Rittertum dieses Stücks Schablone bleiben muß. Gar der Monolog des Kaisers – vielleicht zu sprechen, kaum zu spielen! Kleist ist keiner von denen, die die Grenze zwischen Prosa und Vers undeutlich lassen, Vers ist für ihn nicht so sehr Gehobenheit als Gebärde.

So hat sich Kleist die sprachliche Form der Novelle auf eine neue und kühne Weise zugeeignet. Man sollte nicht sagen, Kleist habe die Novelle dramatisiert. Seinem Drama verwandt ist sie darin, daß sie bei entscheidenden inneren Wendungen auf Sprache verzichtet. Entgegengesetzt darin, daß sie das Geheimnis veräußerlicht, das heißt, es aus der Person in das Faktum verlegt. Das Drama stellt den Zuschauer anfangs vor die Erscheinung des Rätsels, um es dann durch stufenweise Enträtselung der Person von innen zu deuten. Hierbei bedient es sich der ganzen Kleistischen Skala des verstellten, halben und wahren Sprechens, und der Pantomime — Mittel, welche er seiner Novelle versagt. Er hat in der deutschen Literatur eine nicht geringere Lust am Geheimnis als Stendhal in der französischen. Beide ahmen in ihren Erzählungen den Stil der Chronik nach. Kleist erfaßt ihn als die Armut an Gebärden. Darum würde man nie an der sprachlichen Eigenart in diesen Novellen den Verfasser der Dramen erraten, sondern nur an der Gleichheit von Motiven. Dem Novellisten ist es erlaubt, über das Innere seiner Helden nach Belieben auszusagen. Kleist macht davon ebensowenig Gebrauch, wie im Drama vom Monolog. Die paar Sätze, die man anführen kann, sind ebenso wie die wenigen und kargen Monologe Beweise der Enthaltsamkeit. „Die Vernichtung seiner Seele verbergend" das wird von dem Rotbart gesagt, als er den gegen ihn gerichteten Verdacht hört. Die Vertrauenskrise zwischen Mutter und Tochter, und die Wiederherstellung des Vertrauens durch die

Probe erschließt man in der „Marquise" aus den Gesprächen. Wie sie blitzschnell aus dem unerwarteten Erscheinen des Grafen die Art errät, wie sie empfangen haben muß, und welche Gefühle in ihr darauf antworten, wird uns nicht mitgeteilt, nur Handlungen der entsetzlichsten Entschiedenheit werden uns berichtet. Zuletzt besprengt sie ihre Verwandten mit Weihwasser. Sehr künstlich vermeidet es der Erzähler im „Zweikampf", den wahren Hergang zu erzählen; er liefert nur die Zeugnisse. Was im Kohlhaas vorgeht, während er Luthers Aufruf liest, verrät ein einziger Satz. Um so wuchtiger ist es, wenn der Erzähler wirklich einmal seine Zurückhaltung durchbricht und das Gesetz seiner ganzen Erzählung ankündigt: in den „gräßlichen Augenblicken" des Erdbebens in Chili schien „der menschliche Geist selbst wie eine schöne Blume aufzugehen". Die Lust des Dichters am Geheimnis, die in der Tragödie mit dem Willen des Geheimnisses, offenbar zu werden, kämpft, genügt sich in diesen Novellen viel ausschließlicher. Das alles ist vergleichsweise gesprochen, denn es gibt zwar Menschen aber keine Dichter mit absolut versiegeltem Mund. Die Parteinahme für die Novellenhelden ist um so deutlicher, als der Dichter durch den besonderen Kunstgriff seines Erzählertums auch noch die Pflicht der Verschwiegenheit gegen sie übernimmt. Es ist wie bei Stendhal: der Dichter, der an sich selbst die Eigenschaft des Rätsels kennt, ehrt das Rätsel an seinen Geschöpfen. Daher kehrt sich die wahre Parteinahme um in die scheinbare Parteilosigkeit der Bericht-

erstattung; ja die Maske dieser Umkehrung übertreibt sich selbst, und der Dichter übernimmt geflissentlich Ton und Bezeichnung des weltläufigen Meinens, wenn er, etwa bei den Kohlhaasischen Mandaten, von einer „Schwärmerei krankhafter und mißgeschaffener Art" spricht.
In jedem großen Drama ist etwas Pantomime. Das wußten alle Dramatiker, die ihre Kunst inmitten einer hauptstädtischen Bühnenkultur und eines Publikums von aufgeschlossenem Theatersinn geübt haben. Die Armut an Pantomime ist eine Gefahr des Dramas von vorwiegend literarischer Gesinnung: Grillparzer überwiegt die geist- und sprachgewaltigeren deutschen Schöpfer deshalb in manchem Fall. Auch Kleist ist bühnenfremd. Aber er erfindet das stumme Drama mitten im geredeten Drama, das anderen ihr Theatersinn eingibt, unter dem Zwang seiner dramatischen Vision und aus seinem besonderen Talent zum Geheimnis: das aufgeführte Geheimnis heißt Mysterium und alles Mysterium ist Pantomime. Weswegen uns auch Kleists Dramen, obwohl sie nicht der Bühne zuliebe erdacht sind, bei einer Darstellung im echten Geist geradezu unterjochen. Das Wort „pantomimisch" möge hier, obschon es eigentlich auf ein Drama ohne Worte deutet, die Wortlosigkeit und die dafür eintretenden Ersatzmittel an fast allen wesentlichen Wendepunkten des Kleistischen Dramas bezeichnen. Die Vertrauenskrise und Probe zwischen den Liebenden in der „Familie Schroffenstein" (III, 1) ist in die Pantomime des Trunks gelegt. Ein „Nun ja" und ein „Sie küßt ihn"

genügt im beredtesten Kleistischen Dialoge, um Alkmenens endliche Versöhnung mit dem Liebenden und sich selbst auszudrücken. Das „Ach" am Schlusse des „Amphitryon" ist eine sehr berühmte Pantomime Kleists. Adam, der Schuldige auf dem Richterstuhl ist eine einzige, durch das Verhör des ganzen Stückes dauernde Pantomime. Unter den vielen Symbolen dieses Lustspiels fällt ein pantomimisches auf: Licht stülpt dem Dorfrichter die gefundene Perücke über; sie sitzt wie angegossen. Man darf auch berichtete Gebärden hier anführen. Die Gebärde der Penthesilea beim ersten Anblick Achills, und die, mit der sie dem Achill das Leben schenkt, werden ebenso genau und ausführlich berichtet, wie die Gebärde Käthchens bei der ersten Begegnung mit dem Grafen, und wie in der Novelle „Der Findling" die Gebärde Elvirens, als sie Niccolo in der genuesischen Rittermaske erblickt. Auch der Aufsatz über das Marionettentheater zeigt durch eine vergeblich und peinlich wiederholte Gebärde den Verlust der Unbefangenheit an. Kleist ist der Dichter, der mit den Mitteln der Sprache in Gebärden dichtet. Der vor Käthchen kniende, über die Schlafende geneigte Graf vom Strahl ist ein lebendes Bild, das die gesprochene Szene vorwegnimmt. Im 6. Auftritt des 3. Aktes holt der Graf eine Peitsche von der Wand, um Käthchen zu verjagen. Als er den Brief gelesen hat, den sie brachte, hat er mit der Seele einen so weiten Weg zurückgelegt, daß er nicht mehr weiß, wozu die Peitsche dalag. Als er daran erinnert wird, wirft er die Peitsche durchs

Fenster: die klirrenden Scherben erzählen die Geschichte seines Innern. Die den „Prinzen von Homburg" umrahmenden Szenen deuten pantomimisch auf das doppelte Thema. Alles, was sich an den Handschuh knüpft, ist gleichfalls Pantomime. Es wäre vielleicht nicht unmöglich, den Gehalt der Szene III, 5 bloß pantomimisch, ohne Worte, zur Anschauung zu bringen. Das Symbol, ein Ding nämlich, das plötzlich durch Aufschluß der Zusammenhänge als Verdinglichung erscheint, ist in Drama und Novelle gleich häufig. Wie viele innere Bewegung, wie manches Aufflackern des erloschenen Bewußtseins wird hervorgerufen durch die umhergestreuten Rosen in der „Penthesilea"! Ganz monumental ist eine Pantomime im „Guiskard", die als echter Ausdruck unmittelbar gegen den verstellten Ausdruck der Sprache aufgeboten ist. In einer Rede von fürstlicher, aber falscher Heiterkeit des Tons überführt Guiskard das Gerücht, er sei angesteckt, des Widersinns. Er muß innehalten, die Kaiserin schiebt die Heerpauke hinter ihn, er läßt sich nieder und dankt mit einem sanften Wort. Die eindringlichste Häufung von pantomimischem Halbsprechen und Nichtsprechen ist der Schluß der Penthesilea, der gut gespielt, der stärkste Theatereindruck ist, den man von einem deutschen Stück mitnehmen kann. Ehe sie den Mund öffnet zu einem seligen „Ach Prothoë" sind ihre Gebärden beschrieben: teils durch Bühnenanweisung, also außerhalb der dramatischen Rede, teils durch die Worte der sie beobachtenden Frauen. Bekränzt tritt sie herein „den Bogen festlich schulternd", stellt sich vor die Priesterin, winkt, winkt wieder, bis man die Leiche vor der Priesterin Füße legt, blickt sie durch und durch, dreht und wendet den Pfeil, säubert ihn, steckt ihn wieder in den Köcher; dann wird in sieben Zeilen ihr Gesichtsausdruck beschrieben, wie nachher die Gebärde ihres blutigen Fingers, mit der sie sich die Träne — und welche Träne! — abwischt. Die Gebärde des Bogens, den sie fallen läßt, wird beschrieben wie die eines sterbenden Menschen; schon einmal fiel ein Bogen so, bei der Stiftung des Amazonenreichs. Sie sieht sich um, setzt sich auf den herbeigewälzten Stein neben Prothoë, liebkost sie, bejaht durch Nicken, daß sie sich waschen wolle. Die Beschreibung, wie sie sich wieder und wieder mit dem Wasser des Marmorbeckens begießt, ist für sich allein eine Dichtung aus Gebärden. Dann spricht sie: ,,So, so. Auch gut. Recht sehr gut. Es tut nichts." Ferneres Pantomimische: sie hebt den Teppich von der Leiche auf, entwindet sich der Umarmung der Prothoë, küßt den toten Achill, verwirft die Waffen, denen sie den Tod verdanken könnte. Die Worte, in denen sie stirbt, sind innere Gebärden: sie deuten nicht auf etwas, was sie an sich tut, sondern auf etwas, was an ihr geschieht. Die Metapher überhaupt ist bei Kleist vielfach die unmittelbare innere Gebärde — gegen ihr sprachliches Wesen. Sie vergleicht nicht eines mit einem anderen, sondern drückt das an sich Bildlose aus, und statt dem Sprecher von sich selbst Abstand zu geben, tritt sie da ein, wo er überwältigt ist und sein Bewußtsein sich verdunkelt.

Ausgiebig oder sparsam machen alle dramatischen Dichter von der Bühnenanweisung Gebrauch. Aber Kleist — und das war nie da — belebt sie zum Ausdrucksmittel, das dem Drama beispringt, wo die Gestalten des Dichters stumm sind und er selbst die Sprache verwirft. Daß in dem nach außen unerschütterlichen Kurfürsten Schwankungen und Verwandlungen vor sich gehen, verrät uns nur die Bühnenanweisung „Betroffen — Im äußersten Erstaunen — Verwirrt": nichts, was er in IV, 1 redet, erlaubt uns einen gleichen Einblick. Dies Beispiel zu verhundertfachen und so die Kleistische Ver- und Enthüllungskunst im einzelnen nachzuweisen, ist sehr leicht.

Die Sprachen, die Kleists Helden sprechen, sind abgestuft nach ihrer Treue oder Untreue gegen das Unbewußte. Die Sprache der Nebenfiguren ermangelt dieser Abstufung, da sie weder ein Geheimnis sind noch ein solches fassen. Eine Szene der „Penthesilea", die neunte, ist von dieser Abstufung so beherrscht, daß derselbe Mensch hier eigentlich zwei Sprachen spricht, eine Sprache, in der er seine Gefühle nach einer geprägten Denkform auslegt, eine andere, die nicht mehr von ihm gewählt, sondern ihm gegeben, die Ursprünglichkeit des Inneren aufschließt.

Diese zwei Sprachen sind zwei Arten, zu sich selber zu stehen. Treten sie unversöhnlich auseinander, so hört die Fortdauer des Bewußtseins im Gedächtnis auf. Das hat Kleist nicht aus Krankheitsgeschichten, es zwingt sich ihm auf als Folge seines Denkens über die Seele. Beispiele

in der „Penthesilea": ihr Erwachen aus der Ohnmacht,
da sie sich einreden läßt, Achill besiegt zu haben, und nur
der Anblick der Rosen und traumhafte, verwischte Gedächtnisspuren gelegentlich ihre Gewißheit stören; ferner
der letzte Auftritt, wo sie nicht mehr weiß, daß und wie
sie Achill getötet hat und man es ihr umständlich beweisen muß. Im „Käthchen": III, 6 weiß der Graf nicht
mehr, wozu er die Peitsche von der Wand genommen hat.
Der Mensch als Träger des Geheimnisses wohnt zugleich
in und außer ihm, lebt ihm nach und entgegen, er ist zwiespältig bis zu dem Augenblick, wo es bedingungslos Besitz ergreift von ihm — dem eigentlich tragischen Augenblick, ob er nun mit einem wirklichen Untergang bezahlt
wird oder nicht. Immer steht gegen dies Geheimnis der
Versuch einer Selbstauslegung, an dem die Welt noch mitdenkt: das „man" im Ich. — Was der Dichter meint und
was der Arzt meint, ist nicht gleich, läßt sich aber vergleichen: wo das Selbstbewußtsein dem wahren seelischen
Zustand so wenig gewachsen ist, daß die plötzliche Entdeckung dieser Wahrheit tödlich wäre, hilft sich die
Natur, indem sie die Fortdauer des Bewußtseins unterbricht.

Es gibt im Drama Kleists die reine Sprache. Sie kommt
Silbe um Silbe, schlicht, durchsichtig und so unscheinbar
edel wie durchleuchtetes Wasser aus dem Innersten des
Menschen, das sich nicht bewacht und nicht verstellt.
Derart ist alles, was Käthchen im Traume sagt, und manches ihrer wachen Worte. Derart sind die letzten Laute

des Prinzen unmittelbar vor dem erwarteten Tod — das süße, beinahe idiotische Wort: daß er die Nelke, die ihm der Rittmeister Stranz reicht, „zu Hause" in Wasser setzen wird. Derart ist auch die Sprache der Liebenden, die nie reiner erscheint als in Kleists viel verkanntem Erstling. Der Wert solcher Produkte wie der „Schroffensteiner" liegt in dem, was sie ankündigen. Gerade die Jugend des Geistes, so trunken sie ist von Hellsicht und Einsicht, muß sich mit dem schlechten Mittel und der halben Wirklichkeit behelfen, doch die Geschichte, die man nicht recht glauben mag, redet als Märchen, und die Gestalt, die nicht recht leben kann, ist als Zeichen um so lesbarer. Was heißen hier feindliche Häuser? Nichts anderes als „schlechte Verständigung", der Zustand der Menschen auf der Erde, die sich selbst zur Hölle des Mißtrauens verdammen. Wie jeder mit dem andern steht, so steht er auch mit sich. Hier trinken zwei Reine Wasser aus einer Schale, dort kann einer sein Gesicht im Wasser nicht ertragen. „Eines Teufels Antlitz sah mich aus der Welle an." Alles schlichtet sich, die Menschen werden göttlich, wo ein Mensch rein den Gedanken des Andern liest; ja, wenn man dem Kleistischen Gott einen Namen geben dürfte, so wäre er der durchsichtige Äther der Verständigung zwischen ihnen, heiße er nun Schweigen oder Rede. Ist aber Liebe das Genie des Verstehens, so verlernen die Liebenden, indem sie unter andern leben; nicht das ungestörte Vertrauen, das zurückliegt in der ersten Begegnung, sondern das gestörte und wiedergewonnene Vertrauen schildert der Dichter. Die Vertrauenden sterben füreinander, sie werden von den Sehenden verwechselt, nur der Blinde erkennt sie. Das bedeutet! und ebenso, daß die Nichtverstehenden am eigenen Fleisch und Blut wüten, wo sie den Feind meinen, daß die Verstehenden unschuldig hingeopfert ein neues Vertrauen unter den Häusern stiften. Agnes weiß, daß Ottokar ihren Tod auf die Hostie beschworen hat. Sie glaubt den Tod zu trinken und will es, als er ihr das reine Wasser bietet. Er trinkt auch. Nun weiß sie, wie es in Wahrheit ist und wollte, es wäre Gift, um mit ihm zu sterben, ,,da ich so unwürdig An deiner Seele mich vergangen habe". So scharf, durch eine eigene Musik, sondert sich dies reine Sprechen gegen das Sprechen des andern nie wieder in Kleists Dramen ab. Es sind aber gewisse Worte zwischen Hermann und Thusnelden damit zu vergleichen: IV, 9 ist eine Dichtung des wiederhergestellten Vertrauens, wie der Bärengreuel eine Dichtung des beleidigten Vertrauens ist. Wo die Rache bei Kleist so grenzenlos erscheint, kommt sie aus beleidigtem Vertrauen.

Von diesem Begriff der reinen Sprache läßt sich die besondere Art der Kleistischen Sprachkomik ableiten. Das Wesen der Lüge ist hierbei eigentümlich umgedacht; denn wie die Sprache von Kleist nicht nur als Mitteilung für andere, sondern in bezug auf den Sprechenden selbst als echte oder unechte Gebärde erwogen wird, so ist die Lüge nach außen ein Sagen des Falschen, von innen her aber ein falsches Sagen. Shakespeare hat in ,,Richard III." den zwingenden Stil für die Sprache der Heuchelei erfunden. Doch diese Verstellung ist einfacher als die Verstellung des Kleistischen Schurken Adam. Dieser ist in sich selbst verstellt: die Sprache ist in sich falsch, noch ehe sie bei andern ankommt. Das ganze Drama des Schuldigen, der durch den Beruf des Richters und durch das Amt des Verhörens vor der Entdeckung ganz sicher scheint und sich unter den unbeirrbaren Blicken des fast an der Stelle Gottes stehenden Walter doch schließlich selber als den Täter herausfragt, ist eine einzige komische Metapher des Ego im schlechten Verhältnis zu sich selbst als zur Wahrheit aller Wahrheiten, in der genialen Erfindsamkeit seines Lebenstriebs, in der Sicherung des Geltens und im Mißbrauch der Idee. Das fehlbarste aller Geschöpfe in der Anmaßung des Richtens: diesen metaphysischen Witz haben sich weder Aristophanes, noch Shakespeare, noch Kleist, noch Gogol entgehen lassen. Da außer dem Verhör in Kleists Stück nicht viel geschieht, muß dieser Witz immerzu variiert werden in der Anschaulichkeit einer falschen Sprache. Und Kleist, dem der Rhythmus die Skala der Gebärde ist, lockt hier dem Vers eine staunenswerte Menge falscher Gebärden ab. Kleist begnügt sich nicht damit, daß sein Richter die Verlegenheit der mangelnden Perücke mit vier bis fünf schnell bereiteten Lügen beantwortet, die sich schließlich gegen ihn wenden: die Verlogenheit, das Falschsein vor sich selbst muß ebenso vollkommen in der falschesten Sprache erscheinen, wie zuerst das wahre Sein vor sich und dem andern in der reinsten Sprache. Die Glaubwürdigkeit des Lügens besteht im Detail und im ex tempore: diese Verse spritzen und speien Details im Eifer des Beteuerns, in der scheinbaren Genauigkeit des Gedächtnisses, im drolligen Lachen über sich selbst, in der gespielten Stegreifunschuld. Zur Metapher des Ganzen gehört, daß die Berufungen auf das Recht, als ein falsches Gelten und Repräsentieren, auch im einzelnen einen hörbar falschen Ton haben, ja daß der sich so Berufende sich ungewollt in seinen Äußerungen entblößt. Er erteilt zweierlei Recht: ein holländisches und ein Huisumer: ,,Ich kann Recht so jetzt, jetzo so erteilen." Das Gesetz dieses Ego, dem das Unbedingte Mittel ist, verrät sich in der Umkehrung der Sprache als Aufsagen von Sprichwörtern, als Hang zu Maximen, als burleske Emphase — lauter ungeschickte Griffe nach einer, ihm nur vom Hörensagen bekannten, Gesetzlichkeit. ,,Wenn ich — Philosophie zu Hilfe nehmen soll", so war's der Lebrecht oder Ruprecht. Er eifert aus sehr deutlichem Grund gegen die Aufklärung: ,,Man hat viel beißend abgefaßte Schriften"; er schenkt Waltern ein ,,nach der Pythagoräerregel", und seine Zahlenmystik gipfelt in einer bacchantischen Devise von Sonnen und Firmamenten, die man mit dem zweiten und dritten Weinglas trinke: fast wäre man versucht zu denken, daß dieser Erfinderische eine unverwüstliche Lust an sich selber habe — aber dieses Element fehlt in Kleists nie behaglichem, sondern verschmähendem Humor, und auch die Trinkerlaune ist nur Mimik der Unbefangenheit. Dann der Versuch, ein

Allgemeines vor sich selbst zu schieben, weil doch dies
Ich im Grund ein pudendum ist: die Denkart des Volks,
Huisum, die Justiz, das Biedermännische, den Menschen: „In solchen Dingen irrt der Mensch, Ew. Gnaden."
Immer zielt die Sorgfalt dahin, daß das durchgeführte
und wachsame Kalkül die Sprache der Stegreiflaune und
der Stegreifbedrängnis spricht. Er empfiehlt der schwer
verdächtigten Eve die Lüge mit so überzeugenden Akzenten der Ermahnung: „Gib Gotte, hörst du Herzchen,
gib mein Seel, Ihm und der Welt, gib ihm was von der
Wahrheit." Einfacher, und auch bei bescheidenster Aufführung von der Bühne herab wirksam, ist die unbewußte
Selbstpersiflage: „Ich bin ein Schelm, wenn — Ich bin
kein ehrlicher Kerl— Wenn ihr's herausbekommt, bin ich
ein Schuft." Auch dieser Verstellteste aller Kleistischen
Figuren sieht sich im Traum wahr. „Mir träumt' es hätt
ein Kläger mich ergriffen, Und schleppe vor den Richtstuhl mich, und ich, Ich säße gleichwohl auf dem Richtstuhl dort..."

Sollte es hieraus nicht hervorgehen, so ist im „Amphitryon" mit der ganzen Kunst der Gegenführung entwickelt, was für Kleist Komik heißt: komisch ist Sosias,
weil die Not des Amphitryon, an seiner Einheit mit sich
selbst zu zweifeln, für ihn zur Frage von Essen und
Trinken wird; komisch ist Charis, wenn sie wie Alkmene,
und doch so anders, von der Möglichkeit einer göttlichen
Maske verwirrt vor Sosias niederkniet, für alle Fälle, denn
wenn er wirklich ein Gott wäre... Das Komische lebt

nicht aus sich, nur in der Umkehr des Tragischen. Darum entbehrt es bei Kleist einer allgemeinen Zustimmung und Vernehmlichkeit, worauf sich jede Gesellschaftskomik gründet. Das Wahre, an dem es gemessen komisch ist, nämlich das bedingungslose Leben aus der Wahrheit des Selbst und die Begegnungen von Wesen und Wesen in dieser Wahrheit, kehrt ja alle Lebensvernunft und alles Zusammenspiel der Menschen um, so daß es viel leichter wäre, einem Publikum die Haltung Kleistischer Helden komisch zu machen als das umgekehrte.

Kleist bringt keinen Gott, und doch glänzen uns seine Gedichte mit allem Glanz der Mysterien an. Er hat dem Innern des Menschen das Geheimnis zurückgegeben. Sein „Wahres" ist keine Wahrheit der Welt oder des Geistes, auch nicht dies: daß ein Mensch nicht lügt. Es ist die zeichen-, wehr- und willenlose Regung des Innern, sicher in ihrer Scham, allmächtig, weil sie keine Bedingung kennt. Niemand läutert sich. Das Schicksal ist, sich zu gewahren. Dann geht man den Weg, der „Verdeutlichung der Gefühle" heißt, bis die Seele ein Element wird. Nur so ist sie für Kleist ehrwürdig, denn so grenzt sie an ein Reich. Eine neue Schönheit fängt an, die wie die Schönheit der Gebärden eines Tieres ist, der sanften und der drohenden; das Meinen weicht dem Innesein, das Wollen weicht dem Müssen. Und so, wie man in der eigenen Wahrheit lebt, in der Wahrheit eines fremden Wesens zu leben ist Liebe. Von dieser Wahrheit abzuweichen ist die Gefahr aller Sprache, vielfach wie die Verworrenheit der Welt, in der der Mensch nie ermüdet sich mißzuverstehen, und in der uns dieser Dichter mit so fremdem Auge anblickt — er der wortlos blieb im Sprechen und für die Wahrheit des Zeichens starb.

HÖLDERLINS EMPEDOKLES-DICHTUNGEN

1. Das empedokleische Leid

Wodurch wird eine Dichtung wie die Hölderlins zu allererst möglich? Durch eine Anlage, die in einziger Weise darauf gestimmt ist, alles Bestehende als Einklang des Vielen aufzufassen; die darauf gestimmt ist, alles Einzelne, das ihr begegnet, zu dieser in sich selbst geschiedenen, und in sich selbst zusammenstimmenden Einheit zu ergänzen; die darauf gestimmt ist, auch das eigene Selbst, das sich weniger a b g r e n z t und b e h a u p t e t, als in Aufgeschlossenheit zum Übergang bereit ist, zu diesem All zu ergänzen. Und diese Eigenschaft des Gemüts, nur im Übergang für sich zu sein und die Dinge nur im Übergang für sich zu lassen, antwortet der Eigenschaft des Alls, sich erst in vieles teilend seiner Ganzheit froh zu werden. Ist das All der Teilung froh, so ist der Dichter der Selbst- und Weltergänzung froh— und dies ist nur ein philosophischer Name für die Anmut Hölderlins.

So sehr der Einklang der Welt bloß dieser Anlage des Gemüts vernehmlich wird, so sehr die besondere Art von Dichtung, auf die es gestimmt ist, ihm als seine Freude gehört: die Berührung mit dem Bestehenden wird ihm zum Leid. Beides, das Fürsichsein des Dichters und das Fürsichsein der Dinge ist die Bedingung des auferlegten

Lebens; und während der Dichter dies weiß, und dessen gedenkt, vergessen es die andern und übertreiben das Fürsichsein bis zur unversöhnlichen Geschiedenheit. Die Welt verleugnet den Einklang, auf den die Organisation des Dichters gestimmt ist und in dem Maße, als sie sich im Bestehenden verhärtet, stört sie das dichterische Gemüt mit dem starren Behaupten des Falschen. Es entspricht dem Rangverhältnis, das zwischen dem im Dichter festgehaltenen Welteinklang und dem sich selbst verkennenden Zwist des Lebens gesetzt ist, daß die Betroffenheit des dichterischen Gemüts Beleidigung genannt wird. Die Persönlichkeit, die groß ist im Festhalten der eigenen Form, bedeutet für Hölderlin wenig. Das innere Leben ist ihm ein Wechsel zwischen empfundener Geschiedenheit und empfundener Vereinigung; diese ist der eigentliche geniale Zustand des dichterischen Gemüts, jene der Name des Hölderlinschen Leids.

Indem Hölderlins Dichtung ihre Form entwickelt, entwickelt sein Gemüt jene Virtuosität im sich Aufschließen, im Hinübergehen, im Vernehmen der Naturkräfte und des Ganges, den das Werden geht, im Verständigen des Getrennten untereinander und in der Selbstverwechslung des eigenen besonnenen Wesens mit dem sprachlosen und namenlosen Element. Diese Virtuosität strebt über das bedingte Leben hinaus, der in ihr bis zur Meisterschaft Geübte wird linkisch in den menschlichen Verrichtungen, und der als Dichter ein Geschäft hat, wird als sterblicher Mensch müßig und ist ohne Gegenstand. Die Folge der

Altersstufen ist kein Gelinderwerden, sondern ein Stärkerwerden des Fürsichseins. Die Kindheit sprach sich nicht aus, aber besaß; die Mannheit spricht sich aus, aber vermißt. So nimmt dieses Leid, sofern Hölderlin von sich selbst kündet, auf den verschiedenen Stufen seines Lebens verschiedene Gestalten an. Es ist Trauer des Liebenden; denn wie die Liebenden unter sich die Geschiedenheit versöhnt und ein persönliches Leben zu zweien die Einheit der Welt wieder hergestellt haben, so ist die Klage des Liebenden die leidenschaftlichste Geschiedenheit; sie ergeht sich in drei Zuständen, die auch bei andern Themen Hölderlins die Abfolge bestimmen: im schattenhaften Zustand des Vermissens, der ein Hades der Seelen ist, im Zustand des Gedenkens, dem die alleratenden Schmerzen der Liebe das Weltall eröffnen, und im Zustand der Wiederherstellung, der mystisch die Grenzen zwischen zeitlichem Leben und Urleben verrückt. Dies ist die mächtigste Fassung des persönlichen Leides. Auch kann sich das Leid als ein Leid der Altersstufe aussprechen, als Leid der schwindenden Jugend, oder als Naturtrauer, die mit der Erde um den scheidenden Sonnenjüngling trauert, oder als eine reflektierende geschichtliche Trauer, die in den Fristen des Abschieds, der Götterferne und der Ankunft denkt, und endlich in der prophetischen Trauer des Fremdwerdens unter den Vertrautesten. Immer aber ist Grund dieses Leids die Geschiedenheit als Bedingung des wirklichen Lebens, immer ist das in diesem Leid Vermißte der Zustand des reinen Lebens, der Einklang der

Natur mit sich selbst und mit dem Gemüt der Menschen.
Dieser Einklang aber ist nicht urgegeben und unzerstörbar, er geht als eine freie Schöpfung — Wort Gottes und Antwort der Menschen hervor, so zärtlich und störbar wie der Einklang, der im Gemüt des Dichters wohnt; sein Erklingen und sein Verklingen ist ein Schicksal, für Hölderlin das Schicksal, und damit er erklinge, bedarf es jener Vermittlungen, jener Wechselbeziehungen, durch die bei Hölderlin die Götter aus ihrer Verborgenheit ins eigentliche Sein hinübertreten. Das Leid, dessen Name Geschiedenheit ist, ist also ein Sein ohne Götter, und wenn nicht ein Nichtsein der Götter, so doch ihr Abwesendsein. Und es ist Hölderlins Frommheit, daß ihm das Leben ohne die Götter nicht schön ist. Wo Götter sind und wirken, ist die Geschiedenheit des Lebens aufgehoben; wo sie in die Verborgenheit zurückgetreten sind, übt sie die Herrschaft.
Um aus diesem Hölderlinschen Leid das empedokleische Leid herzuleiten, das ihm verwandt, aber nicht gleich ist, bedarf es der Vermittlung eines Gedichts, das für dieses Leid ein einfaches, uraltes Symbol findet: die Blindheit. Es erinnert an ein anderes, ebenso einfaches Hölderlinsches Symbol: die Nacht. Die Nacht ist eine Frist im Völkerleben und im Leben der geschichtlich begriffenen Natur, der Natur als eines Geschehens und Werdens. Die Blindheit ist etwas anderes: ist innere Nacht des Dichters. Warum es um ihn Nacht ist, darauf gibt „Brot und Wein"

die Antwort. Warum es in ihm Nacht ist, sagt jenes Gedicht vom „blinden Sänger". Und während jenes Leid der Geschiedenheit kommt und geht und wiederkehrt, brach die Nacht um den Dichter einmal mit einem Abschied über die Menschen herein, und ebenso wurde es einmal im Dichter Nacht: durch die Erblindung. Was heißt Sehen? Was heißt Blindsein?

Sehen heißt die Natur kennen. Wie man einen Menschen kennt: das seine Taten, seine Worte, seine Gebärden deutbar sind von innen her; so ist dem Dichter die Natur aufgeschlossen in Bildungen, Bewegungen, Begebenheiten, die er als Gebärde eines Inneren deutet, weil er es kennt und weil es in ihm selber gegenwärtig ist. Der Zustand des noch sehenden Dichters war damit gekennzeichnet, daß er als Jüngling die Fittiche des Himmels wandern sah. Nicht die Wolken. Dies ist eine der einfachsten Beschreibungen des Hölderlinschen Naturmythos, der vollkommen esoterisch ist. Das Leben der Naturbewegungen als Gebärden der Seele, die sich dem Dichter nicht durch Forschung, sondern durch Einweihung erschlossen hat, ermächtigt ihn zu den dichterischen Benennungen, von denen hier eine als Beispiel für alle gegeben ist. Dies Lesen, ein Verknüpfen und Deuten aus dem Wissen heraus, ist eine Gabe, die nur der Aufgeschlossenheit des Herzens zuteil wird und worin die Natur einwilligen muß. Sie ist Geschenk, sie kann entzogen werden. In dieser seligen Verständigung zu leben, das heißt: Sehen. Aus ihr verstoßen zu werden, das heißt: Erblinden. Dem Erblindeten bleibt das Bezeichnen seiner Trauer, durch das Bezeichnen des vermißten Zustands. Ein Sehen, wie er vordem sah, kehrt nicht wieder; dagegen ein anderes, geistigeres, durch eine Befreiung, das die Form seines menschlichen Daseins sprengt.

Dies ist eine tragische Ode, ein Gedicht, das an das Tragische grenzt, es nicht bis zur Entscheidung fortführt. Im tragischen Augenblick der Tragödie erscheint mitten im reißenden Wechsel der Gegensätze das eigentlich Gemeinte so deutlich, wie es nur aufleuchten kann im wirklichen Tod. Damit ist auch gegeben, daß das eigentlich Gemeinte vor diesem Augenblick nicht erscheint; daß also das empedokleische Leid zwar sich selbst zu deuten versucht, aber erst im Augenblick des Todes seine zulängliche Deutung erhält. Im Augenblick des Todes, sofern er im Drama darstellbar ist, — der Tod des Empedokles erfüllt sich in Sprache, ehe er sich wahrhaft vollzieht.

Schreitet also die Empedokles-Dichtung gleich jener tragischen Ode vom Vermissen eines reinen Zustandes zu einer Wiederherstellung desselben, und ist diese Wiederherstellung der Tod, so ist angesichts der Deutlichkeit dieses letzten Moments alle vorhergehende Auslegung nur bedingt gültig. Bedingt ist also, was Empedokles in der Hingerissenheit seines Leides über sich selber aussagt, und wenn diese Selbstdeutung des Leides nicht übereinstimmt mit der Deutung des Leides aus dem letzten tragischen Moment der Wiederherstellung, so ist dies kein Fehler der Dichtung, sondern ihr eigentlicher Prozeß, innerhalb dessen Empedokles sich selbst immer wahrer auslegt. Der leidende Empedokles deutet sein Leid aus Verschuldung. Nicht als ob dies ungültig wäre. Es gilt, solange dies das Geschehen des Dramas aus dem Wechsel menschlicher Zustände erklärt. Später zeichnet sich das Geschehen im Menschen ab und erklärt ihn. So wird es möglich, daß Empedokles seiner Schuld, die ihn vorher bis zur Selbstvernichtung besaß, nachher nicht mehr erwähnt, und daß gerade da, wo er die Notwendigkeit seines Todes am strengsten empfindet, er mit keinem Wort diesen Tod als einen Sühnetod für jenen Frevel auffaßt. Nicht Sühne ist er, sondern Kaufpreis.

Ohne daß damit das Thema der Hölderlinischen Götter erschöpft sein soll, muß hier ein Wort fallen über sie, da ohne dies jener Frevel, dessen Empedokles sich selber zeiht, unverständlich bliebe. Das Merkwürdige, was diese Götter bezeichnet, ist ihre Angewiesenheit auf den menschlichen Geist. Das Umgekehrte ist die uns gewohnte Vorstellung. Die Götter sind Geist der Elemente, allmitteilendes Leben, die immer wieder sich herstellende Einheit dieses Lebens. Sie wohnen inne, aber es bedarf eines besonderen Aktes, daß sie zu sich selbst kommen. Hierzu ist nötig, daß sie erkannt werden; sie bedürfen der Menschen, und zwar der sie erkennenden Menschen als des spiegelnden Mediums, in dem sie sich selbst erkennen. Ohne den Menschen ist ihr Sein eine Latenz. Nun liegt es in der Natur des menschlichen Geistes, diesen Akt mißzuverstehen. Daß der Mensch die Götter erkennt, hat den Sinn, daß sie sich selbst erkennen. Das Mißverständnis ist, daß der menschliche Geist mit diesem Erkennen sich selber meint. Denn die Ungleichheit des Ranges zwischen Göttern und Menschen ist sonderbar ausgeglichen dadurch, daß die Götter wehrlos sind und der Mensch die Waffe des Geistes gegen sie hat. Sich mit den Göttern und die Götter untereinander verständigend genoß Empedokles sich selbst, dachte an sich, wo sie sich in ihm vergaßen.

So überzeugend im Wort und Ausdruck des Empedokles dieser Frevel ist, und so streng er seinem Gedächtnis eingetrieben ist dadurch, daß die Götter sich aus der Innigkeit, in der sie mit ihm lebten, zurücknahmen, so ist er, freier betrachtet, doch nur das Leben selbst, das Empedokles als einzelner Mensch leben muß, also nicht mehr und nicht weniger Frevel als dies ganze Leben überhaupt. Denn so, wie das Verhältnis zu den Göttern hier gedacht ist, steht der Geist im Widerspruch mit sich selbst. Der Geist ist seinem Wesen nach Selbstbehauptung des Menschen in der Eigenheit seiner individuellen Form; in der Begegnung mit den Göttern wird ihm das Umgekehrte zugetraut; daß sie sich ihrer selbst erinnern, indem er sich vergißt. Er muß sich aufgeben – womit er Empedokles zu sein aufhört; oder er muß sich behaupten, sich behaupten kann er nur in einer Gewalt an der zarten Wehrlosigkeit jener Götter, die seinem Leben dennoch mit Auflösung drohen. Er weiß erst, was er tat, indem er sie vermißt – die wirkliche, echte Hybris, sich in diesem Ver-

missen zu ermannen, im prometheischen Selbstgenuß
eigener Kraft, begeht er nicht, obwohl sie ihm naherückt.
„Tagen soll's von eig'ner Flamme mir!" Es gehört nun
zum Horizont dieser Dichtung, daß die Sprache, die sonst
bei Hölderlin so viele Abstufungen zwischen Gebot und
Verbot kennt, hier nichts anderes scheint, als eine solche
Gewalt — der die Götter Beleidigende beleidigt vor allem
durch Sprechen. So wie es einen konkreten Moment der
wiederhergestellten Innigkeit gibt, erkauft durch den beschlossenen und vorausgekosteten Tod, so muß es auch
einen konkreten Moment geben für dies Beleidigen der
Götter, und wenn man das Merkmal festhält, daß der
Geist seine Übermacht gegen die in ihrem Range wehrlosen Götter gebraucht, so hängen die verschiedenen Formen, die diese Gewalt an den Göttern annimmt, unter sich
zusammen. Diese Formen sind: sich innerlich über die
Natur setzen; das Aussprechen der Innigkeit überhaupt;
ein übermütiges Aussprechen dessen, was der menschliche
Geist im Vermitteln geleistet hat; das unmittelbare Aussprechen der eigenen Göttlichkeit; endlich der Taumel,
den diese Aussage im Volk erregt. Die erste Form ist von
zartester Innerlichkeit; die letzte zeigt ein Streben
nach Verdinglichung. Es wäre wohl ein Mißverständnis,
wenn man aus der hymnischen Dichtung Hölderlins in
das erste und zweite Empedokles-Bruchstück den Begriff
hereintragen würde, daß nicht das Aussprechen an sich,
sondern das Aussprechen in einem bestimmten Zeitpunkt
Frevel sei. Der Frevel durch Sprechen, dessen sich Empe-

dokles zeiht, ist Frevel an sich, durch die Überhebung des Geistes, nicht durch Unzeitigkeit. Und im letzten Bruchstück, in dem die Gärung der Zeit zum zentralen Begriff wird, ist nicht mehr die leiseste Spur von jenem früheren Frevel. Sich sprechend vollkommen mit den Göttern auszuwechseln ohne sich selbst festzuhalten, ist der Geist nicht fähig, solange er auf sterblicher Stufe beharrt. Empedokles fühlte sich selbst noch und fühlte wahrhaft die Götter in sich — so nannte er sich einen Gott. In Wahrheit hat er weder die Götter beleidigt, noch haben sie ihn gestraft; er mußte sie vermissen, da er die Haltung der Aufgeschlossenheit und des Selbstvergessens, in der sie ihm allein fühlbar werden, aufgab, und so waren sie nicht mehr da. Und dasselbe tat sich kund im Widerhall; die Götter, die sich aus seinem Wesen zurückgenommen hatten, konnten auch in der Mitteilung dieses Wesens an andere nicht mehr gegenwärtig sein und so galt denn der Schatten einer Begeisterung einem Schatten der Götter und dankte der Person, die allein und bar zurückblieb. All dies mußte geschehen, das unverwandelte Weiterleben, das Fortfahren in Menschenweise war die falsche Fortsetzung jener Innigkeit; indem sich die Götter entzogen, lehrten sie ihn die richtige, lockten sie ihn aus der falschen menschlichen Selbstbehauptung. Er mußte sich menschlich übertreiben, ehe er sich menschlich tilgte.
Vor jenem unreinen Moment, wo die Begegnung mit den Göttern den Geist in seinen eigenen Widerspruch verstrickte, war ein erster, genialer Moment, der die Innig-

keit stiftete, und ebenso ging jener unreinen Mitteilung des Besitzes an das Volk die Zeit des Saturnus voraus, wo das Volk durch Liebe gebunden ein Leben auf der Stufe des Empedokles ahnend mitlebte, — dieses wie jenes war Übergang und mußte sich in der Fortsetzung des Lebens stören. In einem echten Akt der Mitteilung würde Empedokles nur noch sein, damit der Gott durch ihn hindurch ins Volk übertrete — so zu vermitteln war ihm wiederum nur im Tod gegeben. „Denn einmal bedurften wir Blinden des Wunders."

Warum aber dies alles, wenn Götter Götter sind und wenn sie den Menschen lieben, wie er sie liebt? Warum dieser ihn vernichtende Ablauf von Innigkeit zum Sich-verfangen des Geistes in sich selbst und zur wiederhergestellten Innigkeit im freien Tod? Warum nicht das Stetige, die religiöse Tradition, die den Menschen gegen die Götter und diese gegen den Menschen schützt? Sie aber ist in Hölderlins Dichtung eine Lüge des Priesters, an der die Götter selbst keinen Teil haben; das andere aber wird die änigmatische Wahrheit seiner verführerischen Verse. Willkür des Zeus nennt er dies. Nicht vom Menschen aus, sondern aus den Göttern selbst deutet er diesen Weg, der freilich zum Schicksalsweg des leidenden Menschen wird. Die Gottheit ist eins, sie teilt sich, um ihre Unteilbarkeit zu genießen, und will durch das Weh der Teilung zu sich selbst zurück. Das ist die Lehre vom Leben der Götter; dies Leben schließt als Bedingung das Dasein, das Leiden und den freien Tod des Empedokles in sich ein. So nahe diese Lehre an vorsokratische Seinslehren zu grenzen scheint: sie ist keine wissenschaftliche Lehre, und dieses Sein kündet sich im Gemüt des Dichters an, das die zerstückte Welt aus seiner menschlichen Reinheit ergänzt, kündet sich in einer Sprache an, die wiederum nicht erkennt, sondern ist und vollzieht.

Weit scheint der Abstand von jener höchsten menschlichen Organisation des „Verwöhnten" bis zu dieser Willkür des Zeus, und doch kehrt das letzte zum ersten zurück. Der Verwöhnte muß sein wie er ist, damit die Gottheit ihr Spiel mit sich selber spiele. Und darin liegt der ungeheure Luxus der Individualität, daß sie sich bis zu einem einzigen unersetzlichen Wert vollendet, obwohl bei allem gar nicht auf sie gezielt ist, obwohl sie sich nur zu ihrer Vernichtung schmückt; nicht mit tragischer Bitterkeit, sondern mit schwingender Heiterkeit. Es ist wieder ein menschlicher Rang, der Rang des Kurzlebigen, sich so verschwenden zu wollen. Der Mensch, an den sich die Götter vergaßen — wie gerne vergißt er sich an die Götter!

2. Hölderlin — Empedokles

Die andeutende Aussage, das Verschweigen im Aussagen, ist das dichterische Verhalten Hölderlins. Dies bestimmt nicht nur die sprachliche Gestalt, sondern auch die dichterischen Formen. In seinen theoretischen Versuchen gibt er an, daß das Gedicht in einer Entgegensetzung des Grundtones (als der eigentlichen Stimmung) und des

Kunstcharakters (als dem Gebaren) fortschreite, und daß es seine eigentliche Innigkeit am Anfang zu schützen habe. Endlich manifestiert sich dies Gesetz der bedingten Aussage in der Aufstellung eines Symbols, im Sinne der Selbstentäußerung. Ein Gehalt, der nicht des Dichters ist, und ebensolche Zeitverhältnisse und am Ende eine rein das Gemeinte ausdrückende Tat, die nicht innerhalb des dichterischen Berufes liegt, soll die Totalempfindung des Dichters stellvertretend übernehmen, was das unmittelbare, des Symbols entratende Gedicht nicht kann. So barg der Hyperion, der nicht Hölderlin, nicht Dichter, sondern Eremit in Griechenland und enttäuschter Heros einer gescheiterten Erneuerung, ein nicht-hölderlinisches Schicksal hat, Hölderlins gesamtes Leben mehr als irgendein Gedicht; und wenn wiederum der Empedokles unlyrischer als Hyperion gegen diesen in der Versachlichung fortschreitet und unverwechselbar eine geschichtlich bestimmte Tat (den freien Tod) in einer bestimmten Umwelt beschreibt, enthält er von Hölderlin mehr als der Hyperion, in dem Grad als er sich mehr von Hölderlin entfernt.

Gefühltes im eigenen Namen auszusprechen ist hier kein Darstellungsmittel mehr, wie im Hyperion. Aber auch der späteren hymnischen Aussage gegenüber hat der Empedokles das Eigene, daß er alles faßt, was sich der Unmittelbarkeit der Hymnen entzieht.

So ist er Hölderlins einziges, unwiederholbares Mysterium, und die einzige seiner Dichtungen, in der seine persönliche Religiosität ganz enthalten ist.

Betraf dies die verhüllende Natur des Symbols, so ist die Tragödie in Hölderlins Sinn die enthüllende Gattung. Denn nach seiner Bestimmung enthält sie eine intellektuale Anschauung, das heißt etwas, was vom Begriff nicht zu leisten ist und innerhalb der poetischen Formen dem mythischen Lebenszustand entspricht. Nämlich das Wahrnehmen des Einzelnen im Ganzen, des Ganzen im Einzelnen, worein auch der hölderlinische Begriff der Innigkeit, als ein befreundetes Ineinanderwohnen der Extreme zu setzen ist. Das heißt aber, daß der Lebenszustand, auf den Hölderlins Religiosität zielt, sich nur zu Ende leben kann in einem tragischen Ablauf; denn nur ein solcher enthält zwischen dem jähen Wechsel der Extreme die Entscheidung, in der das Reine hervortritt. Diese Entscheidung schließt die Bahn, die das Ganze des Lebens geht, um sich im Schmerz der Geschiedenheit inniger zu fühlen, damit ab, daß durch den Tod des Menschen, in dem sich die Zurückkehr dieses Ganzen zu sich selbst vollzog, dessen Unendlichkeit wieder herstellt. Dies ist noch genauer zu erklären. Die Bahn ist Werden im Vergehen, und schließt nicht einmal oder zufällig, sondern immer und notwendig den Tod des Einzelnen als seine Bedingung ein, weshalb Empedokles sagen kann: „Und was geschehen soll, ist schon vollendet."
Empedokles ist nicht Dichter, eben darum kann er über das Dichtertum Hölderlins etwas mitteilen, was Hölderlin unmittelbar nicht mitteilen kann. Das Verschweigen, das Verstummen ist mit dabei in Hölderlins Sprechen. Es ist

auch in der Wirkung dieses Sprechens mitenthalten: als halbes Gehörtwerden, als Nichtgehörtwerden dieses Sprechens. Insofern darf man die bedeutende Bemerkung, die jüngsthin gemacht wurde, daß Hölderlin der Dichter des Dichters sei, dahin ergänzen, daß er auch das Wesen des Dichters in sich aufhebt: seine Dichtung als verrätselte Aussage schließt als Bedingung wissend ein, daß sie nicht vernommen wird.

Statt der Feier, auf die ein feierliches Sagen seinem Wesen nach hinzielt, erscheint am Ende hölderlinischer Elegien der Gegenbegriff derselben; daß der eben noch Hingerissene seine Einsamkeit entdeckt und sich schmerzlich damit begnügt, die Hand eines schlichten Freundes zu fassen.

Daß Empedokles nicht zu sprechen da ist und daß ein falsches Sprechen zu einem falschen Vernommenwerden führt, darüber liegt die Entscheidung bei der Zeit, die dämonisiert ist zum Geist der Zeit und schließlich mythisiert zum Gott der Zeit. Wo ist nun in den früheren Fassungen diese Eigenschaft und Macht des Momentes greifbar? Nicht in Empedokles selbst, sondern im Zustand des Gesamtlebens, der aus dem Ganzen erraten werden müßte, wenn er nicht fixiert wäre in einer schematischen Gestalt, nämlich dem Priester. Der Priester vertritt das Volk in seiner Realität, wie Empedokles das Volk in seiner Idealität. Denn der schlimme seelenlähmende Zauber, der von Hermokrates ausgehend sich über das Volk legt, ist nichts anderes als der Zustand des Gesamtlebens selbst, der sich in einem Übermaß der Scheidungen genugtut. Er erscheint auch in anderem als in Hermokrates: in dem Bauern, der Empedokles fortweist, in allem Bann und Fluch, der ihn trifft — und vielleicht auch in seiner Selbstverwerfung. Aber Hermokrates prägt diesen Zustand mit dem Siegel des falschen Mythos, er macht ihn feierlich und sakral.

Er ist der Feind des Werdens, er verurteilt es zur Starrnis; er schreckt den Wagemut, der ein Bestehendes wieder dem Werden anheimgeben will, zurück durch die Knechtschaft, in die er den Menschen gegenüber dem Göttlichen schlägt. Religion ist ihm Angst, nicht Freiwilligkeit, mit Mord rottet er alle Anfänge aus, die sich von Empedokles segnen lassen wollen.

So ist er, der Erhalter aller Trennungen und der Wahrer alles Bestehenden gegen die Kraft der Götter, in seinem Streben gleichgerichtet mit dem Streben der Zeit. Und so wie diese Zeit selbst, um sich zu erlösen, in Empedokles ihre Umkehr hervorbringt, so treibt Hermokrates ihn in das Verhalten des religiösen Reformators hinein, dem der Verkehr mit den Göttern keine feste Einrichtung und kein geregeltes Geschäft ist, der ihn vielmehr aus eigenem Innesein gemäß der Wahrheit des Werdens neu bestimmen muß. So entsteht ein doppelter Mythos: das Hörensagen von den Göttern als falscher starrer Mythos menschlicher Mache, die erfahrene Kunde als echter Mythos, so gefährlich als gefährdet. Er gilt dem Priester für die eigentliche Vergegenwärtigung der alten, vom alten Mythos als titanisch gezüchtigten Aufruhrkräfte, und sein Vorwurf bekommt einen Schein des Rechts, weil auch Empedokles in seinem Leid sich selbst als einen frecheren Tantalus bezeichnet. Die verschiedenen Fassungen unterscheiden sich dadurch, daß zuerst das Tun und Nichttun des Empedokles, als ein Bedingtes, aus den Zeitverhältnissen durch Entgegensetzung hergeleitet wird, während seine innerste Anlage nur durch sich selber bedingt ist; daß jedoch in den späteren Fassungen schon diese Anlage selbst uranfänglich gestimmt ist zum Ausgleich der verfeindeten Extreme, dazu gestimmt ist vom Dämon der Zeit, der nicht mehr bloß die Umstände des Geschehens, sondern dieses selbst bezeichnet und nicht widergöttlich, sondern der Widerspruch des Gottes mit sich selbst ist.

Dies ist das Werden der Empedokles-Gestalt im Durchgang durch verschiedene Fassungen: erst ist er schicksallos, dann hat er ein Schicksal, dann ist er das Schicksal.

Was aber ist die Substanz dieses Schicksals? Eine Liebesbegegnung zwischen einem Menschen und der Natur, wobei die Natur diesen Menschen in sich einweiht, während dieser Mensch selbst die Natur um die Kraft seines Geistes bereichert, sie mit sich selbst bekannter macht, so daß beide ihr Wesen tauschen. Aber diese Begegnung ist nicht dichterisch in dem Sinn, daß sich, was das Leben überschreitet, in der Dichtung einfängt, sondern dies Überschreiten wird tödlich für den dafür ausersehenen

Menschen, der es weiß und sich solchem Tod entgegenträgt.

Wichtiger als diese Unterschiede nach einzelnen Fassungen abzugrenzen, wobei Vorwegnahme und Zurückgriff ein genaues Scheiden hindert, ist es, die Richtung zu sehen. Sie zielt darauf, daß einerseits das Wissen wächst (das Wissen des Empedokles über sich, das Wissen Hölderlins über ihn), andererseits das, was Person ist, schwindet. Doch ist dies nicht im klassischen Sinne zu verstehen, daß individuelle Züge, etwa die des Dichters, mehr und mehr allgemeinen Bestimmungen weichen. Diese Wendung aus dem Persönlichen zum Gemeinmenschlichen ist Hölderlin fremd. Sondern es wird zuerst aus der Person, einer irgendwie gestimmten Anlage, das, worauf sie gestimmt ist: ein Vollzug. Dieser vollzieht sich selbst durch einen dafür gestimmten Menschen. Schließlich aber geht dieser Vollzug gar nicht mehr aus ihm hervor, sondern Gewalten handeln durch ihn ihren eigenen Prozeß miteinander ab. So wird aus Freiheit Notwendigkeit. Das Wissen des Empedokles über sich selbst ahmt diesen Prozeß nach, ja wird in ihm handelnd. Er durchdringt sich selbst und vernichtet sich selbst als Person, indem er seine Urbedingungen erfaßt, die jenseits aller Persönlichkeit liegen und auch als Wissender sich selbst in Elemente und Anfänge der Welt verliert. Er ist nicht mehr sein eigener Grund. Diese Umkehr einer auf die Natur gestimmten Anlage in einem Beruf von Schicksals wegen und das selbstdurchdringende Wissen als Kraft dieser Umkehr ist aber zugleich der ganze dichterische Weg Hölderlins. Insofern ist seine Biographie esoterisch im Empedokles enthalten. Am Anfang war das Leid, als das Vermissen desjenigen Gutes unter den Menschen und in der wirklichen Welt, auf das die Anlage des Dichters anfänglich gestimmt war. In der Mitte liegt die dichterische Selbsterfüllung die in einer anderen Art versöhnt als die Versöhnung des Empedokles: in dieser Versöhnung ist die Person noch das Medium, in dem sich menschliches Dasein freiwillig mit den Schwingungen des Alls durchdringt. Am Ende liegt die Auflösung, in der die menschliche Form sich nicht mehr hält, sondern vom unendlichen Werden hingerissen wird, oder in welcher die Prophetie, nämlich das zu Sagende, das in dem Dichter verschlossen war, ihn zerbricht, um offenbar zu werden. Auffallend gleichen sich die letzte Empedoklesstufe und die letzte Lebensstufe Hölderlins darin, daß der Gott der Zeit in beiden alleinherrscht.

Jedoch hat das Wissen des Empedokles über sich selbst eine Grenze, nämlich im dichterischen Symbol, das zwar gedeutet werden muß, aber eben darum seine eigene Deutung nicht ganz aussprechen darf. Vielmehr muß Empedokles die Totalität seines Lebenszustandes in der dichterischen Sprache, die die Empfindung darstellt, sie darstellt in der Befangenheit des Augenblicks, aussprechen; die Gedankenschärfe des Wissens, dem Augenblick entrückt, muß anderem Mund überlassen sein. Daher die Wissenden in dieser Dichtung, zuerst Panthea zuletzt Manes; daher auch die Wissenden zweiten Grades, der

Jünger, der als geistiger Sohn den Lehrer nicht ganz umfassen kann, und die Gegner, Priester und Archon, die beide aus der Fernsicht der Gegnerschaft wiederum zur Deutung seines Wesens Unentbehrliches beitragen. So nähert sich Empedokles, der freilich im Abstand des Vermissens die vormalige Naturinnigkeit als Empfindung vollkommen aussprechen konnte, dem vor ihm liegenden Opfertod mit vielfachen Begründungen und Deutungen, die durch Begeisterung zusammenhängen, ohne das Letzte darüber zu sagen. Und wie die Deutung des Leids als Folge eines Frevels der Befangenheit des menschlichen Ich angehört, so ist auch der Begriff, daß durch den freien Tod die Schmach einer Entwürdigung, die nicht nur Empedokles, die in ihm die Götter traf, zu tilgen sei, nicht ganz zulänglich, währenddem Panthea am Beginn das Leid tiefer enträtselt, so wie sie nach vollzogenem Opfer mit dem Jünger zusammen den Sinn dieses Opfers vollständiger ausspricht, als Empedokles dies vorher konnte. Was eigentlich Diotima war, macht sie deutlich, da hier nicht der eigene Gehalt einer Liebesbeziehung hinzutritt; Diotima war die durch Naturweihe tiefstwissende, als Deuterin der Welt und als Deuterin des Deuters. Desgleichen Panthea.

Die Erfindung des Manes, als eines im Gegensatz Ebenbürtigen, der vollgültig aussagt über den Empedokles der letzten Stufe, macht Wesen und Tod des Empedokles ganz eigentlich zur Notwendigkeit, indem er als unbedingt Wissender ihn aus dem unendlichen Sein und dem gesamten Lauf der Zeit ableitet. Er besitzt die Deutung des Moments, und, rein in der Vorstellung, ohne sie auf Empedokles zu beziehen, ja dessen Berufung leugnend, den Begriff eines diesem Moment gewachsenen, ihn in vorgeschriebener Weise auflösenden Menschen — gewissermaßen abstrakt, wie er in jedem Ablauf vorkommen muß. Wenn also in diesem großen Dialog der Aussage des Empedokles über sich, die seine Einmaligkeit zum Inhalt hat, die unbezogene Aussage des Manes über den jeweiligen, notwendigen und wiederkehrenden Träger einer empedokledischen Bestimmung gegenübersteht, so ist es ganz folgerichtig, daß Hölderlin diesen Gegensatz im Begreifen durch den Gegensatz Griechenlands und Asiens kennzeichnet. Einer durcheilt seine Bahn erst im Leben aus sich selbst, dann im Leid durch sich selbst und schließlich in der Freiwilligkeit der Selbstverschwendung; ein anderer denkt einen solchen Ablauf genau gleich, aber aus seinen ewigen, ihn immer wieder hervorrufenden Prämissen; diese Periodizität des Geschehens legt die Einmaligkeit des Geschehens anders aus, als diese selbst sich auslegen kann. Auf diese Art allein kann das starre Sein noch die kühnsten Übergänge des Werdens einbegriffen durch den Gedanken der Wiederkehr, in der das Werden beim Anfang endet. Und auch Empedokles umgreift seinerseits diese Betrachtungsart, wenn er mit den Worten: „Es kehret alles wieder" den Schüler nach Ägypten sendet, wo ihm geheim Kunde eröffnet werden soll; kaum fällt dieses Wort, so steht der totgeglaubte ägyptische Greis vor ihm.

3. Der Tod

Vielfältig, wie sie ist, erscheint die Motivation des freien Todes verschieden in jedem Fragment, aber auch innerhalb desselben Fragmentes. Nicht etwa, wie nach den selbstzerstörerischen Anklagen des Empedokles erwartet werden möchte, wählt er den Tod als eine Sühne seines Frevels. Zwar ist dieser noch nicht erlittene, aber beschlossene und in der Begeisterung vorausgekostete Tod die Bedingung, unter welcher er in vorwegnehmender Heiterkeit das alte Verhältnis zu den Göttern hergestellt fühlt. Aber in dieser Heiterkeit fehlt jeder Gedanke an eine Verknüpfung jener Schuld mit dieser Sühne. Überhaupt wird des Vergangenen nur noch gedacht, sofern Empedokles der von den Menschen Beleidigte, nicht sofern er der die Götter Beleidigende war; und so wird der Tod als die Abwaschung einer Schmach angesehen, aber auch dies nur bedingt und vorübergehend. Das vergangene Leben erscheint vielmehr als ein Ganzes, dessen Name Vorläufigkeit und schroffe Vergeblichkeit ist. Davon ausgenommen sind die eröffnenden Momente, einsame und mit dem Jünger geteilte, des mythischen Lebens, des Begreifens von Erde und Licht, aber indem die Frage, wonach diese Momente innerlich drängten, erst jetzt beantwortet werden kann, wiederholen sie sich nicht nur gesteigert in dieser Heiterkeit, sie vollenden sich vielmehr im Tod, der als die allein echte, unmißverstandene und mögliche Fortsetzung jener Momente erscheint.

Ist der Tod die notwendige Wahrheit, so war das Leben der notwendige Irrtum, und das früher als Frevel Beklagte ist jetzt nichts Einzelnes mehr, sondern ein Glied in jener Notwendigkeit des Irrens. Die Götter waren immer um Empedokles. Sie waren nie beleidigt. Er hatte ihnen nur die Bahn der Annäherung verstellt durch die falsche Selbstbehauptung des Geistes. Schließt er sich wieder auf, so ziehen sie ihn wieder aus dem eitlen Beharren auf die Bahn des Werdens, weiter, reißender als je, die die Bahn der Liebe ist.

Statt der Bedeutung der Sühne eröffnet sich eine andere Bedeutung des Todes, die jene ausschließt: er ist ein Fest. Er ist nicht Sühne, er ist Versöhnung, und anders als Versöhnung: Wiedervereinigung der Getrennten. Zur Sühne schreitet man gebückt, zum Fest herrlich, es ist ein Vorrecht, so kann es nicht Sühne sein. Und so ist Ursache Folge und Folge Ursache: der Tod ist die Bedingung des Wiederfindens, das Wiederfinden die Bedingung des Todes — denn erst der mit den Göttern Wiedervereinigte ist geschmückt genug, um sich als Opfer anzubieten.

Endlich aber ist er, im Gegenspiel des Beharrens und des Werdens, das Bekenntnis des Empedokles zu diesem. Wie das Vorwegnehmen, das als eine Übereilung des Werdens in den prophetischen Hymnen Hölderlins so unersetzlich ist, so ist das Zurückbleiben hinter dem Werden ein gegenteiliges Verhalten zur eilenden Zeit, dessen sich Empedokles schuldig machen würde, wenn er unter den Lebenden bliebe. Die als möglich gedachte, aber verworfene

Fortsetzung des Lebens wird unter dem Vergleich gesehen, daß sich der Mann am Spiel der Knabenjahre letzen würde. Auch das Geschäft des Dichters (das sonst dem Werden Zuvoreilende) erscheint unter dem Aspekt der Empedokles-Dichtung als ein solches Zurückbleiben. Hölderlin schildert im Empedokles nur die zweite Hälfte der Bahn des Werdens: wo es zurückeilt aus dem Vielen in das Eine; nicht, wo es aus dem Einen in das Viele strömt. Daher das Jauchzende der Lebensbewegung, die einem bacchantischen Festzug gleicht: die Zurückkehr. Dies Jauchzen, das Hölderlin in den zum Ozean eilenden Strömen zu besingen nicht müde wird, hat sein Echo im Gemüt des religiös-spontanen Menschen, der dem Göttlichen gegenüber kein gleichmütiges Verweilen im Abstand kennt. Das ist sein Gegensatz zur positiven Religion, die, indem sie das Leben der Menschen gegen die Götter sicherstellt, die Götter aus ihm vertreibt. Auch Empedokles behauptete sich zuerst gegen diese zerstörende Nähe in den eigens menschlichen Verhaltungsweisen: als Politiker, als Arzt, als Dichter, ja als religiöser Führer, der sich gegen die Götter schützt, indem er sie an die Menschen mitteilt, und vertrieb sie, sich schützend. Er verstand noch nicht, daß sein eigenes Bestehen von den Göttern nur als ein flüchtiger Übergang im Werden gemeint war — er hielt sich selber fest, und jetzt, da er, tiefer belehrt, dies verlernt hat, rufen es ihm die Menschen zu, rufen ihm: Verweile!

Warum aber schildert Hölderlin hier nur diese zweite

Hälfte der Bahn des Werdens? Weil es die Geschichte des Menschen ist, dessen Möglichkeit erst nach dem Durchlaufen der ersten Hälfte gesetzt sein kann, und das Schicksal der menschlichen Verfassungen, die, übereilt vom Werden, ihm nur nachkommen können durch Auflösung.

Dem widerspricht nicht — dem entspricht der Tod als ein Vorrecht des Ranges, da nur die höchste Organisation frei in diese Selbstverschwendung einwilligt. Dafür zeugen unvergeßliche Sprüche: „Es muß bei Zeiten weg, durch wen der Geist geredet." Vom Rang aus wird der freie Wille Notwendigkeit. Man kann sich dies so vorstellen, daß sich die Gottheit in diesem Spiel des Werdens, das sie mit sich selbst durch die weite Bahn der Natur hin spielt, einen braucht, der das Spiel, das mit ihm gespielt wird, versteht und will; der sich diesem Spiele leiht, weil er sich auch weigern könnte. Da solch ein Tod unnachahmlich ist, wird der Rang, der zu ihm ermächtigt, auch gegen den Jünger mit unerwarteter Schroffheit ausgesprochen. Für ihn ist das Verweilen schön.

Ist der Tod selbst undarstellbar in der Dichtung, im Leben unfühlbar, so muß er vorausgelebt und vorausgestaltet werden: der Geist verweilt nur noch spielenderweise in seiner vorigen Form, er lebt schon das Leben der Unendlichkeit und besitzt noch die sterblichen Organe der Mitteilung, im Hinübereilen zögernd. Das ist der Moment des Abschieds, die einzige wirkliche Unendlichkeit im endlichen Leben, und nie ist die Trunkenheit des Abschieds, wo der Scheidende auch Gott ist, auch wenn er im Verweilen zuvor nur Mensch war, dichterischer verkündet und philosophischer begriffen worden wie von Hölderlin.

Er ist Erinnerung. Da alles zu sich kommt, im Vonsichgehen, und alle gelungenen Augenblicke sich sammeln, in der abschließenden Spiegelung dieses Letzten, in dem die Zeit aufhört. Die Gebärde des Menschen, der diesen Abschied fühlt, ist, daß er alles noch einmal tut, was er immer tat, es begreifender, es schöner tut — ein Tun, das seinen Sinn findet, indem es seinen Zweck verliert. Das ist das Feiern des Abschieds: noch einmal des Halmes Frucht und den Saft der Rebe schmecken — christusähnlich, aber der Erde dankend. Was Erde ist, enthüllt sich hier: Mutter der Götter und Schauplatz ihrer Spiele, aber miterleidende Freundin der Menschenseele, alt durch sein Schicksal. Die Erde bedeutet, daß der Mensch ein Leid Gottes ist, daß das unendliche Sein seine Bahn hat durch die Seele der Menschen, und ist die Erde der grüne Hügel menschlicher Jugend, so ist sie auch der Schlund des Ätna, der alles aufnimmt, das Ziel der jauchzenden Zurückkehr, und Gestirn und Äther sind nicht für sich, sondern ihre Gespielen.

Schon in der ersten Fassung, bei der Übergabe des Vermächtnisses, ist neben dem empedokleischen Bewußtsein und dem unbewußten Leben der Welt ein Mittleres da mit Namen Volk — ein Ausdruck, den man sich im Sinn Hölderlins zueigne! Gab es im nunmehr verflossenen Leben, das dem Rückblick als müßig erscheint, die eröffnende Begeisterung, so gab es auch die gute Zeit mit dem Volk; und enthielt jene den wörtlichen Tod, so enthielten diese goldenen „Saturnischen Tage" den metaphorischen Tod des Volkes vorweg. Dabei wirkt Empedokles ganz gegenpriesterlich. Priester ist, wer die Grenze zwischen Gott und Mensch als absolut setzt, das Gefühl der Menschen in knechtischer Furcht, ihr Innesein der Götter in vorgesprochener Kunde gefangennimmt, und statt des echten Mythos, der selbst beweglich das Gemeinleben bis zur Erschütterung bewegt, die falsche Sicherheit des priesterlichen Regimentes wählt, aus dem sich die Götter zurückziehen — die Götter, die nicht wollen, daß man sich gegen sie schützt. Er hingegen behandelt die inneren Bewegungen des Volkes wie den Stoff zu einem Gedicht, das nachahmend das Werden der Welt in sich aufnimmt. So wird der Tod des Empedokles eine erste, vorgelebte Gebärde; ihr nachlebend dieselbe Freiwilligkeit zu erreichen, das ist es, wozu sein Testament die Menschen aufmuntert. „O gebt euch der Natur, eh sie euch nimmt!"

Ein Unterschied, wie er zwischen dem religiös spontanen Menschen und dem religiös geknechteten waltet, ist also auch errichtet zwischen solchen Völkern, die dumpflebig die Frist zwischen vorgemessenem Auf- und Abstieg durcheilen und einem Volk, das sich selbst das Ende zubereitet und sich daran verjüngt.

Den Moment des freien Todes verabreden die beiden Partner des hohen Spieles frei unter sich: die Natur und das

religiöse Genie. Für die Metapher des Todes aber, für den selbstgewählten Verjüngungstod eines Volkes, bestimmt den Augenblick die Geschichte. Auch sonst in Hölderlins Dichtung ist es für das Verständnis entscheidend, wo sie die Geschichte als allgemeine Denkform in sich hereinzunehmen beginnt. So mußten schon für jenes Vermächtnis des Empedokles zwei geschichtliche Bedingungen erfüllt sein: eine falsche Verfestigung des mythischen Lebens, aus der die Götter ihre Anwesenheit zurückgezogen haben, und ein Sehnen, das durch das Volk ging, gleich der Bewegung eines jungen Leibes, der einer lästigen Hülle überdrüssig ist. Dann dieses Vermächtnis selbst! Er berichtet etwas geschichtlich Verjährtes: ein Führertum der Person, das Empedokles spontan ausgeübt hatte und das ihm jetzt als feste Befugnis vom Volk angetragen wird. Nietzsche hatte die Antwort des Empedokles hierauf seit seiner Jugend so sehr im Ohr, daß sie ihm wörtlich in den Zarathustra kam: Es ist die Zeit der Könige nicht mehr." (Von alten und neuen Tafeln 21.)
Der Tod des Empedokles, der den metaphorischen Tod des Volkes erst denkbar macht, kommt aus ihm selbst, so freiwillig-notwendig wie der Gesang aus dem Dichter. Was Hölderlin bewog, dies Verhältnis zu ändern, ja umzukehren, ist schwer zu erfassen. Ihm selber eröffnete sich die Natur nicht mehr als Sprache einer zeitlosen Seele, vernommen in derselben Zeitlosigkeit des dichterischen Gemüts, sondern als Sprache eines sich drängenden, sich zum Augenblick verengenden Geschehens, wieder nur ihm ver-

nehmlich. Sein Dichten ist fürderhin ein im tiefsten erschrockenes Hinaushorchen in die Weite des noch Ungeschehenen, der Empfang einer Gewißheit, und deren Ansage im Wort, wodurch die so geschmeidige Stimme etwas Unausweichliches bekommt. Vielleicht ist das Vorwiegen solcher Aufmerksamkeit und solchen Gehorsams in seiner Dichtung der eigentliche Grund, warum sie sich der geschichtlichen Vorstellungsart bedient.

Bis zu den Prosaversuchen (Versuchen, sich selbst den Weg der Empedokles-Dichtung zu verdeutlichen) und bis zu der spätesten Fassung, die diesen Versuchen ungefähr entspricht, gab die individuelle Organisation das Gesetz. Aus ihrem Mißklang mit dem Leben der Menschen kam der Kulturhaß. Nun aber gründet Hölderlin das Sein dieses einen unwiederholbaren Menschen, das sein eigener Grund war, auf etwas Anderes: auf die Zeit. Und nicht auf diese überhaupt, sondern auf ihren so zerstörenden wie schöpferischen Übergang. Empedokles ist nichts anderes als der Vollzug dieses Übergangs — und wieder nicht Hölderlin selbst, denn Empedokles würde seine Bestimmungen verfehlen, wenn er Dichter wäre und dichtete. Wohl aber ist er hölderlinisch gestimmt; gestimmt dazu, daß er sich nicht als Mensch behaupte, sondern daß das Werden der Welt mit ihm spiele, ihn spielend zerbreche. Seine Rangbestimmung erleidet keinen Abbruch, wird vielmehr strenger durch den Zusatz, daß außer ihm kein zweiter sei — nicht aus despotischer Geltung des Genies, sondern weil nichts anderes ist als diese sich in ihm ausgleichenden Extreme der Epoche, die selbst nur einmal sind und sich nur einmal ausgleichen.

Dieser Gedanke trägt freilich einen Aufruhr unter Hölderlins Götter und auch unter die empedokleischen Götter. Der Herr der Zeit, die göttliche benannte Geburt dieser Gärung, wie Empedokles die menschlich benannte ist, waltet über allen, und sie alle tragen Mal und Unrast seiner Selbstentzweiung. Den Zwist der Zeit leiden die beiden Urgottheiten Himmel und Erde mit, auseinandergerissene Welthälften, die ihre Vereinigung erschmachten. Ein Dritter, der Herr der Zeit, wird sie einen, und Empedokles vollzieht menschlich, was er göttlich zubereitet.

> Wenn izt zu einsam sich
> Das Herz der Erde klagt, und eingedenk
> Der alten Einigkeit die dunkle Mutter
> Zum Äther aus die Feuerarme breitet ...

Hölderlin dachte also in diesem neuen Empedokles einen Menschen, dessen Menschlichkeit ein Trug ist und ein Widerspruch; der vorübergeht, aufblitzender Funke aus der Spannung eines Äons; Menschenmaske, durch deren Augenhöhlen verräterisch Urfeuer lodert; Stimme, die mit gesetzgebendem Ton alle Gesetze auflöst. Dennoch erinnert dies zweideutige Gesicht an das des Dichters selber, dessen Schönheit nicht persönlich ist und ins Unendliche ausweicht — so schön, wie nur sein kann, was den Schein des Menschentums annimmt, Geist oder Element. Diese Gefangenschaft des Unendlichen glaubhaft zu machen durch Sprache, durfte sich nur Hölderlin zumuten. Mir wenigstens scheint Rede und Gegenrede dieses „Empedokles auf dem Ätna" das Größte, dessen Hölderlin nicht an einzelner Schönheit, sondern an festgehaltenem Gang der Sprache mächtig war.

Was heißt Volk hier, und was hieß es zuvor? Jenes Volk, das Empedokles aus der heiligen Angst löste und im Tod auf seine Stufe hob, war nichts anderes als der Stoff empedokleischer Wirkung. Jetzt aber ist es das Substrat der Zeit und ihrer Scheidungen, die Natur selbst in geschichtlicher Form, nämlich in der Form einer einmaligen, nicht mehr lösbaren Entgegensetzung, also im Gären des Zwiespalts dasselbe, was Empedokles in der Versöhnung ist.

Dies erinnert an Hölderlins Christologie. In ihr hat Christus den Namen des Versöhners und kommt als versöhnter Versöhner wieder: Versöhner, wie er von je war, versöhnt jetzt in seiner Ausschließlichkeit, damit neben ihm „noch andere seien". Name und Beruf also, wie sie auch dem dogmatischen Christus eigen sind, freilich umgedeutet! Ebenso wie der wiederkehrende Christus ein Zeitengott ist, gezeichnet durch den hesperischen Augenblick des Ausgleichs und der Erinnerung, war auch der gewesene Christus ein Zeitengott, und darum ist der Blitz sein Zeichen. Ja, erst dies ermächtigt Hölderlin zu jener Kühnheit des Umdeutens, zu der das geschriebene Wort Gottes ihn nicht ermächtigt. Denn das Sprechen des Christus heißt ihm ein Verschweigen: ein Gott, dem ein stärkerer

Gott das Wort verbietet: der Gott der Zeit. Wer sich selber verschwieg, den darf, den muß man deuten – ihn zu Ende sprechen. Die Sendung dieses Christus war die Sendung des Empedokles: zu sterben. Was aber versöhnte er so? Patmos sagt es mit dem einfachsten Wort: das Zürnen der Welt.

Dieser Christus unausgesagten Wesens, dessen Sendung das aussöhnende Sterben ist, ein Sterben, das nicht Gott und die Menschen, sondern die zürnenden Weltkräfte miteinander aussöhnt, ist ein anderer als der Christus der Christen, welcher Gott nicht verbirgt, sondern offenbart und ausschließend zwischen ihm und den Menschen steht, und welcher, selbst Mensch gewordener Gott, die unendliche Schuld des Menschen unendlich sühnt. Und dieser Hölderlinische Christus ist darum mehr als sonst Götter und Halbgötter ein Wille und Wink der Zeit, weil jene sich sagen und auswirken, dieser, indem er sich zurückbehält, nicht sich selber, sondern eine Bedingung ausdrückt. Er stirbt; vieles, alles stirbt mit. Was heißt aber dies Sterben? Indem er sich verbirgt, verbirgt er seinen Gott. Indem er seinen Gott verbirgt, tritt alle Gottheit mit ihm und in ihm aus dem Zustand des Wirkens in den Zustand der Verborgenheit zurück. Soweit die Götter Hölderlins in der Wechselseitigkeit ihr Leben haben, sterben sie – einen Göttertod, der nicht irgendwann und ab und zu, sondern zu bestimmter Stunde ein einziges Mal verhängt ist. Darum scheint Christus den alten Göttern, denen ihn Hölderlin vergleicht, so unähnlich. Seine Geschwisterlichkeit mit Herakles oder Bacchus ist verdeckt durch den Todesschatten. Er ist der Gott in der Haltung des Abschieds. Macht dies sein Versöhnen nicht fraglich? Was ist denn versöhnt, wenn die Götter gehen? Wenn Hölderlin nun diese (nicht empedokleische) Versöhnung näher bezeichnet, als geschichtlich einmalig, berührt er sich wieder mit dem christlichen Dogma, von dem er sich so weit entfernt hat. Der Nacht, dem Hades der Zeit wird sie als ein Trost der Schlafenden gespendet; sie ist ein Erlöschen des Auges und ein Aufgehen des inneren Lichts, sie ist die Gabe des Abendmahls als eine Gabe des Weingotts verstanden, der die Kraft des Gedächtnisses leiht: Gedenken im Vermissen. Dieser ganze esoterische Mythos der Nacht und ihrer Gaben als der Zeit seit Christus beschreibt eine Erfahrung, ein Innesein der Götter, für welches sie seltsam zwischen Sein und Nichtsein stehen. Nach dem Abschied der Götter, der Christus ist, folgt der Äon des abwesenden Gottes — weder gottlos noch gottdurchdrungen; und die Art, in der die Frömmsten unter den Menschen dieser Wahrheit des abwesenden Gottes entsprechen, ist die augenschließende, den Gott nicht habende, sondern vermissende Gläubigkeit christlicher Zeitrechnung. So ist Christus (obwohl ein Götterschicksal und kein Menschenschicksal) auch den Menschen Versöhner, wenn er diesen müden, schmerzstillenden Trost auf geschlossene Wimpern träufelt.

Und der Dichter hat, auf eigenes inneres Zeugnis bauend, Stoff zu einer Schilderung des Christus „wie er gewesen"

— nicht des als Symbol ausgelegten, sondern des wirklichen und geschichtlichen. Darin war freilich kein Raum für Gethsemane und Golgatha; auch durfte der Tod kein Qualentod sein, dem Würdigsten unwürdig angetan, er mußte die selbstbereitete Festlichkeit des empedokleischen Sterbens haben. Damit war aber die Grenze, wieweit das unwiderleglich Geschehene eine Umdeutung, einen eigenen Mythos gestattet, durchaus erreicht. Denn der Tod des Empedokles, der ohne an eine heilige Überlieferung gebunden zu sein, nach freier Wahl Hölderlins Vorstellung vom Versöhnungstod enthält, eröffnet keine religiös gestaltlose Epoche, in die ein tröstlicher Nachglanz fällt, sondern ist im Untergang Heraufkunft.

Der dichterische Zusammenhang des ganzen Versöhnerthemas bedarf, um vollständig zu sein, neben dem Versöhner und den versöhnten Gewalten noch ein sinnliches Substrat der Zeit und ihrer Krise. Dies ist in der Christologie der christliche Jüngerkreis einerseits und andererseits die gesamte Christenheit des Abendlandes. Und wenn nun diese beiden als Substrate die Zeit nach der Erscheinung Christi vertreten, so ist das an ihnen Dargestellte das Vermissen, das doppelt brennt in denen, die so nahe besaßen, und das augenlose innerliche Denken an den abwesenden Gott. Es fehlt also dieser Christologie ein Substrat für die Entzweiungen vor der Erscheinung Christi, es fehlt der umgrenzte Schicksalsraum der zum Versöhner gehört, und der in Hölderlins Sprache Volk heißt, und, was damit zusammenhängt, ein lebendiges

Zeugnis, daß die Versöhnung wirklich vollzogen ist, nämlich ein neuer mythischer Zustand als Zustand dieses Volkes nach der Versöhnung.

Die dritte Fassung „Empedokles auf dem Ätna" entwickelt diesen Zusammenhang deutlich und vollständig. Sie leitet Empedokles selbst aus dem Zwist der Zeit ab, und begreift das Volk als Stoff, an dem sich die Unversöhnlichkeit der Extreme dartut. Mit Hilfe der theoretischen Studien ergibt sich folgende Gedankenreihe: In einer ersten Annäherung ergriffen einander das reine Naturelement und die bildende Kraft des Menschen derart, daß die Bildbarkeit des Elementes und die Demut des Geistes vor ihm, die das Element als solches bestehen läßt, eine Vermittlung schufen, aus der, ohne daß eines von beiden sich übertrieb oder sich verleugnete, ein mythischer Zustand hervorging mit dem Volk als seiner Sphäre und mit der Seele des Volkes als der Mitte dieser Sphäre. Das rastlose Werden, das zu dieser Innigkeit getrieben hatte, trieb sodann die beiden Mächte über die reine Stimmung hinaus in das Extrem: jede betont ihre Eigenschaft, damit sie, nachdem jede sich ganz gefunden hätte, einander um so inniger fänden. Indem aber der Geist die Demut und das Element die Bildsamkeit verlernte, zerbrach die Verständigung, die zwischen beiden vermittelnd den mythischen Zustand hervorbringt, und aus der Innigkeit wurde reine Geschiedenheit. Auch als Element verlor das Element, auch als Geist verlor der Geist, jenes wurde ganz Zorn, dieser wurde rechtlose Formel. Das ist die Zeit des seelenlosen Priesterregiments. Nur vom Menschen aus kann die Geschiedenheit, die jedes Extrem in sich fesselt, und das Werden anhält, versöhnt werden, nämlich durch die freiwillige Umkehr des Geistes. Das mythische Leben verengt sich also zu einem menschlichen Gemüt und die Extreme sind zweifach da: sofern sie unversöhnlich sind, im Zustand des Volkes; sofern sie sich versöhnen werden, in einer ausgleichenden Person. Sofern sie Mensch ist, neigt sie sich zum Element; aber sie muß auch so viel des Elementes haben, daß sich in ihr die Bereitschaft des Elements, wieder bildsam zu werden, verwirklichen kann: eine doppelte Begegnung der Natur und des Menschen, von der Natur aus wie vom Menschen aus.

So ist das Gemüt des Empedokles die mögliche Versöhnung, sein Tod die vollzogene Versöhnung. Ihr Akt läßt sich transzendent oder transzendental betrachten; transzendental als eine Versöhnung der Extreme, die Empedokles in sich vollzieht, transzendent als eine zwischen ihm und der Natur. Daß beide Akte dasselbe sind, geht aus dem freien Tod hervor, der sie gleichermaßen zum Abschluß bringt. Den transzendentalen Akt gestaltet in seinem ersten, bündigsten Moment nicht etwa die letzte, sondern die erste und zweite Fassung: darin, daß die Erde – menschengleich – dem Empedokles mit ihren Zweigen das Haupt umschlingt und er den Todesbund mit ihr schließt.

Empedokles ist als Versöhner so zu denken, daß an seinem

Geist das Merkmal der Selbsttätigkeit zurücktritt, während Erde und Himmel sein Gesicht zeichnen und in seiner Stimme anwesend sind. Dem entspricht die Natur, indem sie aus dem Extrem der Unfühlbarkeit heraustritt und als ein Leben fühlbar wird, das in Schwingungen der menschlichen Seele schwingt. Dies ist der transzendentale Akt — transzendental dadurch, daß das Menschlichwerden der Natur nur in der Naturbegegnung des Empedokles vor sich geht und sonst nirgends, so lang er lebt. Womit zugleich gesagt ist, daß die Dichtung nicht unmittelbar mit seinem Ende schließen darf.

Überwiegt also in der Natur der Bildungstrieb jetzt das Elementare, in Empedokles das Element den Bildungstrieb, so ergreift Gleiches das Gleiche: es ergreift der Bildungstrieb der Natur das Menschentum des Empedokles, es ergreift das Element in Empedokles die Natur, sofern sie reines Urleben ist; der einzelne Mensch ist jetzt Feld und Vollzug eines Weltprozesses, der es nur diesen Moment lang duldet, in der Seele eines Menschen verhalten zu sein. Bliebe Empedokles Empedokles, so würde er die Versöhnung, die seine Tat ist, wieder aufheben; denn die freiesten Kräfte blieben in ihrem freiesten Augenblick — ihrer Selbstumkehr — an eine vorübergehende Form gefesselt. Empedokles muß sich opfern, um die Unendlichkeit dieses Geschehen gegen dessen menschlichen Anschein zu bezeugen und zu verherrlichen; sich opfernd bekennt er, daß das durch ihn Geschehene mehr ist als er selbst.

Manes ist jetzt Gegensatz dieses neuen Empedokles:
Zeitlosigkeit des Wissens, berechenbarer Sternengang.
Empedokles vollzieht mehr als daß er weiß; was er weiß,
ist nicht so sehr das Gestrige oder das Morgige als das Einmalige, gewußt aus der Mitte der Entscheidung. Seinen
schwachen Punkt hat das Wissen des Manes in der wirklichen Erfüllung des wirklichen Augenblicks. Er kennt sie
nur, sofern sie allgemein und denkbar ist. Dies bloß Denkbare zu verbinden mit einem, der vor ihm steht, und mit
etwas, das sich vor ihm begibt, darin ist er noch Schüler,
und der als Meister zu kommen dachte, den Empedokles
zu lehren, was er nicht ist und sein müßte, macht sich zu
seinem Schüler mit der zweifelnden Frage: bist du der?
Und so belehrt bleibt er, um die Notwendigkeit der freien
Tat zu zeigen. Auch zu zeigen, was diesen Empedokles
vom Hölderlinschen Christus im tiefsten scheidet: das
Sterben des Christus war einmal in allen Zeiten, so wie
auch die Nacht der Elegie Brot und Wein keine wiederkehrende Nacht ist — das empedokleische Opfer aber kehrt
mit den Rhythmen des Weltlaufs wieder, wie es vorbestimmt war.

Im Entwurf eines Schlusses zur letzten Fassung heißt es:
,,Auch der Mensch, der des Landes Untergang so tödlich
fühlte, konnte so sein neues Leben ahnen." Den ausgeführten Dialog jedoch beherrscht der Gedanke des scheidenden Gottes, der sich sogar in der früheren Liebesgemeinschaft des Empedokles mit dem Volk verbirgt: auch
diese war letztes Glück des Sterbens... schroffer als

zuvor wird auch der Jünger aus aller Teilhabe an dem Fest der Vereinigung fortgestoßen. Die Menschen sind nicht als Zeugen zugelassen, seit Empedokles das Menschentum in sich selber vernichtete, und er selbst verlautbart nur die eine Deutung seiner Tat:

> Denn wo ein Land ersterben soll, da wählt
> Der Geist noch Einen sich am End, durch den
> Sein Schwanengang, das letzte Leben, tönet.

Dennoch erleidet das Volk — der Stoff an dem sich die Zeit in ihrem Zwist dargestellt hat — die Nachwirkung der versöhnenden Tat, und ist in den Akt hineingezogen, bei dem es nicht zugegen ist. Solange Empedokles lebt, ist es ohne Anteil; hat er sich geopfert, so darf es nicht nur Anteil haben, sondern muß es, da in diesem Anteil das Opfer als Handlung erst abschließt.

Überinnig, so wurde gesagt, war die zweite Innigkeit, sofern sie nicht eine Annäherung, sondern eine Umkehrung der beiden Grundgewalten war und sofern sie sich in einem Menschen vollzog — darin verriet sie, selbst extrem, ihre Herkunft aus Extremen. Der dritte Zustand der Innigkeit, zu dem sie Durchgang war, ist so zu verstehen, daß sich die erste Innigkeit wissender wiederholt, ihre Geschichte besitzend, und so daß jede der Mächte zugleich mehr sie selbst und einungsbereiter ist. Dies fordert einen neuen mythischen Zustand, Heraufkunft im Untergang: ob dieser durch Einsetzen der früheren Gestaltungsversuche analog zu denken ist, oder verändert gemäß dem veränderten Gehalt, darüber geben die nachgelassenen Pläne keinen Bescheid.

Wenn ich die Naturbegegnung des Empedokles in den verschiedenen Fassungen zu schildern suchte, so folgte ich dem Grundsatz, daß nicht zunächst etwas Gemeinsames zwischen Hölderlin und uns vorauszusetzen und er darnach auszulegen sei, sondern daß man ihm in seine Besonderheit folgen müsse, verstehend oder doch verstehen wollend, und erst darnach gerade erlaubt sei, was aus dieser Besonderheit für uns selber folge. So ziemt sich am Ende noch einmal hervorzuheben, worin diese Wiedergabe durch Begriffe notwendig versagen mußte. Ich meine nicht nur den allbewußten Unterschied zwischen Begrifflichkeit und Dichtung. Das Rätsel liegt vielmehr darin, daß Hölderlin seiner Anlage nach ein solches für uns ungreifbar fernes und nur eben noch denkbares Geschehen als die wirkliche Geschichte seiner Seele erfahren konnte.

EDITORISCHER ANHANG

A. Die Essays im Erstdruck
I. Bibliographische Nachweise

‚Faust II. Teil. Zum Verständnis der Form'. Erstdruck in: Corona VII (1937) Heft 2, S. 207–232; Heft 3, S. 366–395.

‚Faust und die Sorge'. Erstdruck in: Goethe-Kalender auf das Jahr 1939. Hrsg. Frankfurter Goethe-Museum. Leipzig: Dieterich 1938, S. 89–130.

‚Faust II letzte Szene'. Erstdruck in: Zeitschrift für deutsches Altertum und deutsche Literatur Bd. 77 (1940). Hrsg. Julius Schwietering. Heft 2–3 (ausgegeben 31. 12. 1940), S. 175–188, betitelt: ‚Die letzte Szene der Faustdichtung. Ein Interpretationsversuch'. In: ‚Geist und Buchstabe der Dichtung' seit der 2. durchgesehenen und vermehrten Auflage 1942.

‚Schiller als Gestalter des handelnden Menschen' erschien erstmals selbständig bei Vittorio Klostermann 1934 (31 S.) als ‚Gedenkrede gehalten in der Universität Bonn am 9. 11. 1934'. Dann in: ‚Geist und Buchstabe der Dichtung' seit der 3. durchgesehenen und vermehrten Auflage 1944.

‚Schiller als Psychologe'. Erstdruck in: Jahrbuch des Freien Deutschen Hochstifts 1934/35, Frankfurt a. M. 1936, S. 177–219.

‚Die Sprache und das Unaussprechliche. Eine Betrachtung über Heinrich von Kleist'. Erstdruck in: Das Innere Reich Jg. 4, Heft 6 (Sept. 1937), S. 654–697.

‚Hölderlins Empedokles-Dichtungen'. Erstdruck in: ‚Geist und Buchstabe der Dichtung', 1. Auflage 1940.

Darauf folgten als weitere Äußerungen zu Hölderlin:

‚Das Problem der Aktualität in Hölderlins Dichtung', Vortrag vom 29. 5. 1941. Erstdruck in: Geist der Zeit 19. Jg. 1941, Heft 10, S. 570–580. Dann in: ‚Dichterische Welterfahrung', Essays. Hrsg. Hans-Georg Gadamer. Frankfurt a.M.: Klostermann 1952, S. 174–193;

‚Hölderlins Hymnen in freien Rhythmen', erweiterte Fassung des Hölderlin gewidmeten Teils eines Vortrags vom 25. 6. 1941 über ‚Die Dichtung in freien Rhythmen und die Religiosität der Dichter' (Universitätsbund Marburg a. d. Lahn, Mitteilungen, 21. Jg. 1941, Heft 2–3, S. 74–94), Erstdruck in: ‚Gedanken über Gedichte', Frankfurt a.M.: Klostermann 1943, 4. Auflage 1985, S. 456–481;

‚Die kürzesten Oden Hölderlins'. Erstdruck in: Deutschunterricht im Ausland, Vierteljahresschrift des Goethe-Instituts der Deutschen Akademie 1943/44, Heft 1 (Okt.–Dez. 1943), S. 48–53. Dann in: ‚Dichterische Welterfahrung', S. 194–201;

‚Hölderlin-Gedenkrede Juni 1943'. Erstdruck in: Hölderlin-Jahrbuch 15. Jg. 1967/68, S. 240–254.

Diese fünf Hölderlin-Arbeiten sind erstmals zusammengefaßt in französischer Übersetzung mit Anmerkungen und Nachweisen in: Max Kommerell, Le chemin poétique de Hölderlin. Traduction et avantpropos sur l'auteur par Dominique Le Buhan et Eryck de Rubercy. Paris: Aubier 1989 (XVI, 136 S.).

II. Erstdruckauszüge

‚Faust II letzte Szene' enthielt im Erstdruck noch folgende drei Textpassagen:

1. An den 1. Satz, der S. 112, Textzeile 6 endet, schloß sich der Passus an: „Denn die letzten Worte, vom Ewig-Weiblichen, das uns hinanzieht, sind eine Auslegung des Vorgangs, nicht er selbst, und leiten aus ihm eine Maxime oder ein immer wirksames Gesetz ab. Freilich hat man auch hinsichtlich der Prozesse, die in anderen Akten oder Szenen dargestellt sind, nicht scharf genug gefragt. Der II. Faust nötigt uns, gleich zu Anfang einen Unterschied festzusetzen zwischen der Handlung und dem Prozeß. Handlung ist das, was Goethe, wie er behauptet, sehr früh auch für den 2. Teil entworfen hatte, und was im Verlauf der Arbeit immer mehr dem ‚Prozeß' geopfert wird: das konkrete, ursächlich verknüpfte Geschehen, das Gewebe der Hauptmotive. Prozeß ist die Gestalt des Themas, die Goethe nur aus der Vorstellungsart seiner letzten Lebensjahre planen konnte, und die oft gar nicht, oft locker mit jenen großen Zügen der Fabel zusammenhängt: die symbolische Darstellung von Lebensvorgängen und ihren Gesetzen an einzelnen Teilen des Sujets. Im Sinne der ‚Handlung' sollte offenbar unsere Szene bestätigen, was wir..." weiter S. 112, 8. Zeile.

2. S. 113, Zeile 9 hieß es statt „...dem Ausleger eines Textes obliegt" im Erstdruck:

„...der Philologe soll. Das wäre mit wenigen Sätzen getan, wenn nicht vorher einige Voraussetzungen herzustellen wären. Denn man sollte einen Text nicht auslegen, ehe man das Ganze, dessen Teil dieser Text ist, als Form zu begreifen suchte.

Es sei mir erlaubt, unter Verweis auf frühere Arbeiten (‚Faust zweiter Teil. Zum Verständnis der Form', ‚Faust und die Sorge', beides in ‚Geist und Buchstabe der Dichtung'. Frankfurt a. M. 1940 bei V. Klostermann) mit kurzen Sätzen das Ergebnis dieser Untersuchungen mitzuteilen.

Obwohl der zweite Teil, der als Form-Gedanke durchaus vom ersten verschieden ist, viele ältere Dramentypen in sich aufnimmt und wohl in der Universalität des Weltspiels einen barocken Grundzug hat, ist er selbst aus keiner Tradition zu erklären und führt unmittelbar auf Goethes Person zurück, allerdings nicht in der Art einer Bekenntnisdichtung auf Krisen oder Zustände dieser Person, sondern auf ihr Weltverständnis, eine verallgemeinernde Erfahrung, zu der Goethe sich erzog, indem er sein Ich mehr und mehr zum Weltorgan ausbildete. Dabei treten zugleich die eigentlichen Fertigkeiten des Greisenalters hervor ohne Abnahme der Kräfte. Die Erfahrung ist abgeschlossen, ein durchgängiger Bezug aller Phänomene aufeinander ist erreicht; so entsteht ein perspektivischer Stil, in dem das einzelne, oft überscharf gesehen, zugleich alles Zugehörige mitrepräsentiert. Um eine Verwechslung mit dem geprägten literarischen Begriff der Allegorie auszuschließen: die erreichte Geistesstufe, die Sehart selbst ist allegorisch.

Da es durchaus auf Totalität sowohl der Welt wie der Selbsttätigkeit abgesehen ist, rafft der alte Goethe geprägte

Vorstellungen vor allem aus zwei Bezirken an sich: aus der antiken Mythologie und aus dem christlichen Glauben; drittens aber erfindet er selbst weitläufige Begebenheiten aus eigener Geistesvollmacht. Man könnte sie als persönliche naturphilosophische Mythenbildung bezeichnen, wobei nur an das Beispiel der Mütter zu erinnern wäre. Dabei ist einer pietätvoll-humanistischen oder christlichen Auslegung entgegenzuhalten, daß Goethe nirgends in diesem zweiten Teil die Vollmacht der Sinngebung abtritt an das griechische oder christliche Denken, sich nie unter Proteus zu denken bemüht, was sich ein Grieche unter Proteus dachte, und unter Maria, was ein Christ unter Maria; sondern daß er ganz in derselben Weise wie bei der eigenen Mythologie selbstherrlich, ja mit Ironie verfährt. Seine Mythen sind also auf zwei Arten allegorisch, entweder beschreiben sie mit vereinbarten Zeichen einen selbstgedachten Sinn, oder sie beschreiben mit selbstgedachten Zeichen einen selbstgedachten Sinn, niemals aber mit vereinbarten Zeichen einen vereinbarten Sinn; wobei sich der Ausleger freilich die Goethische Vorstellungsart wenigstens versuchsweise angeeignet haben muß.

Für die geistige Distanz, die Goethe sogar den geliebten tragischen Mythen des Altertums gegenüber einnimmt, diene der dritte Akt zum Beweis, wo die tragische Form mit derselben Ironie behandelt ist wie die Existenz der Schatten-Helena und Fausts Vereinigung mit ihr. Die Ablösung der Trimeter durch den Reim bringt, nachdem der Akt in vollkommener Nachahmung fast übereuripideisch eingesetzt hatte, eine doppelte Zeitrechnung hervor: die mythische der

Helena, die auf dem Punkt ihrer Rückkehr von Troja zu existieren glaubt, und die wahre Faustens, der in höchster moderner Sehnsucht die Wiederkehr des Unwiederbringlichen erzwingt. Mephisto-Phorkyas setzt sich, in seinen Kunstmaximen so christlich als nordisch, gegen die alten Fabeln für die Herzlichkeit der Töne ein; er bleibt unbezaubert von der Scheinwirklichkeit dieses Auftritts und berechnet die verzweifelte Resignation Fausts voraus. In einem zweiten Übergang der Form gesellt sich zum Reimvers noch die Musik, und was als alte Tragödie begonnen hatte, wird barocke Zauberoper mit allem Zubehör; wenn nun dieser Akt am Ende wieder in die antike Form zurückmündet, ist der Schluß dem Inhalt nach zugleich eine Korrektur der antiken Todesvorstellung. Erhält also die mythologische Umwelt der Helena das Abenteuer Fausts zum Zentrum, so wird der ganze Umfang antiker Mythologie im zweiten Akt aufgeboten teils zur Vorbereitung dieses Abenteuers, teils als Landschaft für die ungeduldigen Ausflüge des Homunculus, dieser eigenst goethischen Erfindung, der von außen durch irgendeine Lücke ins Dasein schlüpfen will. Wahrhaftig ein höchst unantikes Zentrum der antiken Peripherie!

Mit derselben weisen und greisen Ironie sind die beiden Grundbegriffe aller modernen Ästhetik des Dramas behandelt: Charakter und Handlung. Zwar läßt sich in großen Zügen für diesen zweiten Akt eine Fabel skizzieren: Faust soll Helena aus der Unterwelt heraufholen. Aber der zu erreichende Endpunkt ist gerade nur angedeutet, während alles Mittelbare, zu ihm hin Führende, beiläufig Erwogene die Breite der Darstellung beherrscht. Wenn dergestalt das Episodische zum Hauptthema, das Hauptthema zur Episode wird, so ist dies nicht Versehen, sondern Absicht. Die Kausalität ist als Gesetz des dramatischen Geschehens aufgegeben, die Zeit zerfällt in Zeiten, die sich selbst aufheben, und so ist auch keine eigentliche Entwicklung dargestellt, obwohl dies durch das Hauptthema und durch Goethes Begriff des Lebenslaufs gleich nahe gelegt war. Es muß also dem vagen Begriff des dramatischen Geschehens etwas anderes, bestimmteres zugrunde gelegt werden. Ebenso der Person! Wenn schon im ersten Teil Faust und Mephisto symbolische Personen mit sehr weiter Umfassung waren, so verliert Faust im zweiten Teil alle ‚gotischen‘ Züge, womit ihn die Legende ausgestattet hatte, und der Anfang des zweiten Aktes rückt gerade die Studierstube des Teufelsbanners in eine weite Ferne; alles ruft uns zu: ‚Wie anders war es damals als.......‘ Ebenso verliert Mephisto völlig die Faßlichkeit des christlichen Gespenstes, und bezieht eine Folge von geistigen Positionen, die wir viel eher mit der Marke ‚aufgeklärter Weltmann‘ als mit der des Teufels versehen mögen. Einzig in der Szene, wo ihm die Blumen der Engel den Pelz verbrennen, ist er als Teufel des ersten Teils wieder zu erkennen; und diese Szene ist, laut einer gegen S. Boisserée getanen Äußerung, früh, vielleicht sogar noch zu Schillers Lebzeiten, gedichtet worden. Goethe verhält sich also zu den Gestalten des ersten Teils ähnlich wie zu jenem christlichen oder antiken Bildervorrat – er ‚übernimmt‘ sie, sich die Art der Verwendung vorbehaltend. ‚Una Poenitentium, sonst Gretchen genannt' ist das beste Beispiel. Aber auch zum Faust oder Mephisto des zweiten Teils würde ein ähnlicher Zusatz nicht schlecht passen. Zum Ersatz dafür erhalten nun die beiden Hauptfiguren eine schärfere Bestimmung durch den einzelnen Akt: Faust ist im dritten Akt der Faust des dritten Aktes, der heidnisch gesinnte, zur Begegnung mit Helena Gestimmte, und zwar von Anfang an, nicht erst durch sie; im fünften Akt ist er der Faust des fünften Aktes, der Faust des letzten Lebensaugenblickes. Dabei merkt man weder dem Faust des vierten Aktes, der in der politischen Sphäre politisch wirkt, die Helena-Episode an, noch dem Kolonisator des fünften Aktes den ehemaligen Gang zu den Müttern. Er ist jedesmal ganz, nach Goethes Ausdruck ‚kindlich', in der jeweiligen Tätigkeit begriffen. Den Vorzug der Musik und modernen Kunst vor den antiken Fabeln kann nur der auf den dritten Akt hin stilisierte Mephisto feststellen, nicht der Mephisto eines anderen Aktes (‚Denn es muß von Herzen gehen, Was auf Herzen wirken soll'). Auch sonst läßt sich zeigen, daß unter den Hauptgestalten insbesondere unter Faust, Funktionen – unter den Akten, bzw. den Aktteilen Daseinskreise, Sphären der Wirkung und der Betätigung, begriffen sind. Da aber der Begriff der Tätigkeit selbst nicht bloß die goethische Auslegung der Natur, sondern auch des menschlichen Geistes ist, so wird Faust nicht in seinen Zuständen (subjektiv) noch auch in seinem Werdegang (genetisch) dargestellt, sondern in der Betätigung am jeweiligen Stoff der Welt, und also in seiner Subjektivität jeweils diesem Stoff angepaßt; er ist dem Staat gegenüber Staatsmann, dem

Hof gegenüber Maître de Plaisir, der Schönheit gegenüber Künstler oder Liebender, also jeweils zulänglich. Aus diesen Daseinskreisen, deren Reihenfolge nicht immer notwendig ist, die aber notwendig nacheinander ausgebreitet werden müssen, setzt sich die Totalität des faustischen Tuns und Wesens zusammen. Ist also die Auslegung des jeweils dargestellten Prozesses aus dem einzelnen Akt zu erfragen, so ergibt sich aus allen zusammen die Auslegung des Gesamtprozesses, der mit der unter dem Namen Faust dargestellten Gesamtfunktion zusammenfällt. Darin, daß man sich nicht magisch in den Kern der schaffenden Natur versetzen, sich ihr nur stufenweise durch Bewältigung der Phänomene nähern kann, ist ja der zweite Teil jener ersten Beschwörung des Erdgeistes entgegengesetzt, und das vielsagende Axiom vom farbigen Abglanz weist auf die stufenweise Durchdringung der Daseinskreise als auf den einzigen Weg des Menschen zur Gottheit. Als Weltaneignung ist der... (weiter S. 113, Zeile 11).

3. S. 117, Zeile 10 hieß es im Erstdruck: „...gedacht? Die Zeit dieses Prozesses ist nur symbolische Zeit, sowie der Raum der Mütter nur symbolischer Raum war; daß ‚des ewigen Sinnes ewige Unterhaltung' außerhalb und jenseits alles Lebens stattfindet, und daß eine solche gestaltende Potenz, ein Lebensträger, ein Vorleben vor seiner Verkörperung führe, will Goethe nur innerhalb der dichterischen Anschauung sagen, die in Zeiten und Räumen denken muß, und ein Prinzip nur darstellen kann, indem sie es isoliert; er sagt es nicht abstrakt, als Lebenslehre aus. ‚Poesie deutet auf

die Geheimnisse der Natur und sucht sie durchs Bild zu lösen' heißt es in einem Aphorismus. Dichtung im Sinne des II. Faust ist ein Phantasieren über die Möglichkeiten der Naturerkenntnis hinaus, aber das Phantasieren eines Geistes, der alles Erfahrbare in sich hereinnahm und auch in seinem freiesten Schweifen gewissermaßen im Stil der erkannten Natur verharrt. Der schwierige Durchgang..."

B. Corrigenda
I. Vorbemerkung

Für die nachstehenden Corrigenda standen Manuskripte und Fahnenkorrekturen nicht zur Verfügung. Dafür ergab der Vergleich mit den Erstdrucken, daß diese für den Wiederabdruck vom Autor in Einzelheiten geändert und im Text überprüft wurden. So ist im Wiederabdruck vieles verbessert, manches aber falsch gesetzt, so S. 81 die Jahreszahl 1878 (für Goethes Lektüre), das S. 93 vor ‚als‘ fehlende ‚ist‘, S. 193, Zeile 8 ‚unhöfliche‘ statt ‚unhöfische‘ usw., was auch den Durchsichten für die 2. und 3. Auflage entging und durch den Vergleich zutage kam. Die letzte Korrektur (357/9) beruht auf der 1. Aufl. 1940 (S. 294). Dieser entsprechen auch die Korrekturen S. 267/19 (1. Aufl. S. 204), 320/8 (1. Aufl. S. 257), 322/9 (1. Aufl. S. 259) und 346/15 (1. Aufl. S. 283).

Die Korrekturen wollen Entstellungen des Textes beheben, tunlichst ohne Antastung von Eigenwilligkeiten und Altertümlichkeiten der Diktion und Zeichensetzung, soweit sie nicht das Verständnis erschweren. Das (statt: der) Bereich blieb, als literarisch nachweisbar, stehen; die zweimal weiblich auftretende Mummenschanz wurde an der 3. Stelle mitverweiblicht. S. 82 Zeile 16 blieb das ungenaue Zitat aus dem Urfaust (V. 131–132) stehen, da es hier (trotz den Anführungszeichen) um den Geist, nicht um den Buchstaben des Erdgeistwortes zu gehen scheint, das als bekannt vorausgesetzt wird. Ebenso S. 112/2, unabhängig von der von Trunz in der Hamburger Ausgabe Bd. 3 (1981), S. 640 zu Vers 12109 vermerkten gleichlautenden Düsseldorfer Goethe-Handschrift. Hingegen sind S. 112/13–14 die Satzzeichen hinzugefügt, worüber man streiten mag. Im Hölderlin-Zitat S. 347 sind gemäß von Pigenot, Hellingrath'sche Ausgabe Bd. 3 (1922), S. 223 unten (trotz der Handschriftwiedergabe nach S. 195) und F. Beißner (Insel 1961, S. 879) Kommata hinzugefügt. Stellungnahmen und Ergänzungen sind stets willkommen.

II. Corrigenda

Seite	Zeile	statt:	wohl besser:
14	21	Dumpfheit	Dumpfheit.
25	24	vorausgercm-	vorausgenom-
30	11	Spiel ... Begebenheiten	Spiele ... Begebenheit
47	7	dieser	dieses
50	24	da	als
54	14	gemißbrauch-	mißbrauch-
58	8	Zeit;	Zeit:
59	5	Künstlers	Künstler
62	20	nordisch-antik	nordisch – antik
63	9	erstarren	werden
69	23	Ton	Tod
81	14	1878	1787
82	3	mondo	mundo
86	2	Im	In
86	3	zurck	zurück
86	4	er – Mißgeschick.	er? Mißgeschick!
88	16	vonden	von den
93	9	licher als	licher ist als
96	4	dienen	dienen,
97	26	andere	Andere
107	2	jeweilige	Jeweilige
108	17	Dichtung,	Dichtung
108	26	dem	der
109	14	nichts, als	nichts als
112	13	Himmel	Himmel.
112	14	Christus Mutter	Christus, Mutter,
112	14	Heiligen	Heiligen.
114	16	ersterbenden	sterbenden
115	2	nur	nun
115	11	mittlere	mittelbare
116	8	trefflichere	treffsichere
117	25	gemacht	gemacht werden

Seite	Zeile	statt:	wohl besser:
118	7	Entmaterialisation	Entmaterialisierung
119	19	bleibt	bleiben
120	15	Entmaterialisation	Entmaterialisierung
122	4	abestürzt	abgestürzt
123	7	einen	ein
128	3	zieht	zöge
129	13	ihm zum	ihm bis zum
135	1	Cherubim	Cherub
135	15	Drama	Dramas
137	9	Drama	Dramas
137	18	mein...	mein: ...
137	20	gedacht? ..	gedacht, ..?
137	22	Unternehmen...	Unternehmen: ...
137	23	eh	ehe
141	16	vollbringen	vollbringen
141	16	gedacht?	gedacht, ..?
141	17	eine Mauer	...eine Mauer
141	20	Lebens.	Lebens, ...
141	23	zusammenknüpfen.	zusammenknüpfen, ...
141	24	mein;	mein:
141	26	Boden.	Boden,
142	8	weils ... gegolten.	weil's ... gegolten!
146	10	Jüngling-Mann	Jüngling – Mann
147	10	drama	dramas
152	24	so-	so
158	3	Orlean	Orleans
160	27	das	daß
161	18	Geschichte	Geschichte,
162	13	winkt	wirkt
166	16	jüngstem	Jüngstem
167	16	warum?	warum,
169	5	Ersatz-	Entsatz-
175	15	wenig	wenige
176	9	werden	zu werden
177	17	in dem	indem

Seite	Zeile	statt:	wohl besser:
181	3	über dem	über den
186	7	eines bösen Zaubers	einem bösen Zauber
187	8	anders	anderes
189	12	Sinn,	Sinn
193	8	unhöfliche	unhöfische
196	18	Griechischen	griechischen
197	1	gutzumachen	gut zu machen
209	6	zergliederte	zergliedernde
212	letzte	Schaffende."	Schaffende"
212	letzte	9.)	9).
214	14	Tertzky	Terzky
217	22	gerades den	gerades Den
217	23	darvongetragen?"	davongetragen"?
219	10	Recht-	recht-
225	24	etwa	etwas
228	27	andere	Andere
229	26	Namen	Name
234	19	anderen	anderem
237	4	ihn	sich
238	26	im	in den
239	1	dem	den
240	19	befremdet	befremdet,
245	5	Geburt	Geburt?
245	24	Gedeutet werden	Gedeutetwerden
245	1	gutzumachen	gut zu machen
246	6	Charakters, zu	Charakters zu
247	25	fesselte	fessele
249	7	beiden	beiden andern
250	1	hat.	hat:
257	3	derer	deren
262	21	so	So
262	23	I statt	J statt
264	3	das I	das J
267	19	henden	hende
267	24	Prinz" –	Prinz –

Seite	Zeile	statt:	wohl besser:
274	4	stimmten	stimmtem
274	8	antritt	tritt
280	22	auch der Prinz	der Prinz auch
283	3	seine	seinen
284	10	daß	das
285	12	ist,	ist
312	3	und	Und
312	10	ist	ist,
312	14	andern	Andern
316	4	es gemessen	gemessen es
319	5	ist	ist,
320	8	ein persönliches	im persönlichen
320	14	alleratenden	allerratenden
321	5	Menschen hervor	Menschen – hervor
322	9	das	daß
325	24	behaupten,	behaupten;
329	Zwischentitel:		
		Hölderlin-Empedokles	Hölderlin – Empedokles
330	1	dem Gebaren	des Gebarens
331	17	durch den	der
335	23	liegen	liegen,
335	26	einem	einen
338	11	kledischen	kleischen
338	22	einbegriffen	einbegreifen
345	12	Er	Es
345	18	Es	„Es
346	15	Menschen.	Menschen,
347	5	göttliche	göttlich
347	13	Wenn izt zu einsam sich	…wenn izt, zu einsam sich,
357	9	gerade	die Frage

Stuttgart im November 1990   Helmut Strebel

Von Max Kommerell erschienene Werke

LESSING UND ARISTOTELES
Untersuchung über die Theorie der Tragödie
5. Auflage mit Berichtigungen und Nachweisen. 1984. 332 Seiten.

JEAN PAUL
5., durchgesehene Auflage. 1977. 432 Seiten.

DER DICHTER ALS FÜHRER IN DER DEUTSCHEN KLASSIK
Klopstock, Herder, Goethe, Schiller, Jean Paul, Hölderlin
3. Auflage mit einem Nachwort von Eckhard Heftrich. 1982. 496 Seiten.

GEDANKEN ÜBER GEDICHTE
4. Auflage mit Register und Berichtigungen. 1985. 524 Seiten.

DIE KUNST CALDERONS
Mit einem Vorwort herausgegeben von Fritz Schalk.
2. Auflage. 1974. 174 Seiten.

DICHTERISCHE WELTERFAHRUNG
Essays
Mit einer Gedenkrede auf Max Kommerell und einem Nachwort
herausgegeben von Hans-Georg Gadamer. 1952. 230 Seiten.

DIE GEFANGENEN
Trauerspiel in 5 Akten
1948. 131 Seiten.

VITTORIO KLOSTERMANN FRANKFURT AM MAIN